Emily Louise Howard

LINOL SCHNITT

TECHNIKEN UND PROJEKTE

Haupt
GESTALTEN

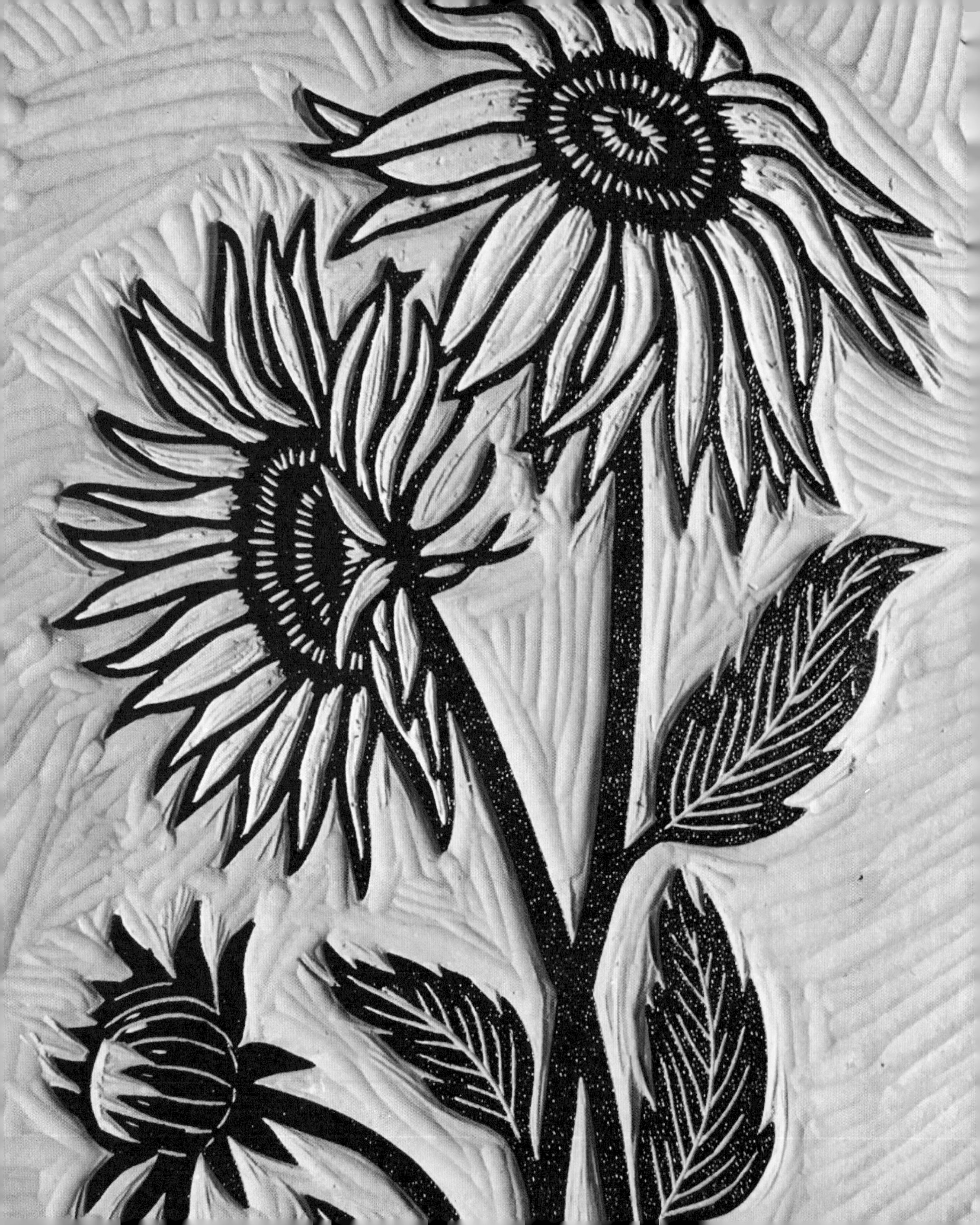

Emily Louise Howard

LINOL SCHNITT

TECHNIKEN UND PROJEKTE

Haupt Verlag

1. Auflage: 2021 (2. Nachdruck: 2025)
ISBN 978-3-258-60229-5

Gestaltung und Layout: Burge Agency
Satz: Die Werkstatt Medien-Produktion, D-Göttingen
Umschlaggestaltung: Tanja Frey, Haupt Verlag, CH-Bern
Übersetzung: Jutta Orth, D-Freiburg
Lektorat: Antje Krause

Die englischsprachige Originalausgabe erschien 2019 unter dem Titel *Block Print Magic* bei Rockport Publishers, einem Imprint von Quarto.
QuartoKnows.com

Fotos und Illustrationen: Emily Howard, ausser:
Seite 30 oben: Private Sammlung/Prismatic Pictures/Bridgeman Images DGC875286
Seite 30 unten: Private Sammlung/Bridgeman Images XJF143243
Seite 31 oben: Foto © GraphicaArtis/Bridgeman Images GRC3035652
Seite 31 unten: Private Sammlung/ Foto © Christie's Images/ Bridgeman Images CH615511
Seite 56: Shutterstock
Seite 74 oben: Private Sammlung/The Stapleton Collection/Bridgeman Images STC2962079
Seite 108 unten: National Gallery, London, UK/Bridgeman Images BAL3585

Um lange Transportwege zu vermeiden, hätten wir dieses Buch gerne in Europa gedruckt. Bei Lizenzausgaben wie diesem Buch entscheidet jedoch der Originalverlag über den Druckort. Der Haupt Verlag kompensiert mit einem freiwilligen Beitrag zum Klimaschutz die durch den Transport verursachten CO2-Emissionen. Dabei unterstützt der Verlag ein Projekt zur nachhaltigen Forstbewirtschaftung in der Zentralschweiz. Wir verwenden FSC®-Papier. FSC® sichert die Nutzung der Wälder gemäß sozialen, ökonomischen und ökologischen Kriterien.

Gedruckt in China

MIX
Papier | Fördert gute Waldnutzung
FSC www.fsc.org FSC® C016973

Diese Publikation ist in der Deutschen Nationalbibliografie verzeichnet. Mehr Informationen dazu finden Sie unter http://dnb.dnb.de.

Der Haupt Verlag wird vom Bundesamt für Kultur für die Jahre 2021–2025 unterstützt.

Wir verlegen mit Freude und großem Engagement unsere Bücher. Daher freuen wir uns immer über Anregungen zum Programm und schätzen Hinweise auf Fehler im Buch, sollten uns welche unterlaufen sein.

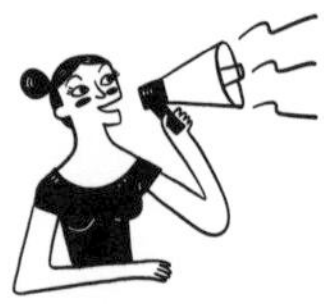
© Shutterstock, Huza Studio

Sie möchten nichts mehr verpassen?

Folgen Sie uns auf unseren Social-Media-Kanälen und bleiben Sie via Newsletter auf dem neuesten Stand.

www.haupt.ch/informiert

Haupt Verlag AG
Falkenplatz 14
3012 Bern
SCHWEIZ
herstellung@haupt.ch

Verantwortlich in der EU (GPSR):
Brockhaus Kommissionsgeschäft GmbH
Kreidlerstr. 9
70806 Kornwestheim
DEUTSCHLAND
haupt@brocom.de

www.haupt.ch

Für meine Eltern

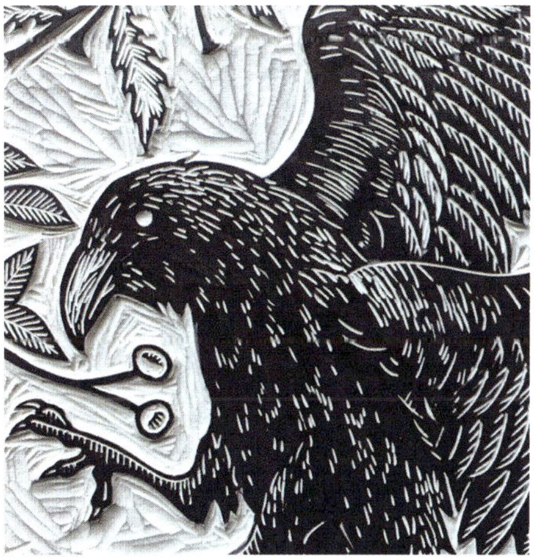

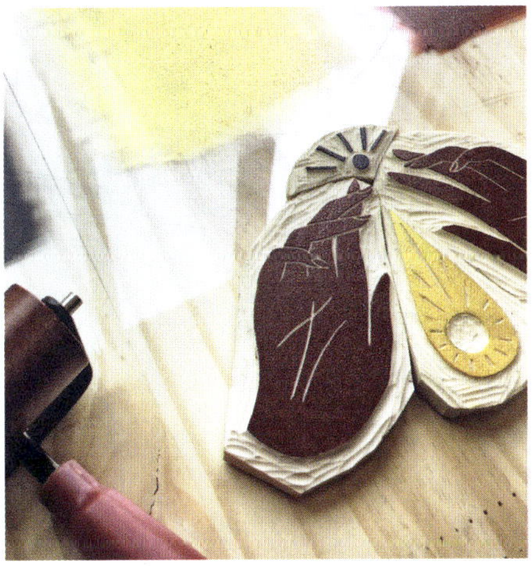

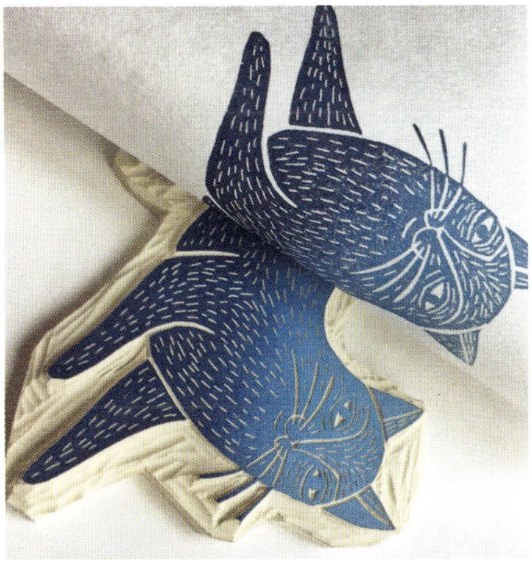

INHALT

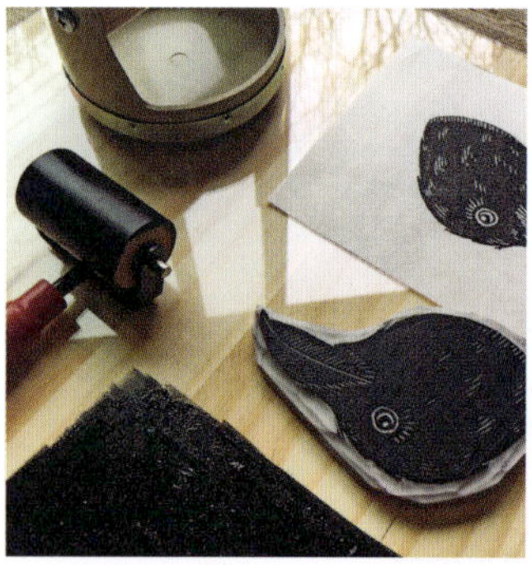

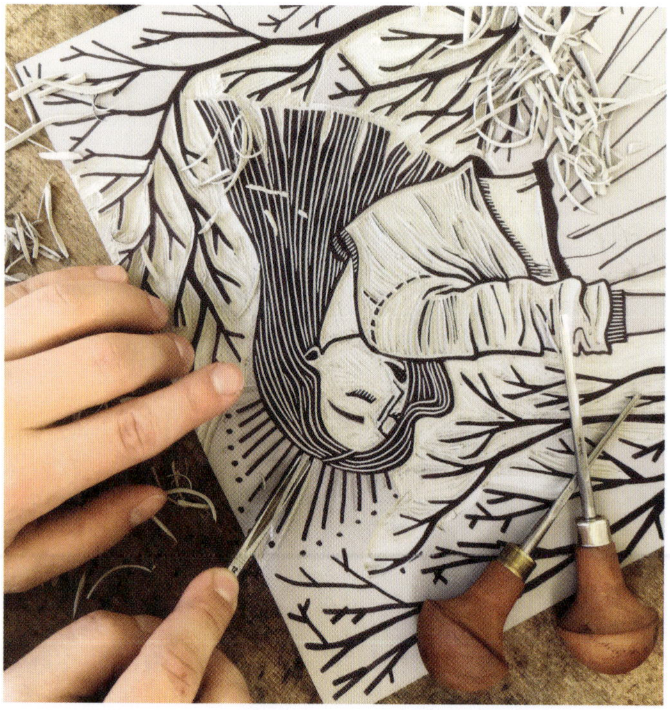

KAPITEL 3:

Einsteiger-Projekte

KAPITEL 4:

Experimentelle Techniken

KAPITEL 5:

Recycling

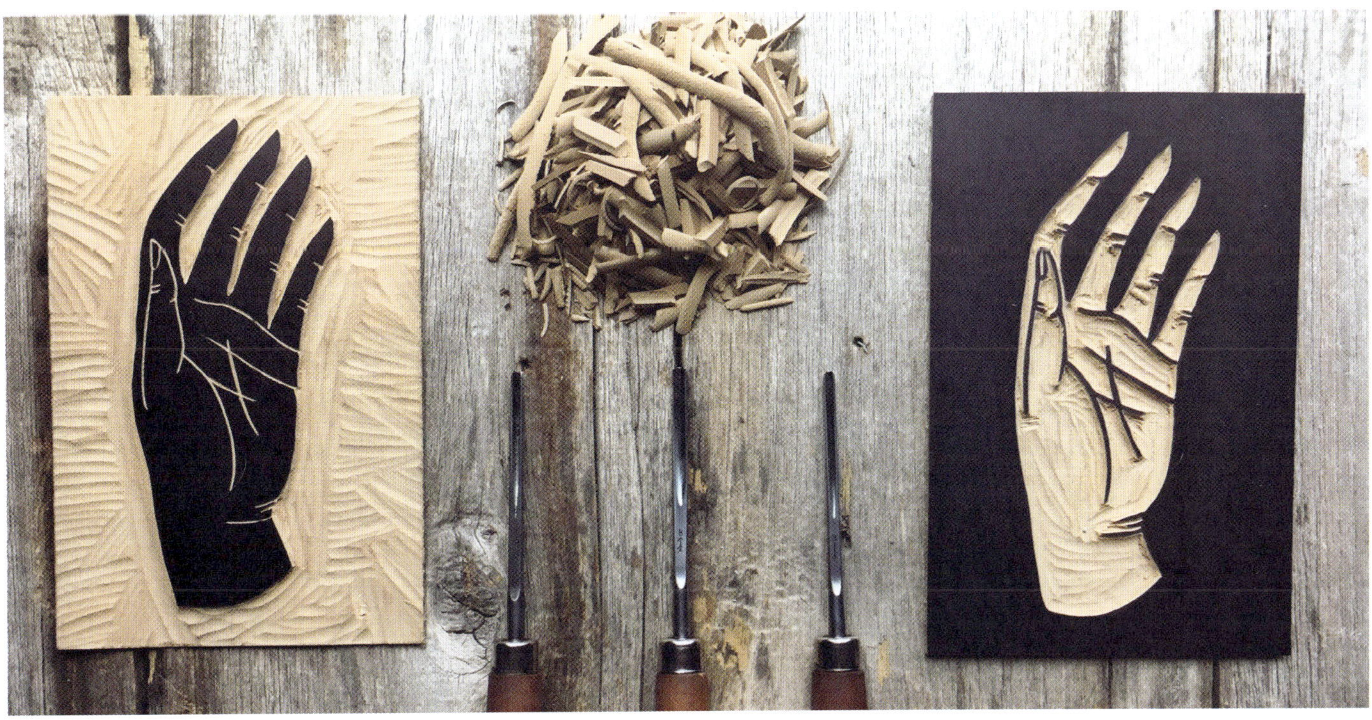

EINLEITUNG

Liebe Leserin, lieber Leser,

gleich werden wir gemeinsam etwas Tolles gestalten! In diesem Buch möchte ich Ihnen grundlegende Techniken zur Herstellung faszinierender Linolschnitte und Gummidrucke vorstellen. Ich habe mir eine ganze Reihe von Projekten ausgedacht, mit denen Sie Ihr handwerkliches Geschick üben und Ihre Kreativität auf die Probe stellen können, darunter auch ein paar witzige Methoden, um Misslungenes zu retten und Verpfuschtes zu recyceln. Dieses Buch soll Sie inspirieren, ermutigen und dabei unterstützen, alle Fertigkeiten zu entwickeln, die Sie brauchen, um Ihre Ideen umzusetzen.

Sie haben noch nie ein Schnittmesser in der Hand gehabt? Keine Sorge, dieses Buch ist das richtige für Sie. Sie haben im Kunstunterricht herumgestümpert und möchten sich nun ernsthafter mit der Druckgrafik beschäftigen? Auch Sie werden von diesem Buch profitieren! Auf den folgenden Seiten erhalten Sie nützliche Informationen zu allen Aspekten des Handdrucks, von Werkzeugen und Materialien bis zu den Grundlagen eines gelungenen Bildaufbaus. Ich zeige Ihnen, wie Sie einen Teil Ihrer Atelierausrüstung selbst machen können, etwa einfache Paletten und Trockengestelle. Jedes Projekt konzentriert sich auf eine bestimmte Technik – ob es um Texturen, den Mehrfarbendruck oder den Umgang mit der Regenbogenrolle geht. Auch lernen Sie ein paar Druckgrafiker und -grafikerinnen aus den Vereinigten Staaten kennen, die bereit waren, aus dem Nähkästchen zu plaudern und ihre Erfahrungen mit mir und mit Ihnen zu teilen. Wie auch immer Ihre künstlerische Vergangenheit aussieht, und egal, wie geübt Sie sind, Sie werden in diesem Buch etwas Passendes für sich finden.

Mein eigener künstlerischer Background ist interdisziplinär: Meine Wurzeln liegen im klassischen Zeichnen und Malen, das Drucken habe ich erst relativ spät in meiner Ausbildung entdeckt. Die Bildhauerei ist für mich eine Art „kreativer Gaumenputzer"; und ich liebe es, an Entwürfen für Holzskulpturen herumzutüfteln. Um Stress abzubauen, sticke ich. Alle Kreativtechniken befruchten einander. Maler und Malerinnen lernen von Bildhauern und Bildhauerinnen so wie Fußballspieler und Fußballerinnen sich Dinge aus dem Ballett abschauen können. Es ist meine innigste Hoffnung, dass Sie etwas von mir lernen können.

Und jetzt ist es Zeit. Spüren Sie das Gewicht des Schnittmessers in Ihrer Hand? Kribbelt es Ihnen schon in den Fingern? Lauschen Sie dem Schmatzen der Druckfarbe, wenn Sie sie auf der Palette ausrollen. Genehmigen Sie sich ein paar verbale Entgleisungen, wenn Ihnen Ihr Geißfuß wegrutscht (hey, das passiert jedem!). Machen Sie jede Menge Fehler, stechen Sie sich ein- oder zweimal, lernen Sie Ihre Lektionen – und dann freuen Sie sich an Ihrem ersten perfekten Druck! Lassen Sie etwas Neues entstehen!

Ihre Ihnen verbundene, mit Farbe bekleckerte Druckgrafikerin

Emily

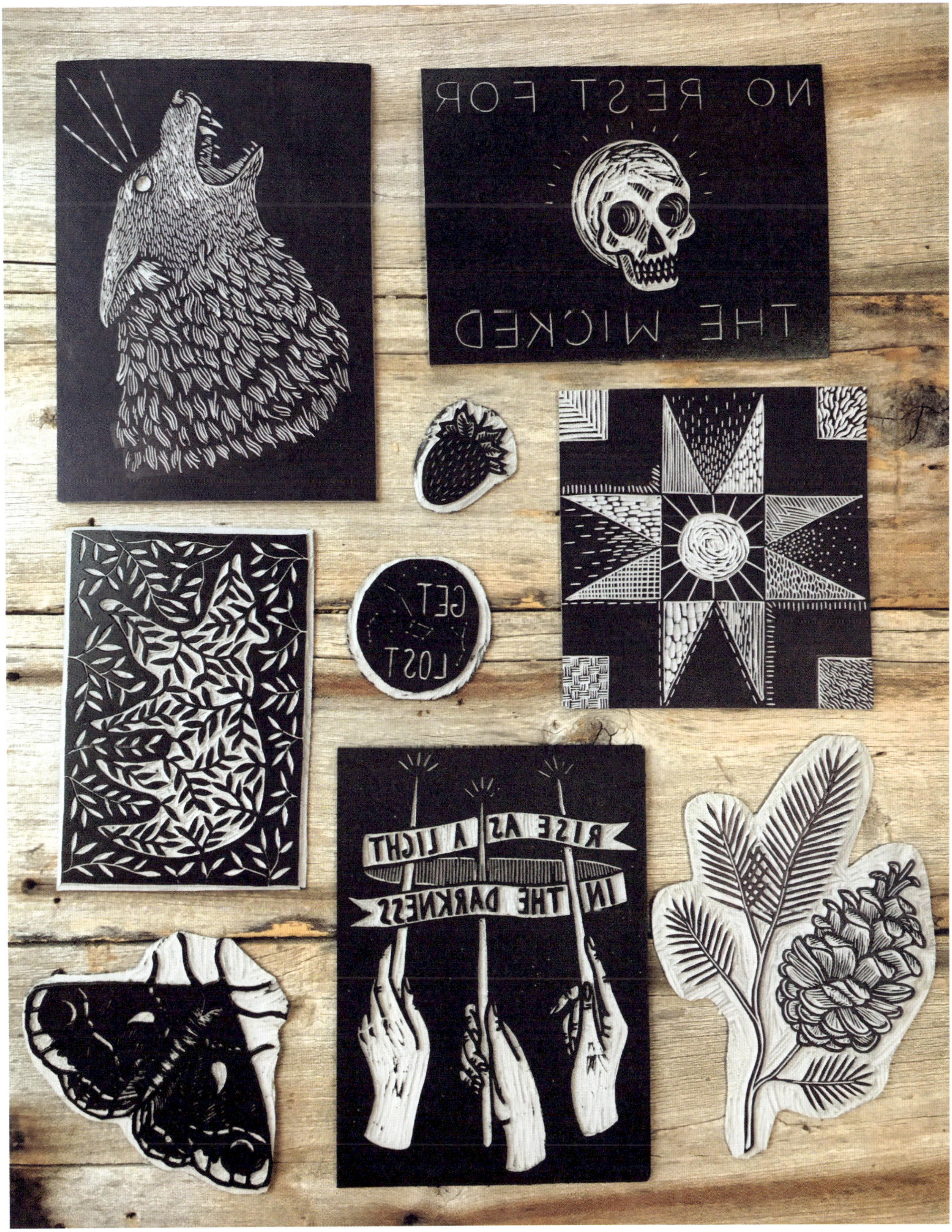
NO REST FOR
THE WICKED
GET
LOST
RISE AS A LIGHT
IN THE DARKNESS

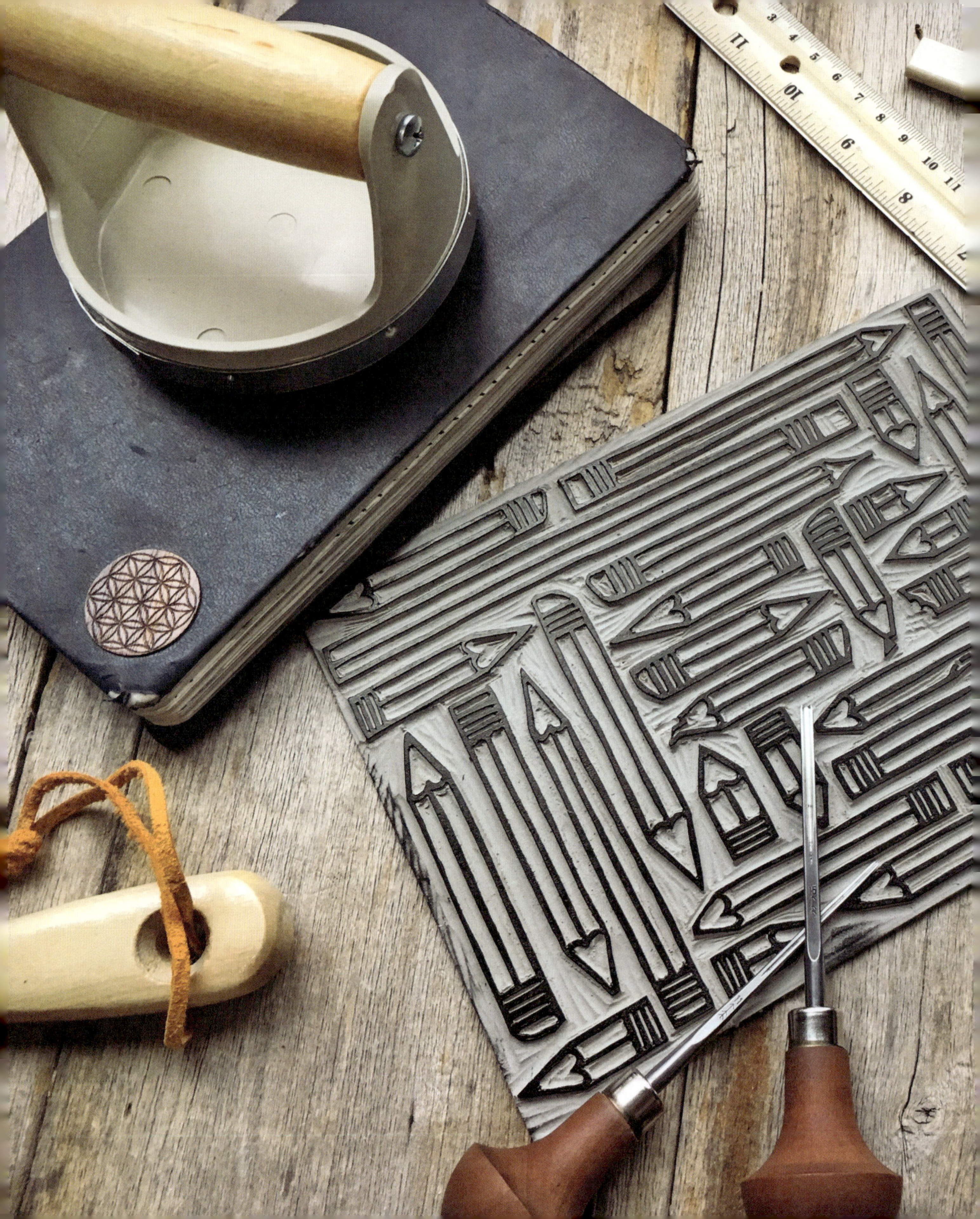

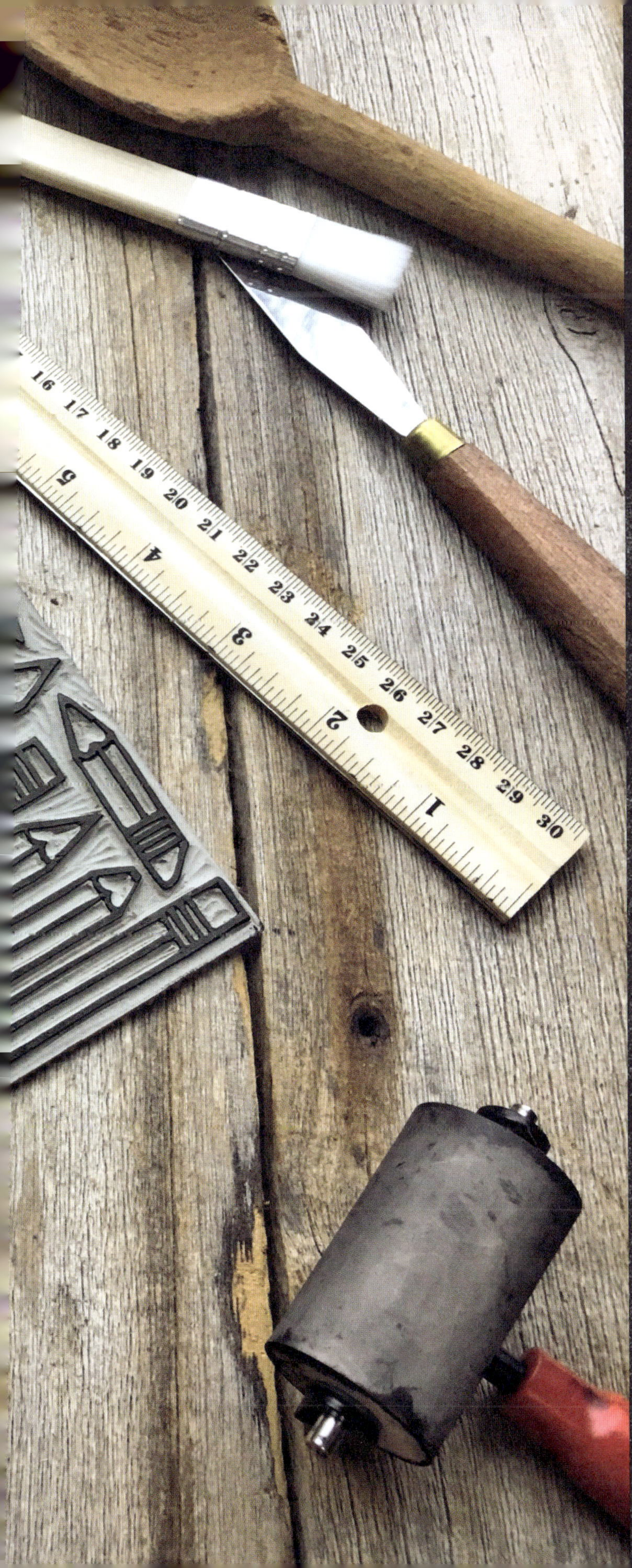

KAPITEL 1

WERKZEUGE UND MATERIALIEN

In diesem Kapitel erfahren Sie, welche Werkzeuge und Materialien Sie für den Linolschnitt benötigen. Linolschnitt ist ein Hochdruckverfahren, bei dem das Motiv durch Entfernen der nicht zu druckenden Teile in eine Linolplatte geschnitten wird. Die Platte wird eingefärbt und die Farbe auf Papier übertragen. Was ich am Hochdruck besonders schätze, ist, dass selbst für Drucke in Atelierqualität keine teure Ausstattung erforderlich ist und die meisten Werkzeuge erschwinglich sind. Es gibt viele Hersteller für Werkzeuge, Linolplatten, Druckfarben und Papiere. Informieren Sie sich und probieren Sie aus, mit welchen Sie am besten zurechtkommen.

GRUNDLEGENDE WERKZEUGE

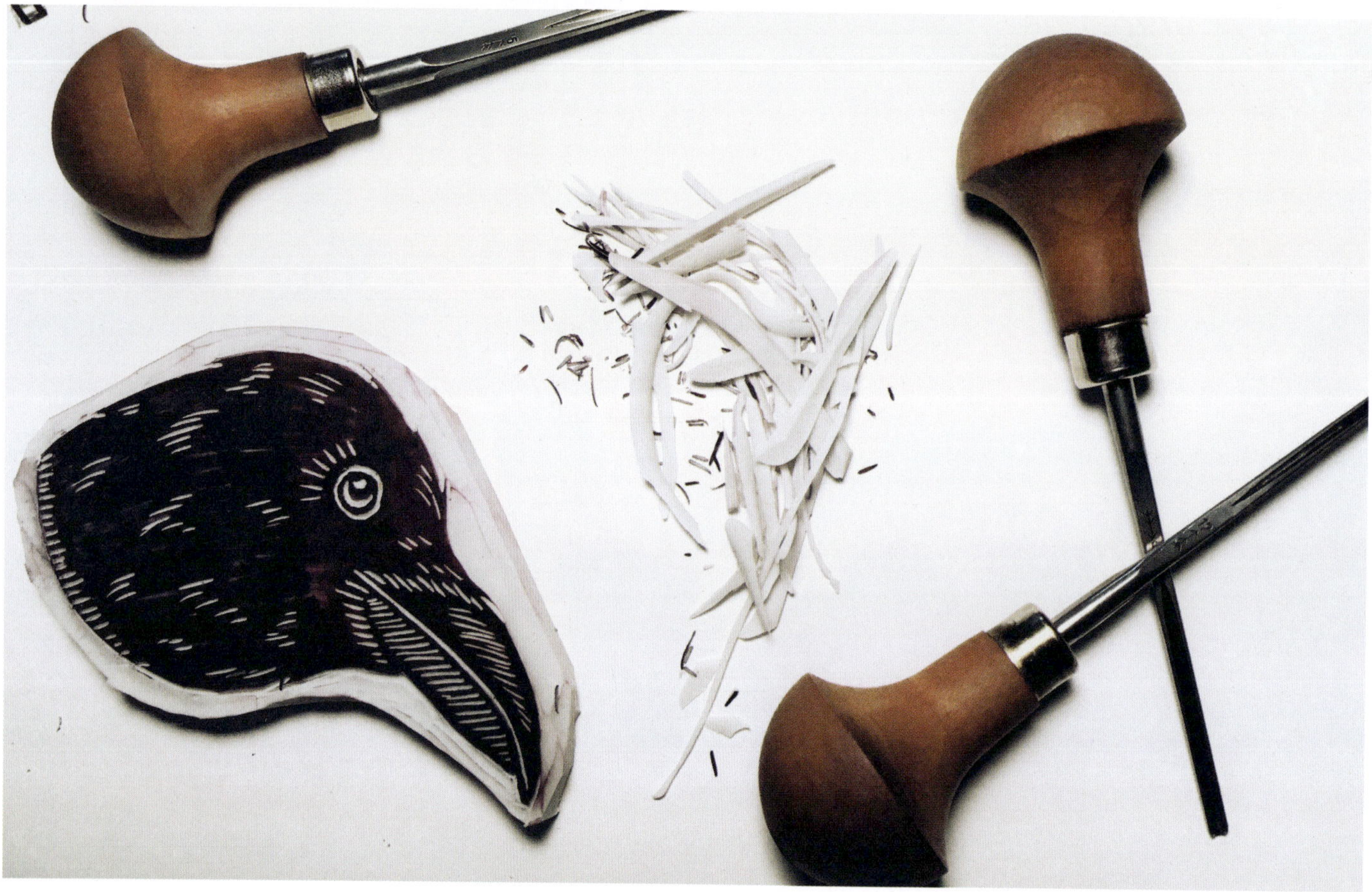

Platten

DRUCKPLATTEN

Es gibt viele Materialien, die sich zum Drucken eignen, doch dieses Buch konzentriert sich auf Linol- und Gummiplatten. Weiche Gummiplatten empfehlen sich insbesondere für unerfahrene Druckkünstler, auch Kinder, denn sie lassen sich mit Einsteigerwerkzeugen gut bearbeiten. Ich selbst verwende sie vor allem für den Textildruck. Linoleum ist fester und schwieriger zu bearbeiten, doch dafür lassen sich Details sehr schön herausarbeiten, und die Wahrscheinlichkeit, dass beim Drucken die Farbe verschmiert, ist geringer – vorausgesetzt, das Schnittbesteck ist scharf.

LINOLPLATTEN

Linoleum wird aus Leinöl, Korkmehl, Holzmehl und Kiefernharz hergestellt und ist bei Druckgrafikern sehr beliebt, weil es aus nachwachsenden Rohstoffen besteht. Es ist in vielen Standardgrößen sowie als große Rolle erhältlich und so weich, dass es in jede gewünschte Form geschnitten werden kann. Viele professionelle Druckgrafiker bevorzugen Stücke von grauem Linoleum.

Linoleum wird manchmal auf Holzwerkstoffen aufgeklebt. Auch wenn diese Platten sich nicht so leicht zuschneiden lassen, bietet die Holzverstärkung zusätzlichen Halt und einen gewissen Schutz beim Schneiden. Das Gewicht des „Unterbaus“ hemmt außerdem das Verrutschen der Platte beim Abziehen des bedruckten Papiers. Bei den Projekten in diesem Buch verwende ich überwiegend loses Linoleum, also ohne daruntergeklebte Trägerplatte.

Linoleum (ob aufgeklebt oder lose) lässt sich leichter mit Schneidewerkzeugen bearbeiten, wenn es vorher erwärmt wird. Sie können dafür ein Bügeleisen – bei niedriger Temperatur und untergelegtem Handtuch – oder einen Föhn verwenden. Ich persönlich finde, dass es ausreicht, wenn ich mich ein paar Minuten daraufsetze. Wenn Sie immer mit scharfem Werkzeug arbeiten, ist das Erwärmen der Platten aber nicht unbedingt nötig.

Linoleumplatten sollten immer flach aufbewahrt und vor direkter Sonneneinstrahlung sowie extremen Temperaturen geschützt werden. Unter Einwirkung von Licht, Hitze und Kälte wird das Material hart und bröckelig, und im Laufe der Zeit trocknet es aus. Das Schneiden macht dann kein Vergnügen. Ich bewahre keine großen Linoleumvorräte auf, weil sich frisches Linoleum am besten bearbeiten lässt.

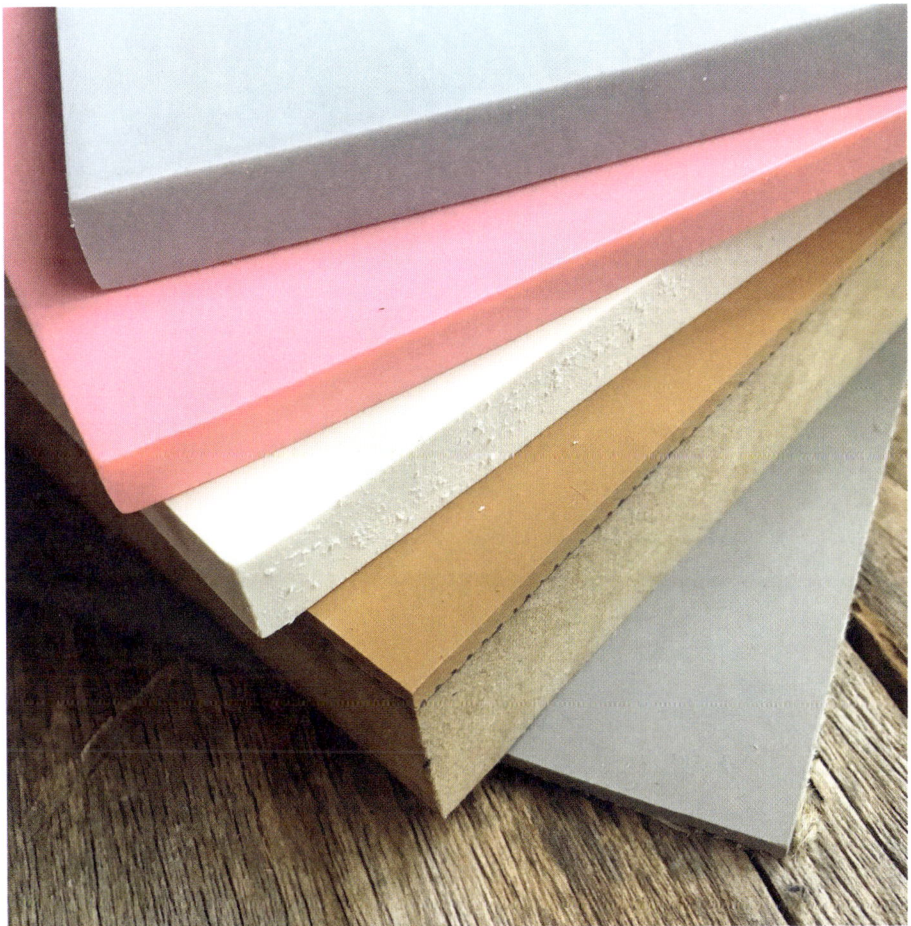

Von oben nach unten: Moo Carve Professional Carving Block, Speedball® Speedy Carve™, Speedball® Speedy Cut™, aufgeklebtes Linoleum, graues Standardlinoleum

GUMMIPLATTEN

Gummiplatten, Softcut™- und Mastercut™-Platten, Vinylplatten, Moo Carve Carving Blocks und Druckstöcke von Speedy Carve™, Druckblöcke aus synthetischem Kautschuk, auch Moosgummiplatten sind gute Alternativen zu traditionellem Linoleum: Sie sind weicher und lassen sich deshalb leichter bearbeiten. Man braucht kaum Kraft, um die Klinge durch das Material zu führen. Je weicher die Platte, desto weniger Druck müssen Sie ausüben. Eine ruhige Hand ist in diesem Fall von Vorteil. Gummiplatten eignen sich hervorragend für Druckprojekte mit vielen Details und beginnen auch nicht zu bröseln, was bei Linolplatten nach einer Weile passieren kann.

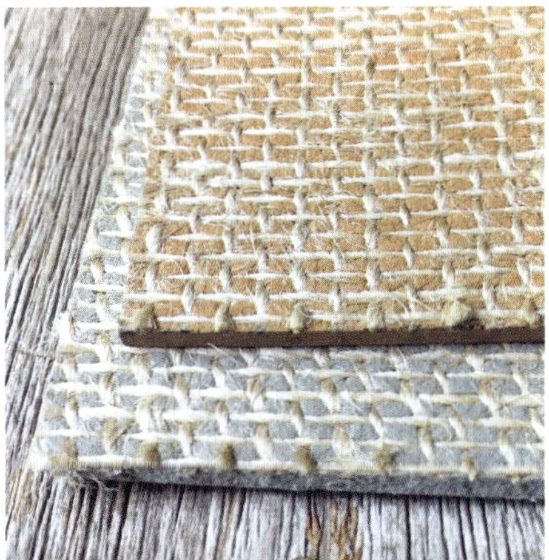

Die Rückseite von Linolplatten besteht aus einem lockeren Jutegewebe.

Schnittmesser und ihre Pflege

Die meisten Schnittbestecke für Anfänger enthalten Messer in unterschiedlichen Größen und Formen, vom schmalen tiefen Hohleisen bis zum breiten Hohleisen mit u-förmiger Klinge. Tiefe Hohleisen dienen zum Schneiden sehr dünner, feiner Linien. Geißfüße besitzen v-förmige Klingen mit einem 45- oder 90-Grad-Winkel. Breite Hohleisen eignen sich hervorragend zum großflächigen Abtragen von Material. Probieren Sie aus, welche Griffe Ihnen am besten in der Hand liegen – große Werkzeuge sind mitunter etwas schwieriger zu führen, doch man kann mit ihnen mehr Druck auf das Werkstück ausüben. Schnittmesser mit pilzförmigen Griffen lassen sich vor allem für Details oft am komfortabelsten handhaben.

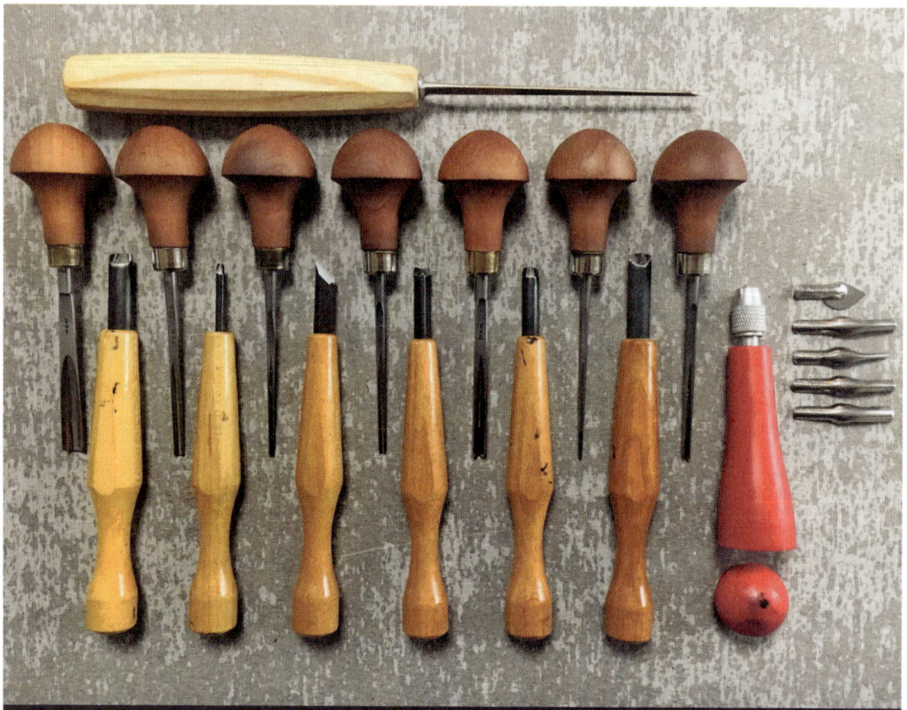

Von oben nach unten: tiefes Hohleisen Nr. D 11 von Pfeil; Pfeil-Schnittmesser mit pilzförmigem Griff, Set C; Powergrip-Set; Speedball®-Linoleummesser mit auswechselbaren Klingen

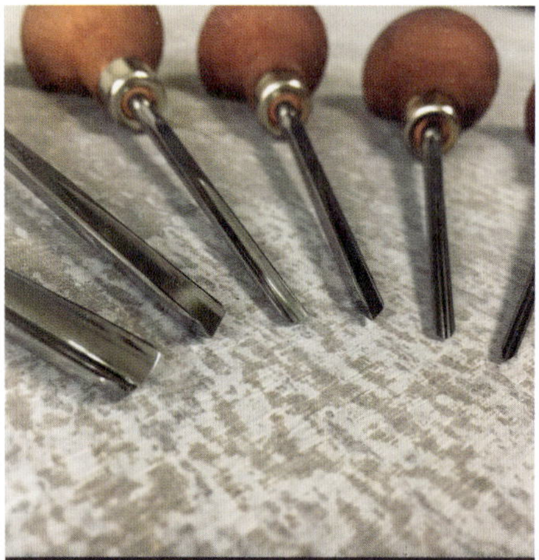

Schweizer Messer von Pfeil, Set C

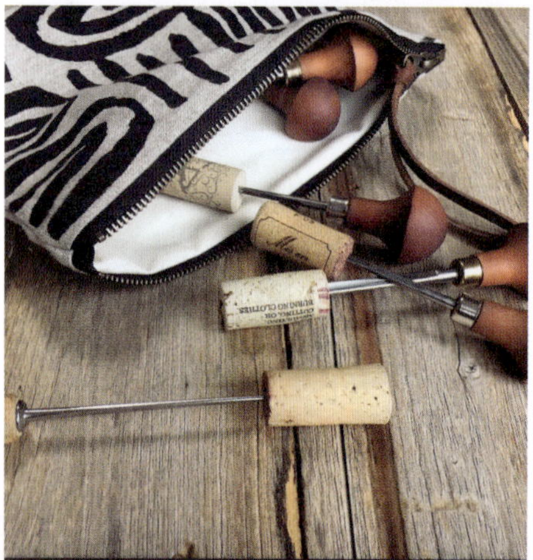

Tipp: Teure Messer lassen sich auf einfache Weise schützen. Ich reise viel und arbeite gerne unterwegs. Meine Schnittmesser – und meine Hände – schütze ich mit alten Weinkorken.

Obwohl ich viele Werkzeuge griffbereit habe, benutze ich letztlich immer dieselben vier: ein 1-mm-Hohleisen, ein 3-mm-Hohleisen, einen 1-mm-Geißfuß und einen 0,5-mm-Geißfuß – sozusagen meine Arbeitspferde. Sie eignen sich für die meisten detailreichen Projekte bis zu einer Größe von 28 × 35,5 cm.

Linoleum ist ein festes Material, das Schneidewerkzeugen einiges abverlangt. Beim Bearbeiten von schweren grauen Linolplatten werden die Klingen viel schneller stumpf als beim Bearbeiten weicher Gummiplatten. Wenn Sie regelmäßig mit Linolschnittmessern arbeiten, lohnt es sich, die besten Messer zu kaufen, die Sie sich leisten können. Trotzdem sind preiswertere Anfänger-Sets nicht zu verachten – bei manchen lassen sich die Klingen einfach auswechseln.

WERKZEUGE SCHÄRFEN

Mit der Zeit wird auch die beste Messerklinge stumpf. Stumpfe Klingen sind der Albtraum jedes Druckgrafikers, denn sie gleiten nur schwer durch das Linoleum. Das führt dazu, dass Sie bei der Arbeit schneller ermüden und das Messer beim Schneiden leichter ausbricht, sodass das Linoleum reißt. Deshalb ist es wichtig, die Klingen regelmäßig zu schärfen. Dann entstehen an den Rändern keine Kerben, Grate oder andere Unebenheiten. Mein tiefes Mitgefühl gilt allen Kunststudierenden, die sich mit schäbigen Messern, die schon hundert andere Studierende vor ihnen verwendet haben, an Linolplatten abarbeiten müssen.

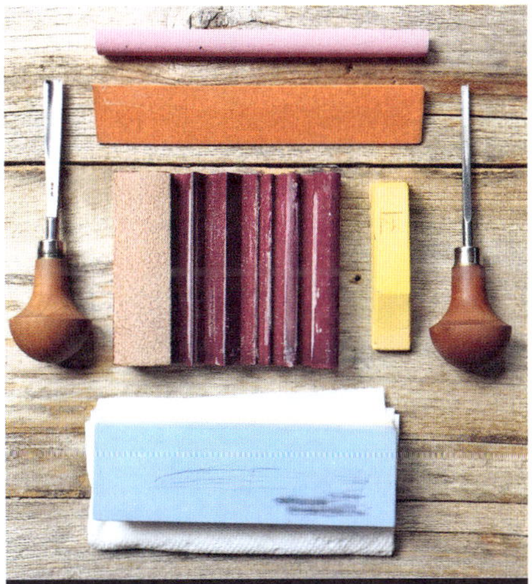

Ein Schleifset im Überblick

Verwendung eines Schleifsets

So schleifen Sie Ihre Werkzeuge mit dem SlipStrop von Flexcut.

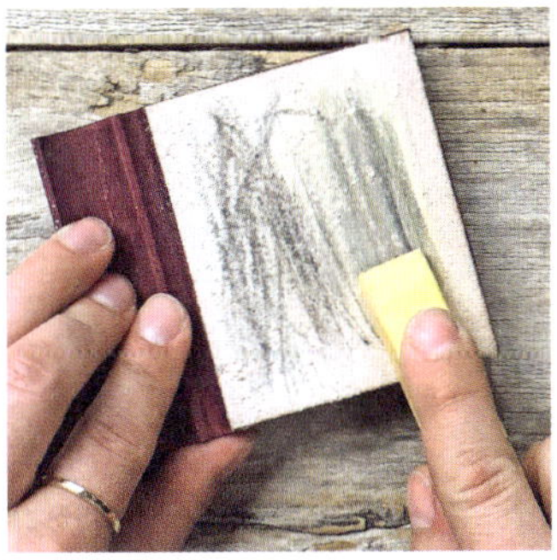

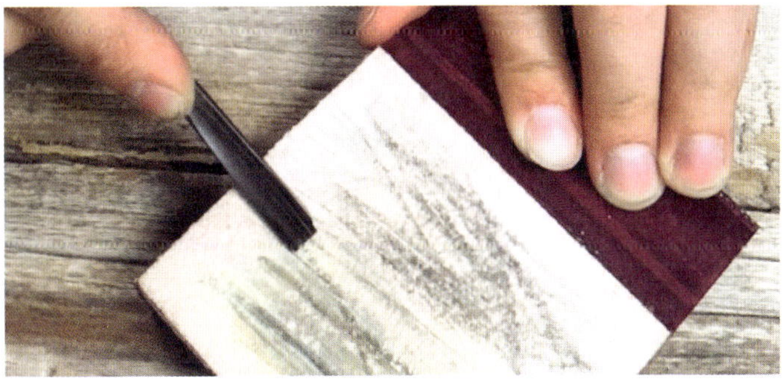

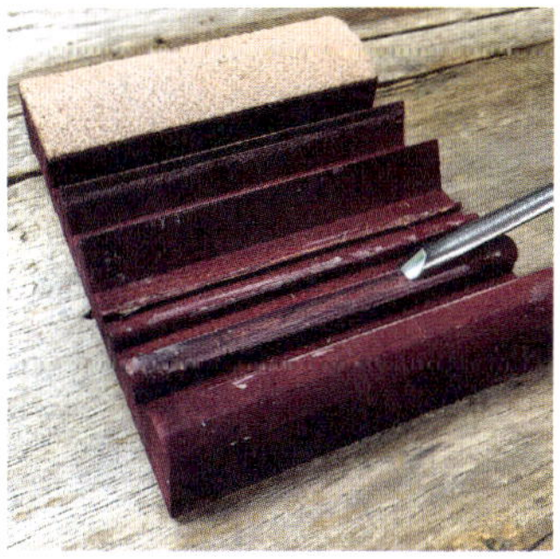

1 Beginnen Sie mit dem Schärfen der Klingenaußenseiten. Tragen Sie die im Set enthaltene gelbe Polierpaste großzügig auf das Abziehleder auf.

2 Drücken Sie das Werkzeug mit nach vorn gerichteter Klinge in einem Winkel von ungefähr 15 Grad auf das Leder. Ziehen Sie die Klinge unter sanftem Druck auf die Außenkante zu sich. Wenn Sie ein Hohleisen schleifen, bewegen Sie die Klinge dabei von einer Außenkante zur anderen. Diese rollende Bewegung sorgt dafür, dass die gesamte Kante in Kontakt mit dem Leder kommt.

3 Wenn Sie einen Geißfuß schärfen, bearbeiten Sie immer erst die eine und dann die andere Seite der Klinge. Schieben Sie das Werkzeug nicht vor und zurück, sondern setzen Sie es für jeden Zug am oberen Rand des Leders neu an.

4 Drehen Sie die SlipStrop-Platte um, sodass die geriffelte Holzfläche oben liegt. Grate und Bogen sind auf die gängigen Schnitzwerkzeuge abgestimmt. Wählen Sie den passenden Grat oder Bogen für Ihre Klinge und tragen Sie großzügig Polierpaste auf. Nun können Sie die Innenkanten der Klingen schleifen.

Verwendung eines Wasser- und Arkansas-Abziehsteins

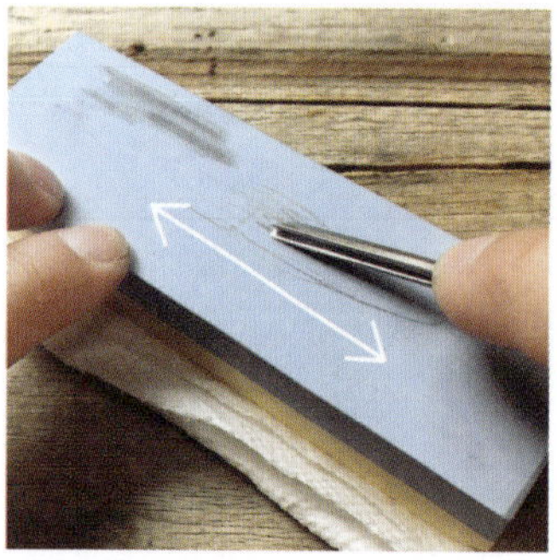

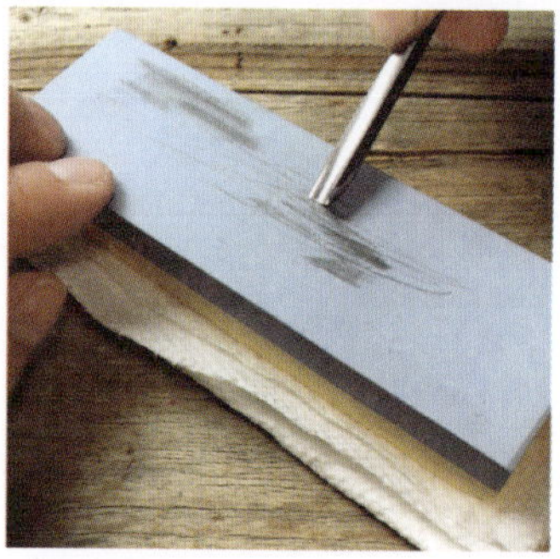

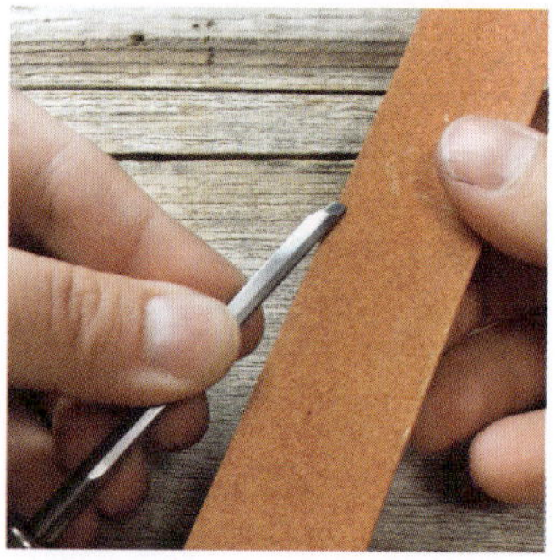

1 Wässern Sie den Wasserabziehstein vor Gebrauch fünf bis zehn Minuten, und legen Sie ihn auf ein Stück Küchenkrepp.

2 Setzen Sie das Werkzeug in einem Winkel von ungefähr 15 Grad (oder flacher) auf der blauen Seite des Abziehsteins an. Wenn Sie einen Geißfuß schleifen, bewegen Sie ihn etwa fünfmal sanft hin und her bzw. so oft, bis die Kante scharf ist.

3 Wenn Sie ein Hohleisen schleifen, bewegen Sie das Werkzeug durch Drehen des Handgelenks in wiegenden Bewegungen von rechts nach links.

4 Legen Sie einen Arkansas-Abziehstein an der Innenseite der Klinge an, und drücken Sie ihn dagegen. Verwenden Sie das gerundete Profil für Hohleisen und das scharfkantige Profil für Geißfüße.

5 Drehen Sie den Wasserabziehstein um, und geben Sie Ihren Werkzeugen auf der Seite mit der feineren Körnung den letzten Schliff.

Farbwalzen, Baren, Paletten und Messer

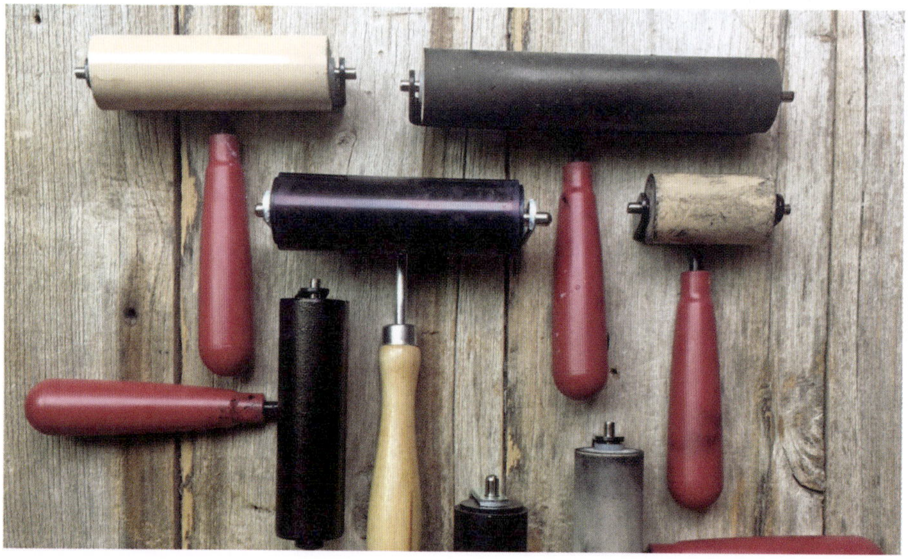

FARBWALZEN

Farbwalzen dienen zum gleichmäßigen Auftragen der Druckfarbe auf die Druckform. Sie sind in den unterschiedlichsten Breiten erhältlich. Mit Hartgummiwalzen lassen sich feine Details besonders gut herausarbeiten, Weichgummiwalzen verteilen die Farbe sehr gleichmäßig auf dem Druckstock. Beim Aufwalzen von Farbe mit einer Weichgummiwalze braucht kaum Druck ausgeübt zu werden.

Richten Sie sich bei der Auswahl der Walze nach der geplanten Größe Ihrer Druckform. Die Walze sollte idealerweise etwas breiter sein als die Schmalseite der Druckplatte. Das ermöglicht einen gleichmäßigen Farbauftrag ohne sichtbare Ränder. Sie sollte außerdem weich und frei von Dellen, Kerben oder Furchen sein, die sich eins zu eins auf den Druckstock und letztlich auch auf den Druck übertragen würden. Reinigen Sie die Walze nach Gebrauch gründlich. Bewahren Sie sie so auf, dass sie nicht mit anderen Gegenständen in Berührung kommt.

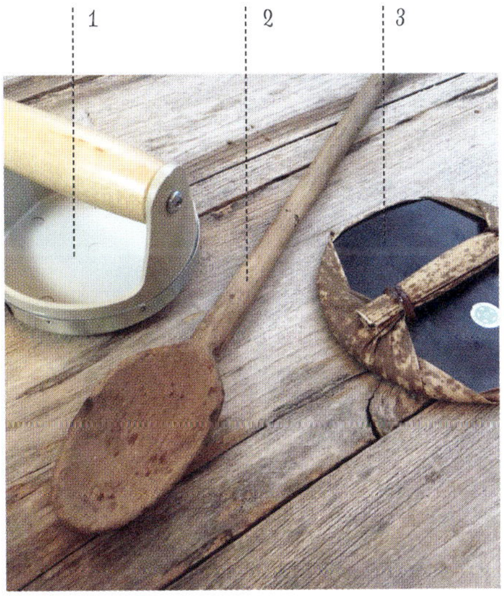

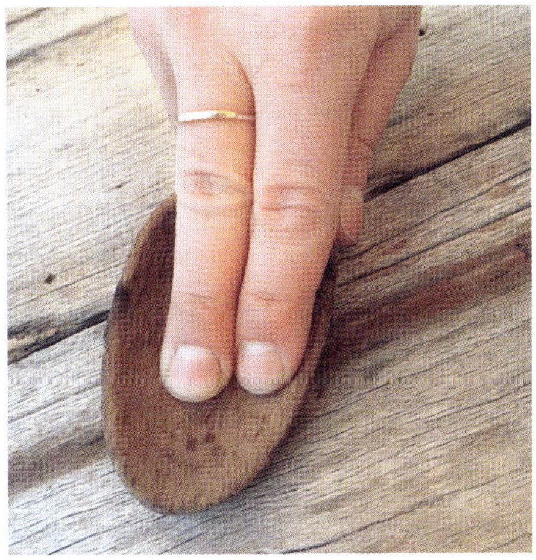

BAREN

Ein Baren oder Handreiber ist für das Drucken von Hand unverzichtbar. Er dient dazu, das Papier auf dem eingefärbten Druckstock anzureiben. Sie können damit gleichmäßigen Druck ausüben, ohne Löcher ins Papier zu reißen. Als praktischer, preiswerter und in jedem Haushalt vorhandener Ersatz eignet sich ein schlichter Holzlöffel wie meiner (Nr. 2 auf dem Foto oben). Eine glatte, harte Oberfläche – mehr brauchen Sie im Grunde nicht. Bitte keinen Metalllöffel verwenden, denn er erwärmt sich durch die Reibung.

Halten Sie den Löffel am unteren Ende des Stiels, und legen Sie die Kuppen von Zeige- und Mittelfinger in die Wölbung. Das gibt Ihnen den Halt, den Sie brauchen, um ausreichend Druck auf das Papier auszuüben. Traditionelle japanische Baren sind mit Bambusblättern abgedeckt (siehe Nr. 3), die sich im Laufe der Zeit abnutzen und ersetzt werden müssen.
Der Handreiber von Speedball® (siehe Nr. 1) besitzt einen erhöhten Griff und eine Gewebeauflage. Meiner Erfahrung nach eignet er sich hervorragend für Druckprojekte mit Weichgummiplatten.

PALETTEN

Jede Druckgrafikerin, jeder Druckgrafiker benötigt zum Mischen, Verteilen und Auswalzen der Farbe eine saubere, glatte, porenfreie Unterlage. Das kann eine Metallplatte, ein Stück Sicherheitsglas mit stumpfen oder ein Stück Plexiglas mit rund geschmirgelten oder abgeklebten Kanten sein. Meine Palette (siehe S. 40) besteht aus einem Stück Plexiglas, das ich auf ein passendes Holzbrett geschraubt habe. Eine Palette sollte relativ schwer oder irgendwo verankert sein, damit sie beim Auswalzen der Farbe nicht an der Walze festklebt. Reinigen Sie Ihre Palette immer sofort nach dem Drucken, damit die Farbe nicht antrocknet und ihr nächstes Druckprojekt ruiniert, weil sich die Farbe nicht gleichmäßig auftragen lässt.

Anreiben:
Das Papier auf den Druckstock pressen

PALETTMESSER

Ein nützliches Werkzeug zum Verteilen und Mischen von Farbe ist ein Palettmesser, Malmesser oder Spatel. Palettmesser gibt es in vielen Formen mit harten oder biegsamen Klingen. Eine größere Menge Druckfarbe für ein auflagenstarkes Projekt lässt sich mit einem relativ breiten Messer am einfachsten anmischen und verteilen. Ich bevorzuge biegsame Messer mit gerundeten Kanten, die die Palette nicht so schnell verkratzen.

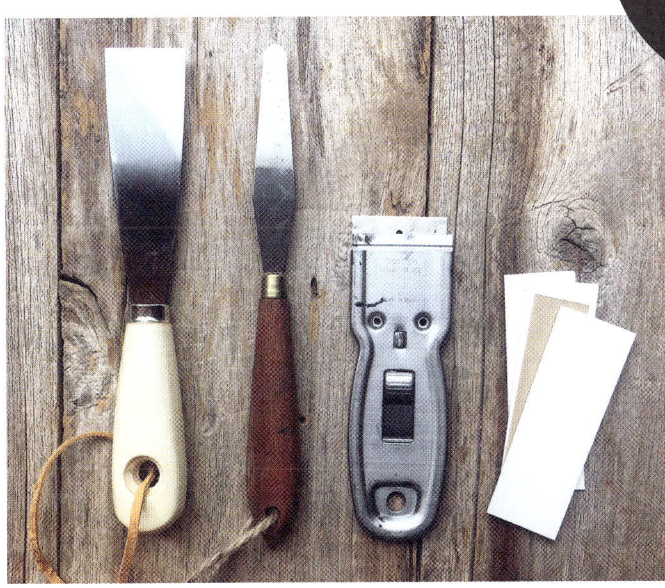

GRUNDLEGENDE MATERIALIEN

Man benötigt neben den richtigen Werkzeugen natürlich Druckfarben und Papier. Unterschiedliche Farben führen zu unterschiedlichen Ergebnissen, und Papiere sind heutzutage in schier unerschöpflicher Vielfalt erhältlich. Im Folgenden erfahren Sie alles über Druckfarben, Papier und ein paar weitere Materialien.

Zügigkeit: Die Klebspannung von Druckfarbe

Druckfarben

Die Wahl der richtigen Druckfarbe hat großen Einfluss auf das Druckergebnis, und es gilt, viele Punkte zu beachten. Verwenden Sie unbedingt spezielle Linoldruckfarben und nicht irgendwelche alten (Acryl-)Farben, die Farbwalzen und Druckstöcke ruinieren. Richtige Druckfarben greifen Ihre Druckstöcke nicht an und entfalten auf Papier eine wunderbare Wirkung.

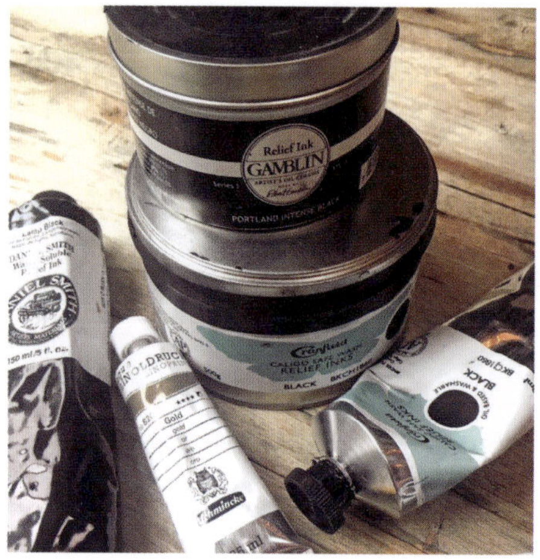

DRUCKFARBEN AUF WASSERBASIS

Druckfarben auf Wasserbasis sind eine gute Wahl für Anfänger und Kinder, denn sie lassen sich einfach mit Seife und Wasser abwaschen. Außerdem trocknen sie schnell – ein großes Plus, wenn Sie wenig Zeit haben oder nur in kleinen Auflagen drucken. Allerdings neigen wasserlösliche Farben beim Trocknen zum Ausflocken und lassen sich oft nur schwer gleichmäßig auf den Druckstock aufbringen.

TIPP: Tubenfarben trocknen nicht so schnell aus wie Dosenfarbe, da beim Öffnen nur wenig Luft ins Innere der Tube dringt. Sie sind aber teurer.

DRUCKFARBEN AUF ÖLBASIS

Es gibt sowohl wasserlösliche als auch wasserunlösliche Druckfarben auf Ölbasis. Beide zeichnen sich durch ein gleichmäßig seidiges Druckbild und satte, lebhafte Farben aus.
Wasserunlösliche Ölfarben entfernt man am effizientesten mit Lösungsmitteln wie Terpentin und Petroleum, die allerdings giftige Dämpfe verströmen. Mit schlichtem altem Pflanzenöl geht es auch – und man ist auf der sicheren Seite. Tränken Sie etwas Küchenkrepp damit und wischen Sie den Druckstock ab. Eventuelle Rückstände entferne ich mit einem Desinfektionstuch.

Wasserlösliche Druckfarben auf Ölbasis werden mit Pflanzenöl hergestellt und sind ungiftig. Ihre Zügigkeit ermöglicht einen schönen gleichmäßigen Auftrag. Sie lassen sich mit Wasser und Seife oder einem Desinfektionstuch entfernen. Safe-Wash-Hochdruckfarben von Caligo sind eine gute Wahl. Ich habe sie für die meisten Projekte in diesem Buch verwendet.

MALMITTEL

Druckfarben lassen sich für unterschiedliche Zwecke mit allerlei Zusätzen mischen. Die Zugabe von Transparent-Lasuren oder anderen -Medien reduziert die Deckkraft, lässt Farben also transparenter erscheinen, ohne sich auf ihre Viskosität (Zähflüssigkeit) auszuwirken.

Mit Trocknungsverzögerer lässt sich der Trocknungsprozess der Farbe verlangsamen. Das ist von Vorteil, wenn Sie langsam arbeiten oder große Auflagen herstellen. Denken Sie daran, dass die Drucke dann auch etwas länger am Trockengestell hängen müssen.

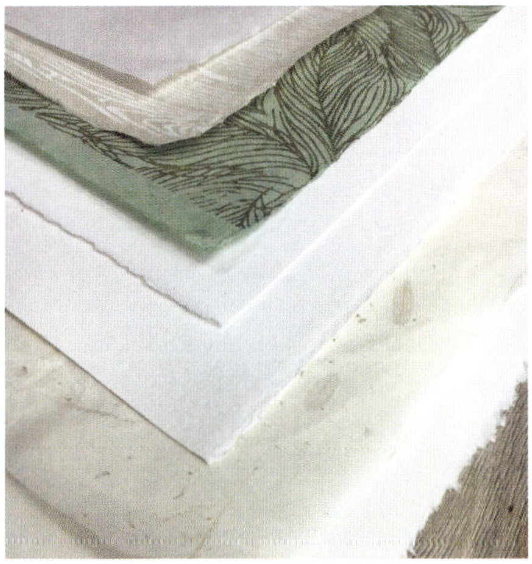

Papier

Obwohl sich rein technisch fast jede plane Oberfläche bedrucken lässt, ist der billigste, praktischste und am einfachsten erhältliche Bedruckstoff Papier. Papier ist etwas sehr Haptisches, und es fühlt sich einfach wunderbar an, mit den Fingern über voluminöses Hadernpapier zu streichen. Zum Glück für mich (und für Sie) gibt es heutzutage viele verschiedene Papiersorten auf dem Markt. Die gängigsten Künstlerpapiere sind aus Zellstoff, Baumwoll-Hadern oder Leinen oder Fasern des Maulbeerbaums (*kozo*) gefertigt – allesamt hervorragend geeignet für Linolschnitte. Natürlich tut es auch irgendein altes Papier, wenn Sie zu Hause nur zum Spaß drucken, doch Sie werden feststellen, dass die Abzüge umso besser werden, je höherwertiges Papier Sie verwenden.

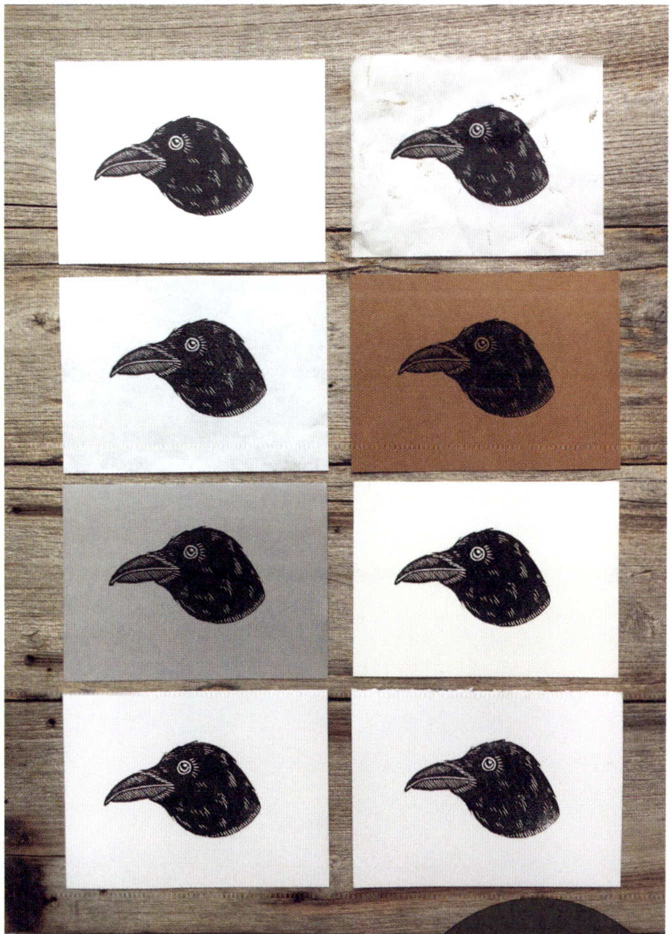

Hier ein paar weitere Informationen zum Werkstoff Papier. Mögen Sie Ihnen die Auswahl erleichtern.

Druckträger

Das Material, auf das gedruckt wird

Links

- Masterprinter-Papier von Blick®, 74 g/m²
- Yasutomo-Japanpapier aus Maulbeerfasern, 71,5 g/m²
- Canford-Papier von Daler-Rowney, dreadnought gray, 150 g/m²
- Edition-Papier von Canson®, antikweiß, 250 g/m²

Rechts

- Thailändisches Papier aus Maulbeerfasern mit Tamarindenblättern, 30 g/m²
- Mi-Teintes-Zeichenpapier von Canson®, Nr. 502, hellbraun, 160 g/m²
- Stonehenge-Papier von Legion, warmweiß, 250 g/m²
- BFK-Rives-Papier, weiß, 280 g/m²

SÄUREFREIES ARCHIVPAPIER

Druckpapier ist idealerweise säure- und ligninfrei. Lignin ist ein Biopolymer im Holzschliff, der das Papier vergilben und im Laufe der Zeit brüchig werden lässt. Alterungsbeständiges, säure- und holzfreies Papier wird auch Archivpapier genannt. Papier aus 100 Prozent Baumwoll-Hadern ist von Natur aus säurefrei und daher eine sehr gute Wahl. Professionelle Druckgrafiker arbeiten nur mit säurefreien Archivpapieren, um sicherzustellen, dass ihre Werke viele Jahre lang halten.

GEWICHT

Das Gewicht bzw. die Stärke von Papier wird in Gramm pro Quadratmeter (g/m²) gemessen. Je schwerer ein Papier, desto dicker ist es. Für den Hochdruck können Sie Papiere jeder Stärke verwenden, je nach Druckfarbe, Druckstock und gewünschtem Druckbild. Dünnere Papiere eignen sich hervorragend für den Handdruck, wirken aber manchmal nicht so luxuriös und haptisch wie dickere Bogen. Manche handgeschöpften Papiere haben eine ausgeprägte Textur, die die Gleichmäßigkeit des Druckbilds beeinträchtigen kann. Am besten probieren Sie viele verschiedene Papiere aus, um herauszufinden, welche sich für Ihre Projekte am besten eignen.

HEIß UND KALT GEPRESST

Maschinell hergestellte Papiere durchlaufen bei der Fertigung eine Reihe von Metallzylindern, wobei sie mit oder ohne Hitzeeinwirkung mehr oder weniger stark gepresst werden. So entstehen unterschiedliche Texturen. Heiß gepresste Papiere haben eine glatte Oberfläche mit feinem Korn; kalt gepresste sind rauer.

SONSTIGE AUSSTATTUNG

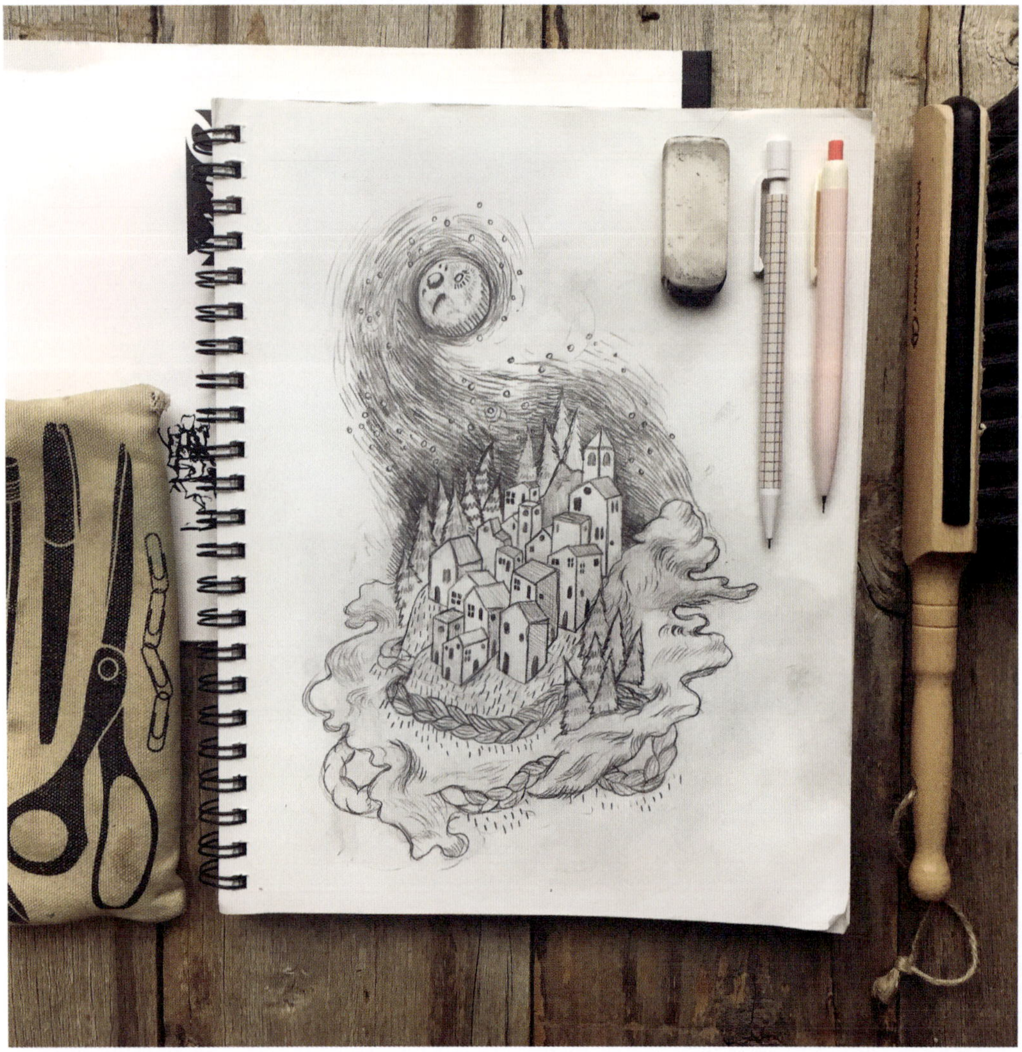

Zeichen-utensilien

- Skizzenbuch
- Bleistifte
- Stiftemäppchen
- Radierer
- Schwarze Permanentmarker
- Transparentpapier
- Handfeger/Staubtuch
- Kohlepapier

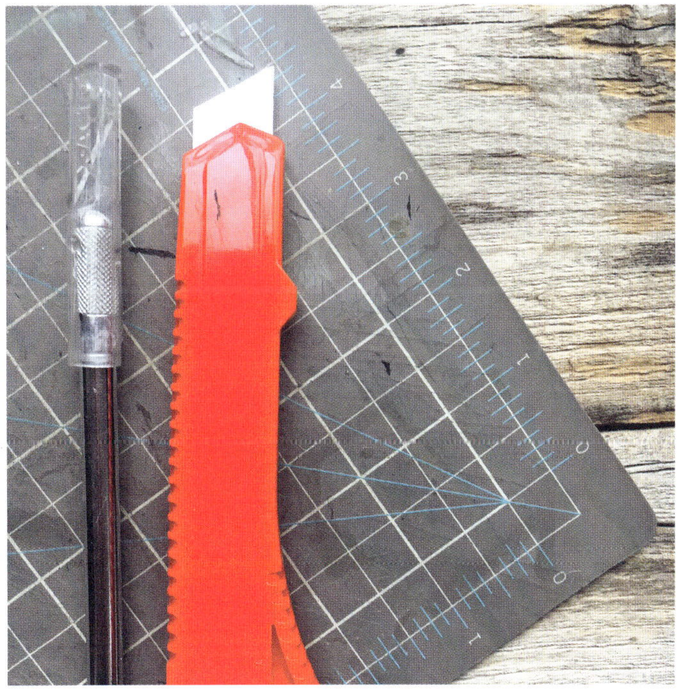

Weitere nützliche Materialien

- Schürze
- Cuttermesser
- Schere
- Packpapier
- Washi-Tape oder Malerkrepp
- Malerspachtel
- Feste Unterlage und Haftstreifen
- Desinfektionstücher
- Küchenkrepp
- Bimssteinseife

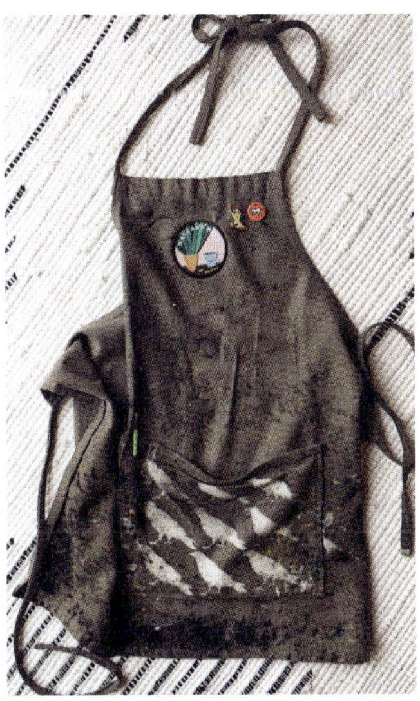

Materialien für Mixed Media

- Bastelmesser
- Selbstheilende Schneidematte
- 1 m ungebleichter Canvas aus 100 Prozent Baumwolle
- Kleines Nähset (Nadeln, Universalgarn)
- Stickrahmen
- Stickgarn
- Sticknadel
- Gouache- oder Aquarellfarben
- Palette, Wasserglas, Pinsel
- Falzbein
- Kleber

Ein Wort zu Kleber

Bei einigen Projekten in diesem Buch müssen Sie Papiere zusammenkleben, und wenn Sie hierfür den falschen Kleber verwenden, sind Ihre Drucke unter Umständen ruiniert. Manche Kleber führen dazu, dass sich das Papier verzieht, knittert, gelb wird oder sich gar auflöst. Weißleim (Holzleim) ist säurefrei und vergilbt nicht. Er trocknet transparent und bleibt flexibel. Yes™-Paste ist eine empfehlenswerte, langsam trocknende Alternative (die Ihnen mehr Zeit lässt, das Papier zu positionieren). Sie müssen sich keine Sorgen machen, dass sich das Papier übermäßig wellt.

EINBLICKE IN EINE DRUCKWERKSTATT

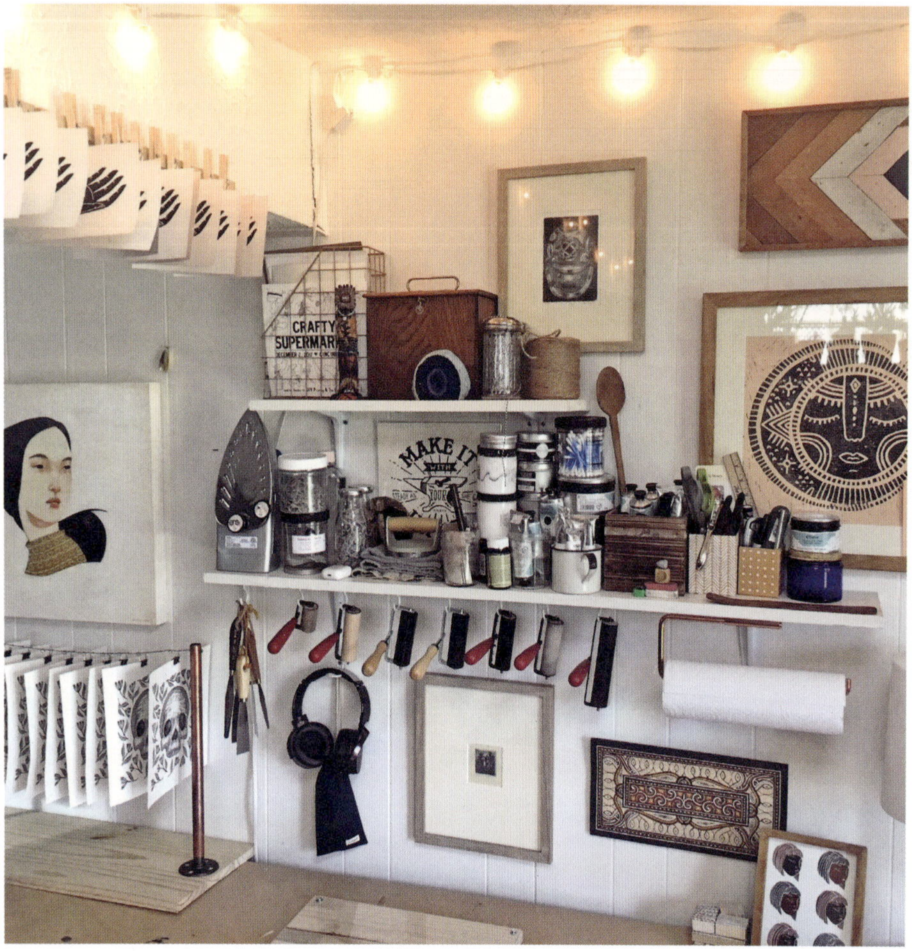

Sobald Sie sämtliche Materialien beisammen haben, stellt sich die Frage: Wo möchte ich eigentlich drucken? Als ich mein eigenes Atelier bei mir zu Hause eingerichtet habe, fiel mir folgender Text des amerikanischen Schriftstellers Joseph Campbell wieder ein:

„[Einen heiligen Ort zu haben], das ist heute für jeden eine absolute Notwendigkeit. Sie müssen ein Zimmer oder eine bestimmte Stunde oder so am Tag haben, wo Sie nicht wissen, was den Morgen in der Zeitung gestanden hat, nicht wissen, wer Ihre Freunde sind, nicht wissen, was Sie irgendwem schulden, nicht wissen, was irgendwer Ihnen schuldet. Das ist ein Ort, an dem Sie einfach erfahren und herauslassen können, was Sie sind und was Sie sein können. Es ist ein Ort schöpferischer Inkubation. Zuerst kann es sein, dass dort nichts geschieht. Aber wenn Sie einen heiligen Ort haben und ihn benutzen, wird irgendwann etwas geschehen."

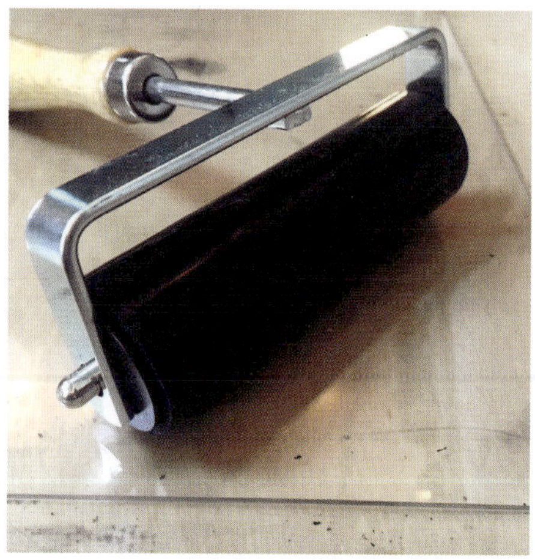

Mein Atelier ist ein Universum, in dem Politik, Rechnungen und all die Kleinigkeiten, mit denen ich im Laufe des Tages bombardiert werde, nichts zu suchen haben. Es ist ein Ort lebendiger Magie – ich muss ihn nur betreten und sie anfachen. Doch zunächst muss ich die Magie einladen. Meine eigene bescheidene kleine Werkstatt hat einen sperrigen L-förmigen Grundriss und ist vollgestopft mit jeder Menge selbst gemachter Ausrüstungsgegenstände, zwischen denen zu viele Papierstapel herumliegen. Doch für mich ist es der Himmel auf Erden. Sie brauchen kein richtiges Atelier. Das Hauptziel eines Kreativraums – ob es ein eigenes Zimmer, eine Nische oder nur eine zeitweilig genutzte Tischplatte ist – besteht darin, das Drucken so effizient, bequem und inspirierend wie möglich zu machen.

Geschickte Anordnung

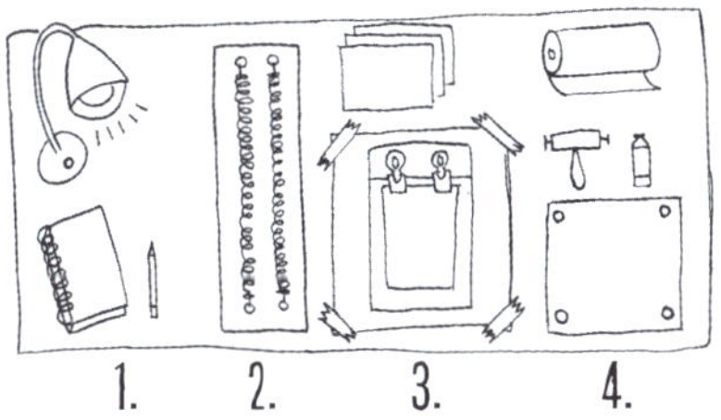

Mögliche Einteilung der Arbeitsbereiche auf einem Tisch

Eine effiziente Raumplanung beginnt mit der Frage, was Sie in Ihrem Atelier alles tun wollen. In meinem Fall waren es sämtliche Arbeiten rund ums Drucken:

- Zeichnen von Entwürfen
- Schneiden von Druckblöcken
- Einfärben der Blöcke
- Drucken
- Trocknen der Abzüge
- Aufbewahren der Abzüge

Der springende Punkt an einem Atelier ist, dass es ausschließlich der künstlerischen Betätigung dient; doch nicht immer hat man den Luxus, einen ganzen Raum für sich allein beanspruchen zu können. Die gute Nachricht ist, dass Sie zum Drucken im Prinzip nur eine große Tischplatte und eine Grundausstattung benötigen. Sie brauchen:

1. Eine saubere Arbeitsfläche

zum Zeichnen von Entwürfen, Vorbereiten von Druckpapieren, zum Schneiden von Druckblöcken und Signieren von Drucken. Sorgen Sie dafür, dass kein Tropfen Farbe in diesen Arbeitsbereich gelangt. Es wäre einfach schade, beispielsweise einen Fünffarbendruck zu ruinieren, weil ein großer Farbklecks auf der Tischplatte prangt.

2. Einen Trockenbereich

zum Aufbewahren nasser Drucke. Die Anleitung für ein selbst gebasteltes Trockengestell finden Sie auf Seite 26.

3. Einen Druckbereich

zum Drucken. Ich schütze diese Arbeitsfläche gerne mit Packpapier, das ich auf der Tischplatte festklebe, sodass ich nach dem Drucken einfach saubermachen kann. Hier fixieren Sie außerdem bei Bedarf die Passer (Glossar siehe S. 137, Methoden siehe S. 43), die Sie für Ihr Projekt brauchen. Über der Arbeitsfläche sollte sich eine kleine saubere Ablage befinden, in der Sie vorbereitete Druckbogen stapeln können, ohne dass sie verschmutzen.

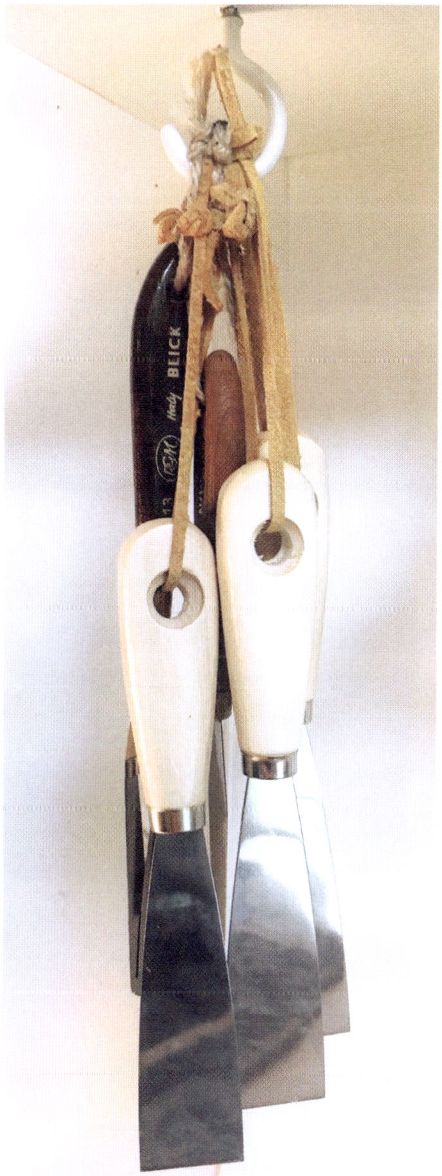

4. Einen Bereich zum Einfärben der Druckformen

oder anders gesagt: ein Platz zum Austoben. Hier bewahren Sie Ihre Palette zum Anmischen und Auswalzen der Farbe auf, hier werden die Druckstöcke eingefärbt. Ich habe eine große Plexiglasscheibe, die mir als Palette dient, direkt auf einen meiner Ateliertische geschraubt.

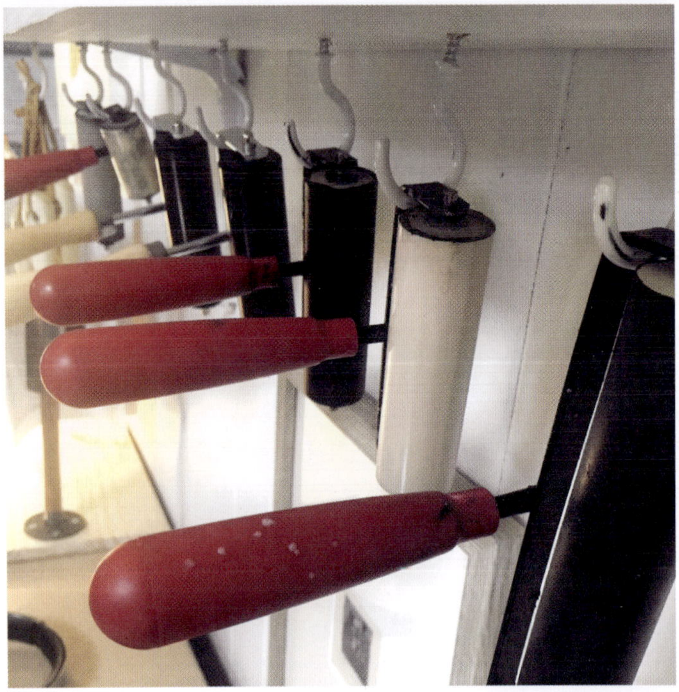

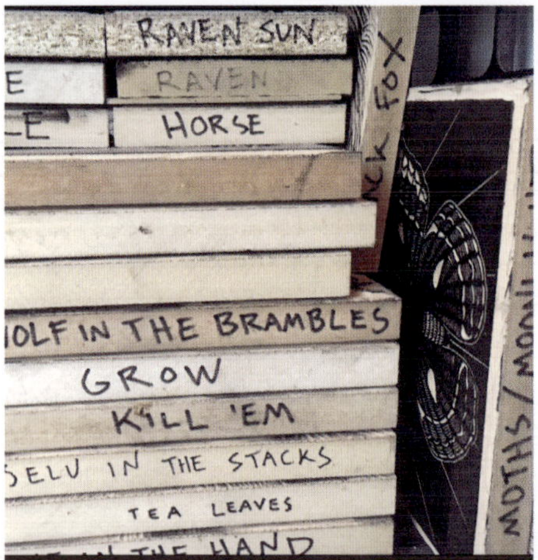

Benutzte, gereinigte und getrocknete Druckformen habe ich beschriftet und in Milchkisten verstaut, damit ich sie leicht wiederfinde.

Unter dem Regalbrett habe ich Haken zum Aufhängen meiner Farbwalzen befestigt. So bekommen sie keine Dellen oder werden anderweitig beschädigt. Auch alles, was ich zum Säubern der Arbeitsflächen und Werkzeuge und zum Entfernen von Farben brauche, bewahre ich in Reichweite auf: eine Rolle Küchenkrepp, eine Dose Wattestäbchen, Desinfektionstücher, Handschuhe, Babyöl und einen Stapel alte Zeitungen. Unter dem Tisch steht ein Abfalleimer.

TIPPS:

Drucken ist körperlich anstrengend und kann zu Verspannungen führen – vor allem in Schultern, Nacken und Rücken. Stimmen Sie die Höhe Ihrer Arbeitsflächen auf Ihre Körpergröße ab, damit Sie vom Vorbeugen nicht zu schnell ermüden. Ich habe eine Hartschaumrolle unter meinem Schreibtisch liegen, um meinem Rücken während langer Arbeitsstunden zwischendurch etwas Gutes zu tun.

Planen Sie die Anordnung der Ateliermöbel nach dem Lichteinfall und Ihrer dominanten Hand. Der Arbeitstisch sollte so nahe wie möglich am Fenster stehen, damit er möglichst viel natürliches Licht erhält. Ich bin Rechtshänderin. Wenn das Licht von rechts kommt, wirft es einen Schatten auf meine Arbeit. Fällt es dagegen von links auf die Arbeitsfläche, habe ich alles klar im Blick.

Wenn Sie Schwierigkeiten haben, Details zu erkennen oder auszuarbeiten, könnte sich die Anschaffung einer Lupe lohnen, wie auch Miniaturmaler sie verwenden. Es gibt viele verschiedene Modelle, darunter Lupen mit Standfuß, Griff oder Tischklemme.

Bewahren Sie so viele Ausrüstungsgegenstände wie möglich hängend oder in Regalen auf, damit die Arbeitsfläche frei bleibt und nicht erst frei geräumt werden muss, wenn die Muse Sie küsst.

Umgeben Sie sich mit Dingen, die Sie inspirieren. Das kann alles Mögliche sein, von einer Steinesammlung über Filmplakate bis hin zu Kinderzeichnungen oder Postkarten mit Reproduktionen berühmter Gemälde – solange sie Ihre Fantasie anregen und dafür sorgen, dass es Ihnen in den Fingern kribbelt. Ich habe in meinem Atelier Druckgrafiken von Freunden und Künstlern, die ich bewundere, aufgehängt. Sie leisten mir gute Gesellschaft in den langen Stunden, die ich allein im Atelier verbringe.

Planschränke eignen sich für die Aufbewahrung von Drucken am besten, doch im Notfall tut es auch eine Schubladenkommode. Drucke werden am besten flach, trocken und dunkel gelagert, damit die Farben nicht ausbleichen und das Papier sich nicht verzieht oder wellt, weil es zu viel Licht abbekommt.

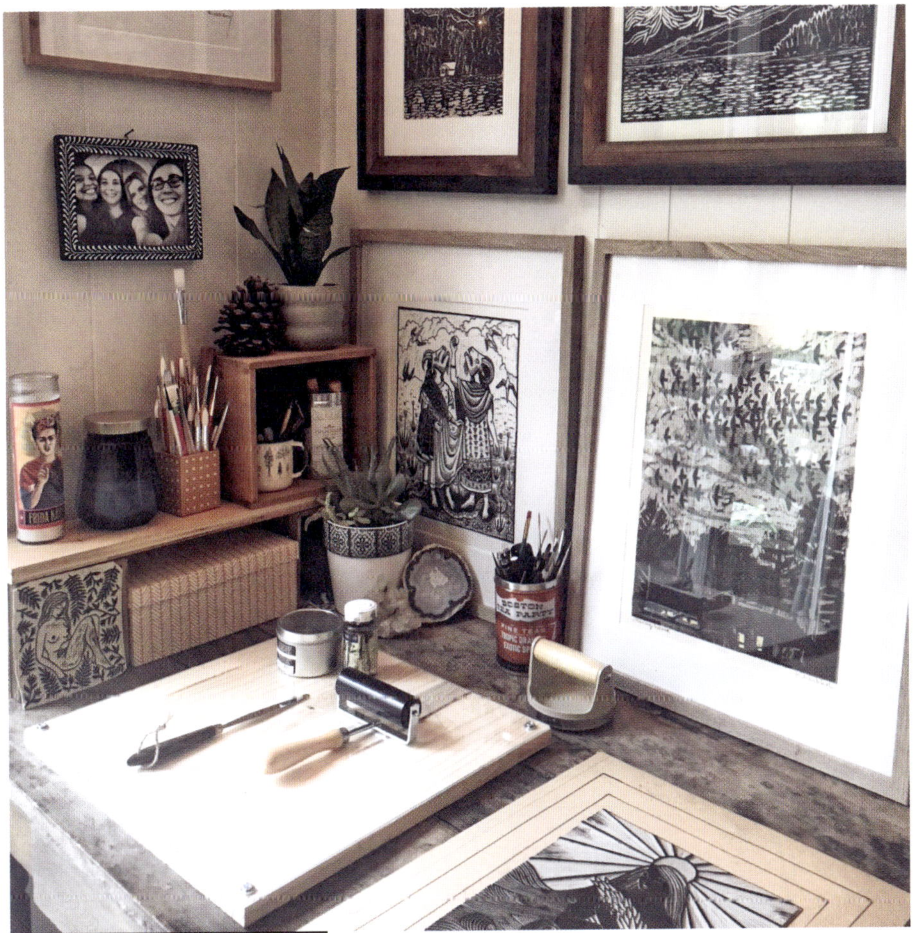

Ein zweiter Arbeitsplatz, an dem ich sofort loslegen kann

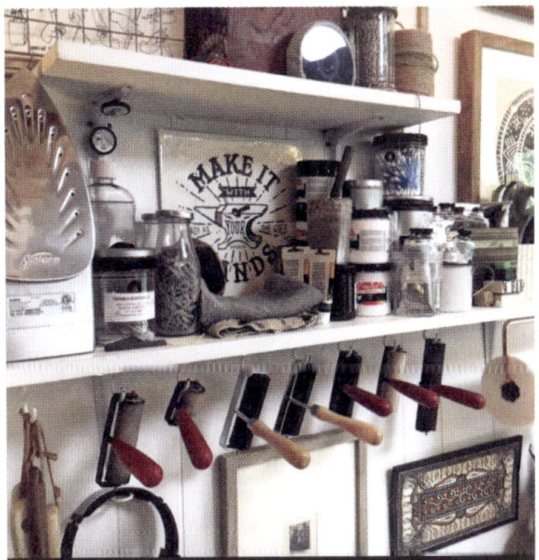

Druckfarben, Walzen und andere Materialien im Regal über meinem Arbeitstisch

Wenn ich nicht von Hand drucke, verwende ich meine Richeson-Medium-Presse. Sie ist zwar teuer und klobig, erspart mir aber einen großen Teil der körperlichen Routinearbeit.

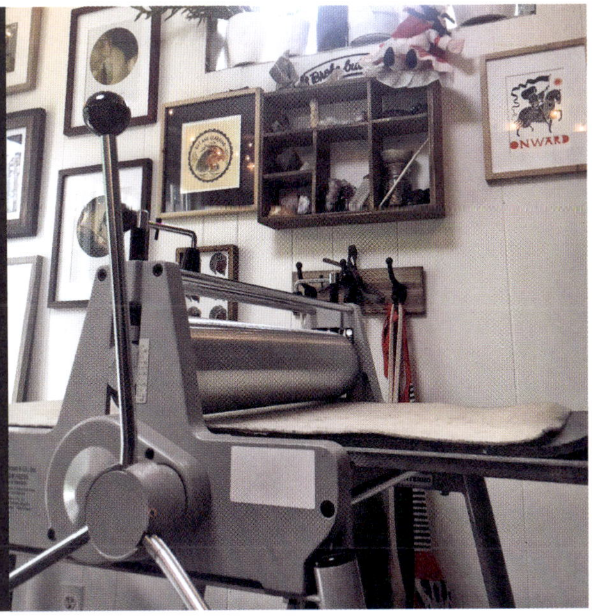

PROJEKT:

EINFACHES TROCKENGESTELL

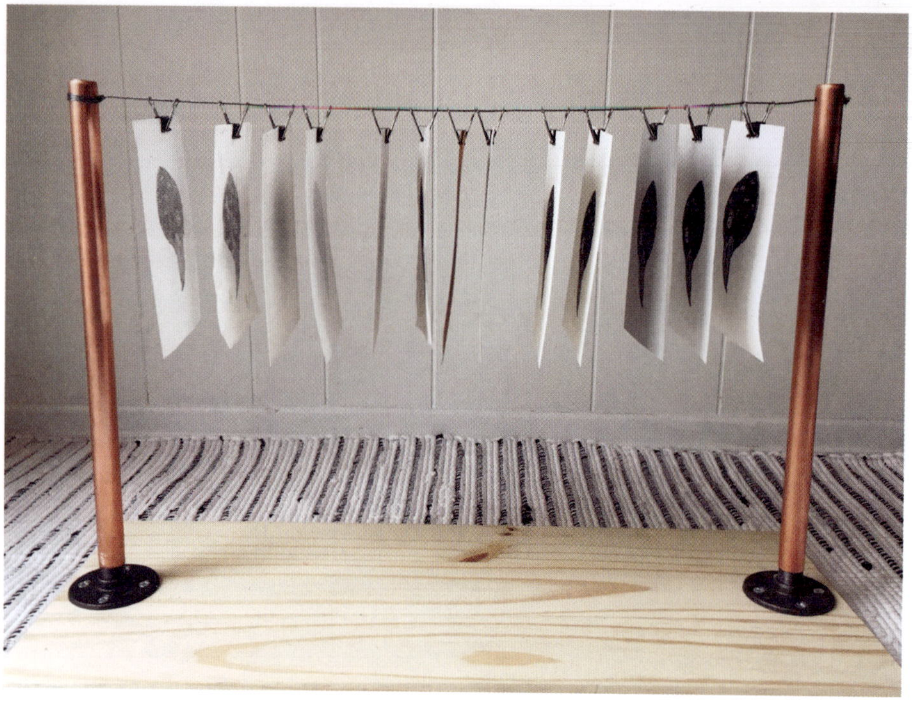

Werkzeuge und Materialien

- Lineal
- Bleistift
- Bohrmaschine
- Bohrer-Bit, 2 cm
- 3-mm-Bohrer
- Schere, Seitenschneider oder Kneifzange
- Holzschrauben, Kreuzschlitz, 3 × 20 mm
- Passender Schraubendreher
- 2 Bodenanker, ø 1,3 cm
- 2 passende Gewindenippel
- 2 × 40,5 cm Kupferrohr, passend für die Gewindenippel
- Birkensperrholzplatte, 29 × 73,5 cm
- 81,5 cm hochfester Bilderdraht
- 15 kleine Fold-back-Klammern
- Stahlwolle

Wenn man ohnehin schon wenig Platz hat, ist es besonders schwierig, einen geeigneten Ort zum Trocknen der Abzüge zu finden. Dieses selbst gemachte Trockengestell für den Tisch ist eine preiswerte Alternative zu konfektionierten Trocknern. Es ist in weniger als einer Stunde fertig, und Sie benötigen weder besondere Kenntnisse noch eine spezielle Ausrüstung, um es zusammenzubauen. Lassen Sie sich die Platte und die Kupferrohre im Baumarkt auf die gewünschte Größe bzw. Länge zuschneiden, und schmirgeln Sie vor dem Zusammenbauen alle rauen Kanten glatt.

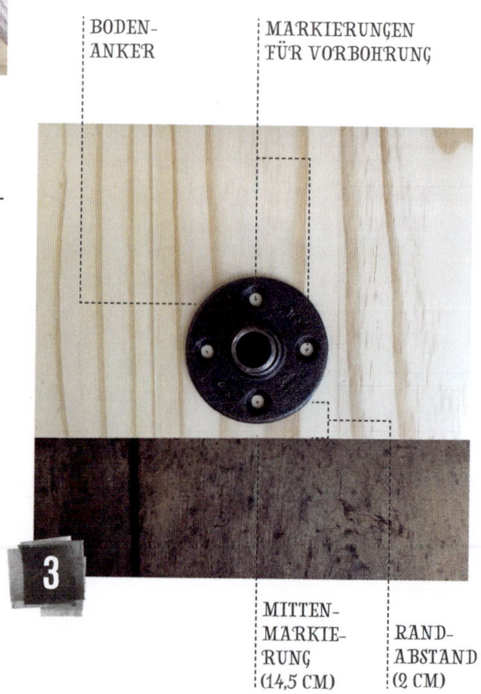

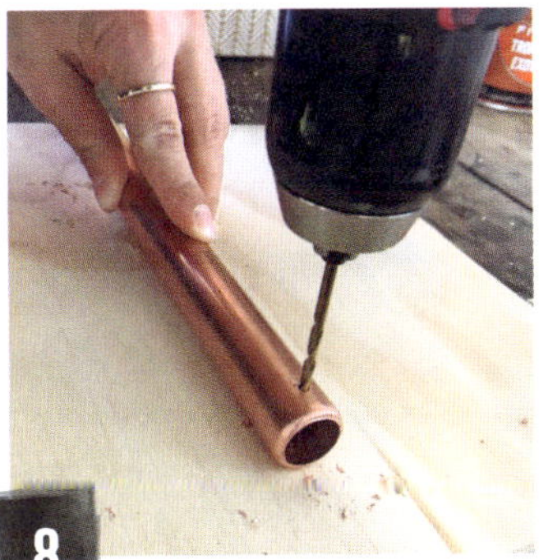

8

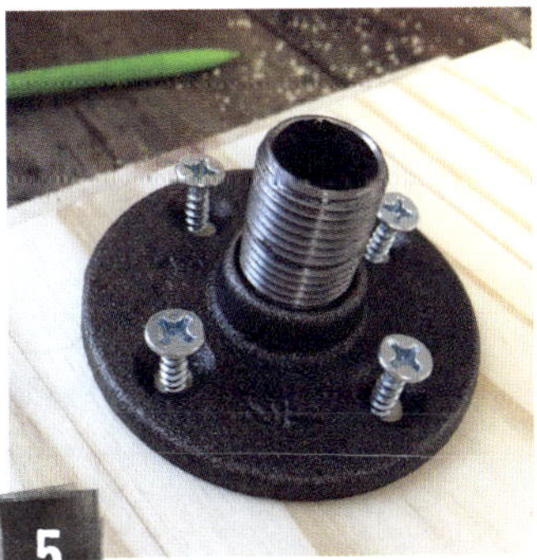

5

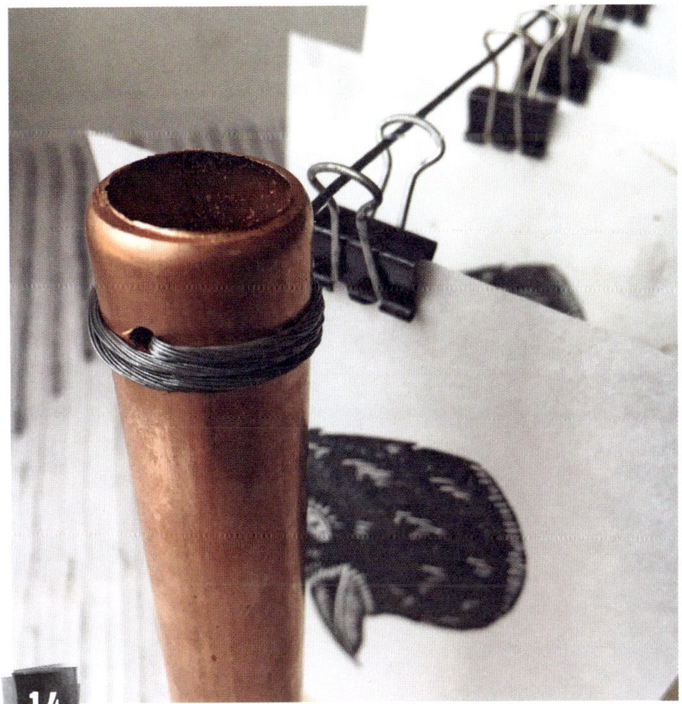

14

1 Markieren Sie an den beiden Schmalseiten der Holzplatte jeweils die Mitte (also 14,5 cm bei einer Kantenlänge von 29 cm).

2 Bringen Sie an dieser Mittenmarkierung 2 cm vom Rand entfernt jeweils eine weitere Markierung an.

3 Einen Bodenanker wie abgebildet auf das Brett legen, sodass eines der Löcher auf der 2-cm-Markierung liegt. Die Position der drei restlichen Löcher markieren.

4 Den Bodenanker entfernen. Alle Löcher mit einem 3-mm-Bohrer vorbohren, damit das Holz beim Eindrehen der Schrauben nicht splittert.

5 Den Bodenanker wieder auflegen und mit Holzschrauben fixieren.

6 Den zweiten Bodenanker am anderen Ende der Platte auf die gleiche Weise anbringen.

7 Auf jeden Bodenanker einen Gewindenippel schrauben.

8 Eines der Kupferrohre 1,5 cm unterhalb eines Endes markieren und auf beiden Seiten mit einem 3-mm-Bohrer durchbohren. Das Rohr dabei gut festhalten (siehe Abbildung 8). Alle Unebenheiten mit Stahlwolle abschmirgeln.

9 Das zweite Kupferrohr markieren und durchbohren.

10 Die Kupferrohre mit dem intakten Ende auf die Gewindenippel drehen. Das erfordert etwas Muskelkraft oder eine Zange, falls Sie eine haben. Achten Sie darauf, dass die beiden Löcher im Rohr zum Schluss jeweils parallel zur Holzmaserung verlaufen.

11 Eventuelle Macken oder Flecken, die die Rohre beim Festdrehen davongetragen haben, lassen sich mit Stahlwolle schnell entfernen.

12 Fädeln Sie den Bilderdraht durch eines der Rohre, und verknoten Sie ihn an dessen Außenseite. Überstehenden Draht mit der Schere, dem Seitenschneider oder einer Kneifzange abschneiden.

13 Die Fold-back-Klammern auf das Seil fädeln.

14 Das andere Ende des Drahts durch das zweite Kupferrohr fädeln, vorsichtig festziehen, überschüssigen Draht um das Rohr wickeln und den Draht zum Fixieren verdrillen.

15 Platzieren Sie Ihr Trockengestell im Atelier, und hängen Sie Ihre von Hand gefertigten Drucke daran auf.

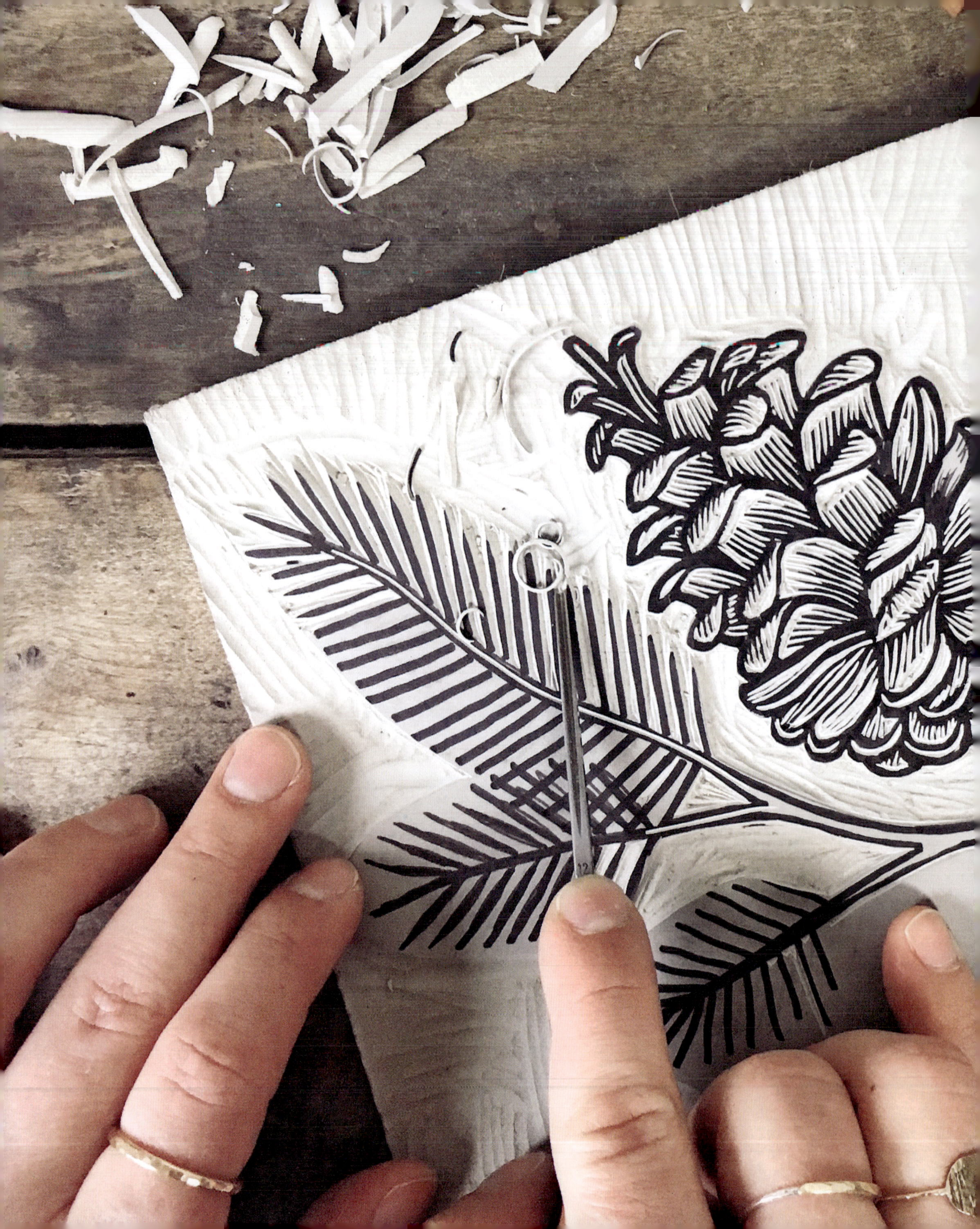

KAPITEL 2

GRUND-LEGENDE TECHNIKEN

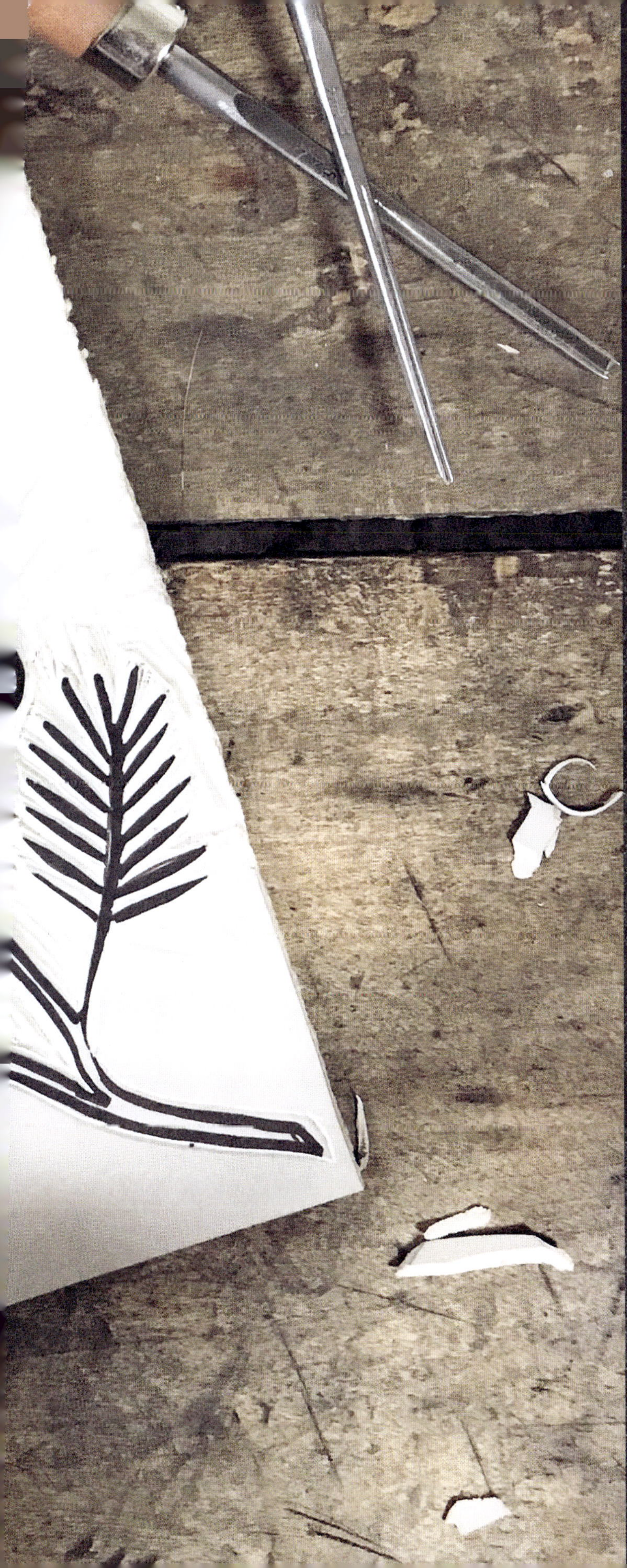

Zwar enthält dieses Buch für jedes Projekt eine Schritt-für-Schritt-Anleitung, dennoch ist es ratsam, sich vorab ein paar grundlegende Arbeitstechniken anzueignen. In diesem Kapitel geht es um das Einmaleins der Bildgestaltung, das Ihnen bei der Planung eigener Projekte helfen kann, und um die unterschiedlichen Möglichkeiten zur Übertragung von Motiven auf den Druckstock. Außerdem finden Sie nützliche Hinweise zu Schneidetechniken, zur Druckvorbereitung und zum passgenauen Ausrichten der Druckbogen bei Mehrfarbendrucken.

BILDGESTALTUNG

Ein guter Bildaufbau ist die Grundvoraussetzung für eine gelungene Druckgrafik. Die Elemente und Prinzipien der Gestaltung sind wie ein Rahmen, der uns hilft, Kunst zu schaffen, zu verstehen, wertzuschätzen, darüber zu sprechen und sie zu kritisieren. Wenn Sie diesen Rahmen kennen, können Sie bei schicken Partys damit Eindruck schinden. Ich bezeichne Gestaltungselemente gerne als mein visuelles Vokabular, das ich Ihnen im Folgenden anhand herausragender Werke aus der Geschichte der Druckgrafik erklären möchte.

Heuschreckenplage, aus der Nürnberger Chronik, 1493

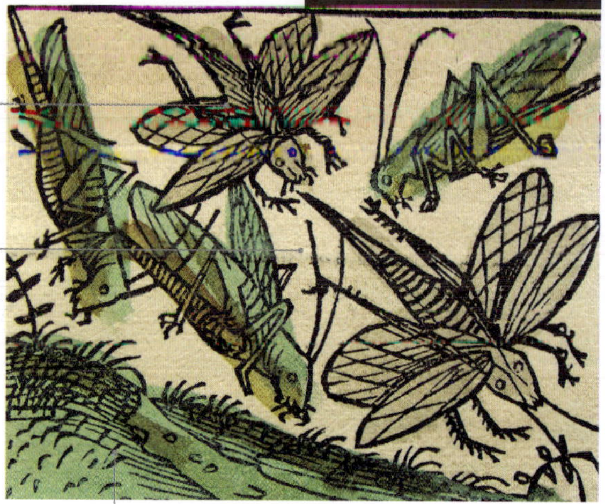

Positiver Raum ist der Raum, der von einem Bildgegenstand eingenommen wird.

Negativer Raum ist der Raum zwischen Bildgegenständen bzw. um diese herum.

Farbe verleiht einer Druckgrafik zusätzliche Lebendigkeit, Leuchtkraft und Tiefe.

Unter Textur versteht man die Oberflächenbeschaffenheit eines Bildes oder Motivs, also seine physische oder dargestellte Rauheit oder Glätte. Hier hat der Künstler im Vordergrund durch seine Schnittführung die charakteristische Beschaffenheit von Gras imitiert.

Vorder-, Mittel- und Hintergrund definieren den Raum – den Bereich in, um oder zwischen den Bildgegenständen.

Die gerichteten Linien, die Ackerfurchen symbolisieren, ziehen den Blick des Betrachters nach oben, in das Bild hinein.

Die Figuren am unteren Bildrand (im Vordergrund) sind viel größer als die Gebäude im Hintergrund. Dadurch entsteht der Eindruck, sie seien näher am Betrachter.

Die Binnenformen hat der Künstler mit Schraffuren modelliert, die eine Illusion von Licht und Schatten erzeugen. Nur so ist es möglich, Formen auf einer zweidimensionalen Oberfläche räumlich erscheinen zu lassen.

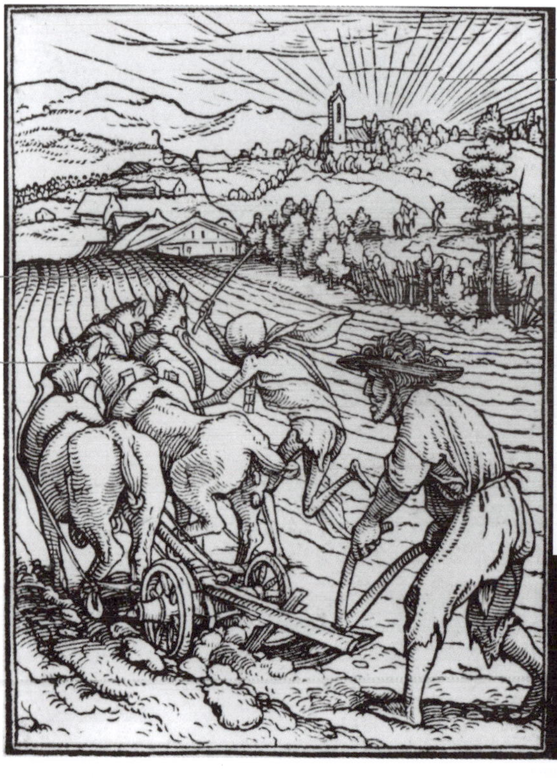

Zusammenlaufende Linien am Horizont schaffen eine Illusion von Raumtiefe (indem sie die Distanz zwischen nah und fern unterstreichen).

Der Bauer, Hans Lützelburger, 1538

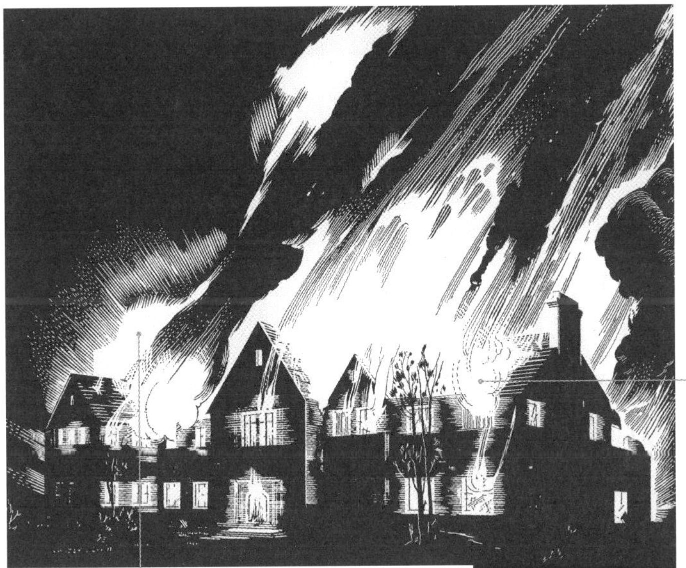

Das Bildsujet macht neugierig. Wer lebt hier? Wieso ist das Feuer ausgebrochen? Das Bild scheint eine Geschichte zu erzählen: narrative Bildkunst vom Feinsten.

Mit wenigen Tonwerten – das Weiß des Feuers wirkt gegenüber dem dunklen Haus schockierend kühn – wird ein starker Kontrast geschaffen. Der dramatische Hell-Dunkel-Kontrast verstärkt die Bildstimmung.

Energie und Richtung der Schnitte suggerieren Bewegung.

Haus in Flammen, American School, 1933

Ein wiederkehrendes Muster verbindet die einzelnen Bildelemente zu einer Komposition mit harmonischer Gesamtwirkung.

Die mittlere Figur teilt den Raum in zwei Hälften und balanciert die Szene auf diese Weise aus – die dunklen Figuren bilden ein optisches Gegengewicht zu der hellen Staubwolke rechts.

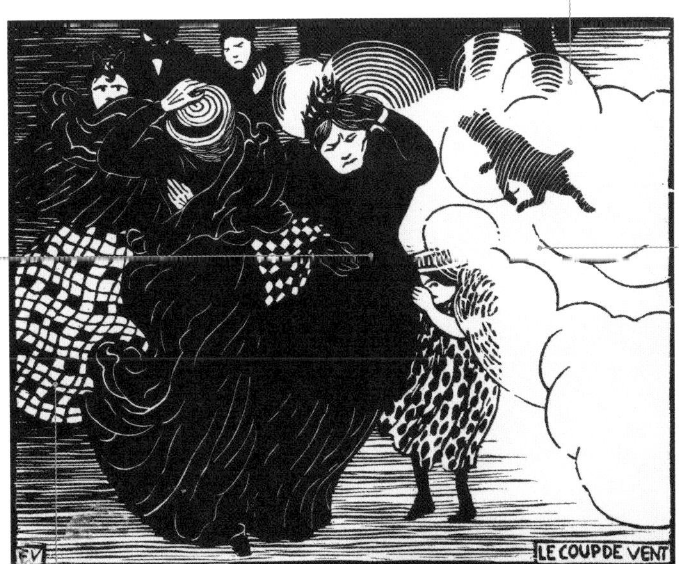

Linien in vielen verschiedenen Breiten schaffen die Illusion einer Staubwolke, die für den Betrachter fast undurchdringlich erscheint.

Durch die Wiederholung von Formen entsteht ein Muster.

Der Sturm, Felix Edouard Vallotton, 1894

TRANSFERMETHODEN

Wenn Sie zehn Druckgrafiker nach ihren bevorzugten Transfertechniken fragen, bekommen Sie zehn verschiedene Antworten. Die vier Methoden, die ich hier vorstelle, sind in meinen Augen die verlässlichsten und die, die die stimmigsten Ergebnisse bringen. Wird das Motiv sauber übertragen, macht das Schneiden mehr Spaß: Sie haben klar vor Augen, wie Sie Ihre Schnitte setzen müssen.

Direkte Übertragung

Dies ist eine schnelle Methode, die nur ein bisschen Muskelkraft erfordert. Sie benötigen eine Bleistiftzeichnung, Klebeband und ein Reibewerkzeug (zum Beispiel einen Löffel oder einen dicken Permanentmarker mit aufgesetzter Kappe).

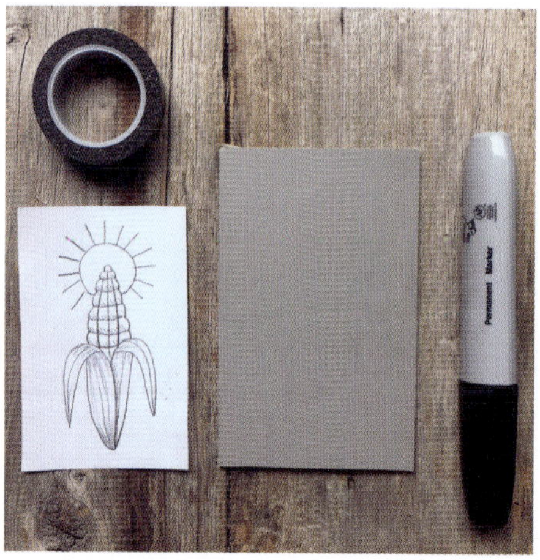

1 Zeichnen Sie Ihr Motiv mit einem weichen Bleistift auf dünnes Skizzen- oder Druckerpapier, und schneiden Sie überflüssiges Papier ab.

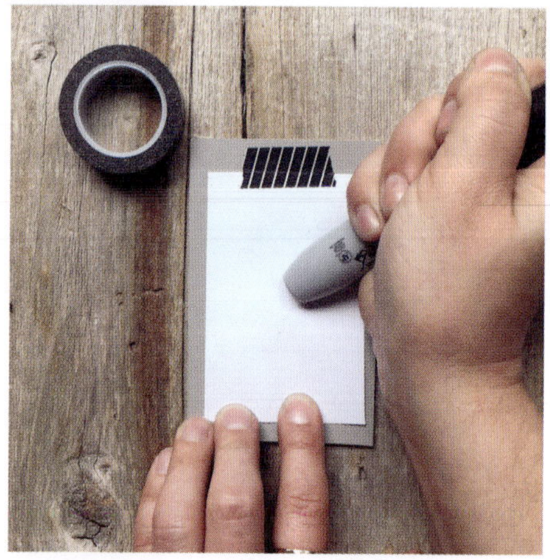

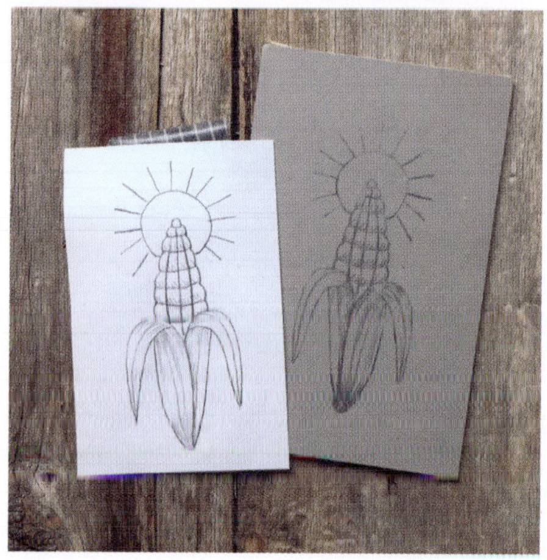

2 Legen Sie die Zeichnung mit dem Motiv nach unten auf Ihre Linolplatte, und fixieren Sie sie mit Klebestreifen, damit sie nicht verrutschen kann. Anschließend mit einem Löffel oder dem hinteren Ende eines Markers kräftig über die Rückseite des Papiers reiben. Achten Sie darauf, dass es nicht verrutscht.

Transparent-papier

Mir liegt diese Methode, weil beim Übertragen der Zeichnung Spielraum für Korrekturen besteht. Sie brauchen einen Bleistift, das Originalbild, Klebeband und ein auf die passende Größe zugeschnittenes Stück Transparentpapier.

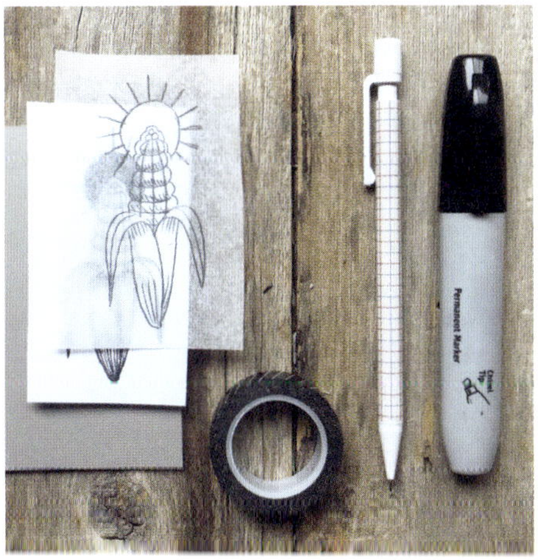

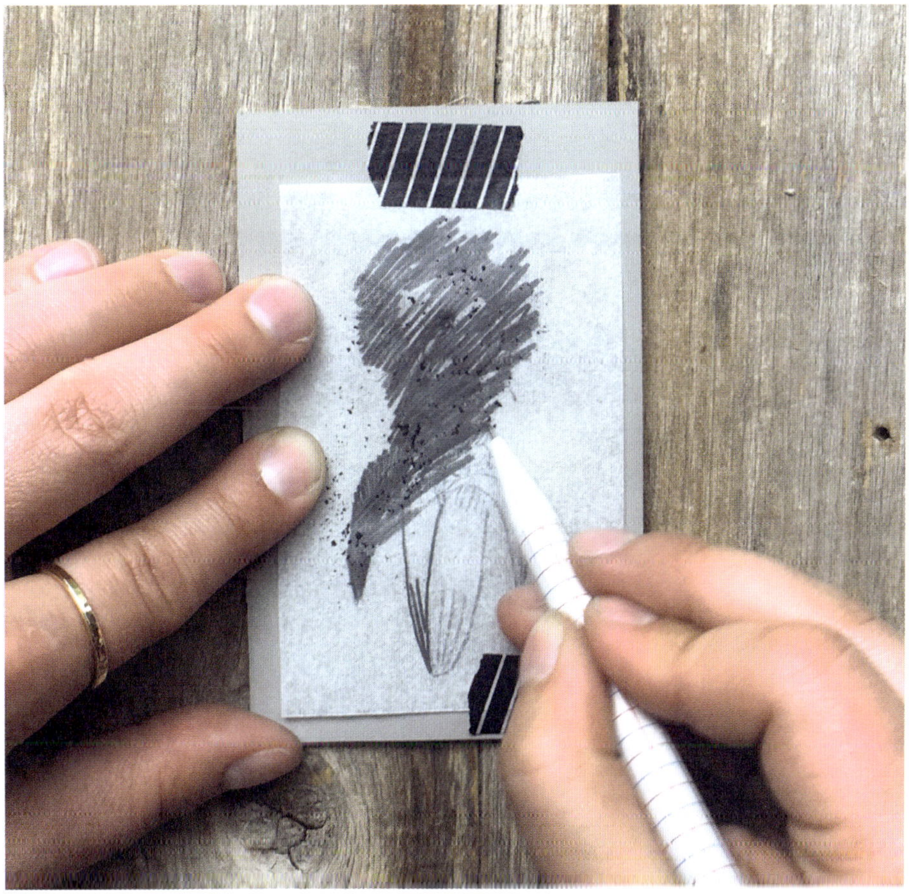

1 Legen Sie das Transparentpapier über Ihre Zeichnung und pausen Sie sie durch. Dabei alle notwendigen Korrekturen vornehmen.

2 Fixieren Sie das Transparentpapier mit der Zeichnung nach unten mit Klebeband auf der Linolplatte. Mit einem Bleistift über die Rückseite der Zeichnung fahren. Achten Sie darauf, nur mittleren Druck auszuüben, denn das dünne Transparentpapier reißt leicht.

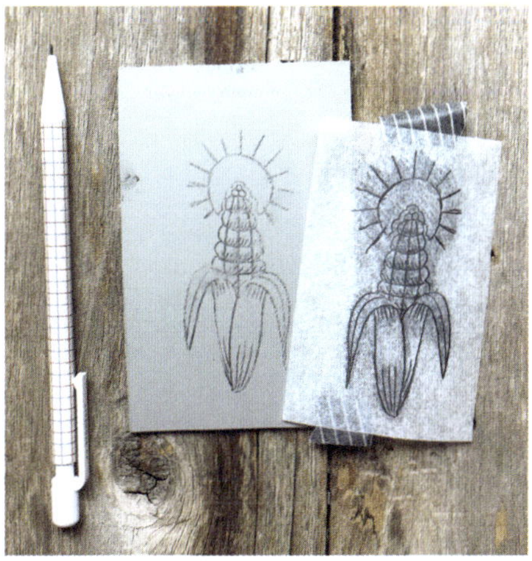

Transfer-Marker

Für diese Methode benötigen Sie eine Fotokopie Ihres Motivs (ein Tintenstrahlausdruck funktioniert nicht!), einen Transfer-Marker, Klebeband und ein Reibewerkzeug. Manche Marker sondern einen starken Geruch ab; deshalb sollten Sie den Raum gut lüften.

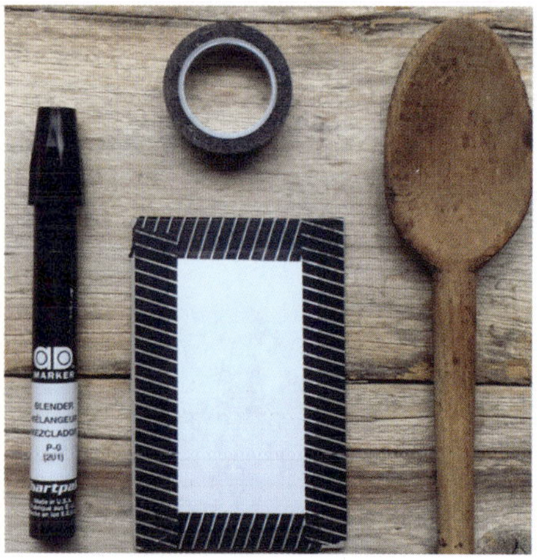

1 Fixieren Sie die Fotokopie mit der Motivseite nach unten auf der Linolplatte. Das Papier sollte so plan wie möglich aufliegen. Wenn es sich wellt, droht das Bild beim Übertragen des Motivs zu verschmieren.

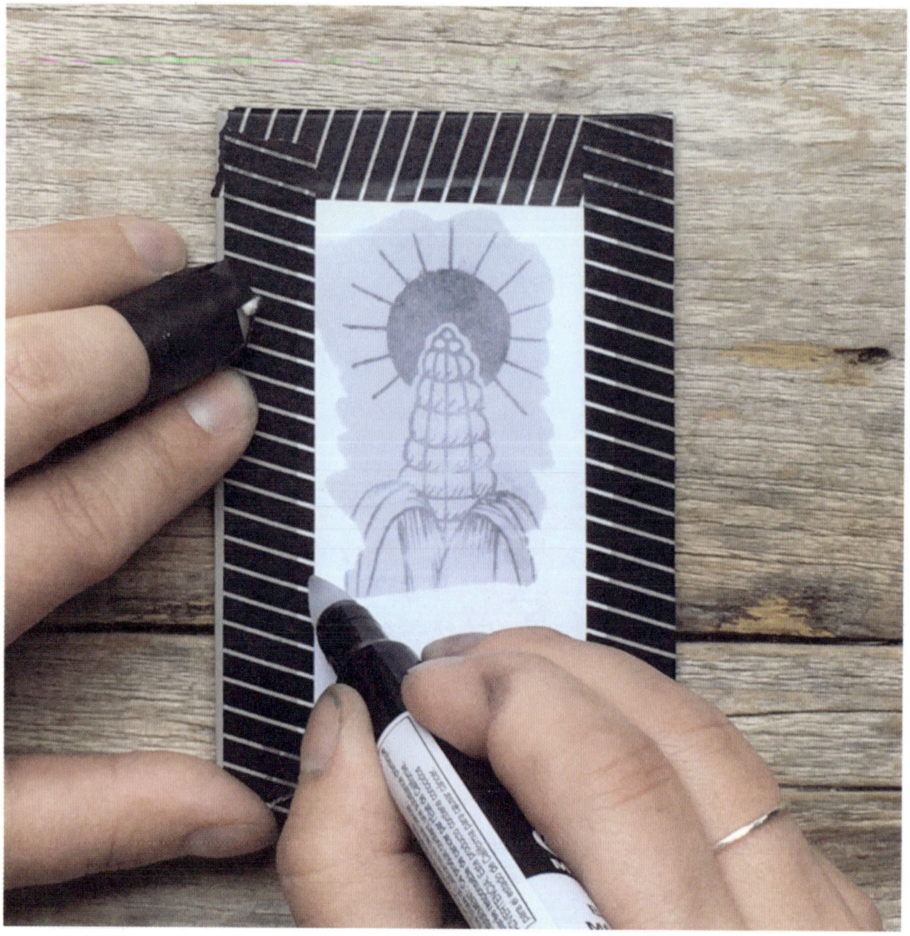

2 Fahren Sie mit einem Transfer-Marker über die Rückseite der Fotokopie, bis das Papier transparent wird. Nicht zu viel Flüssigkeit auftragen, sonst verschmiert der Toner.

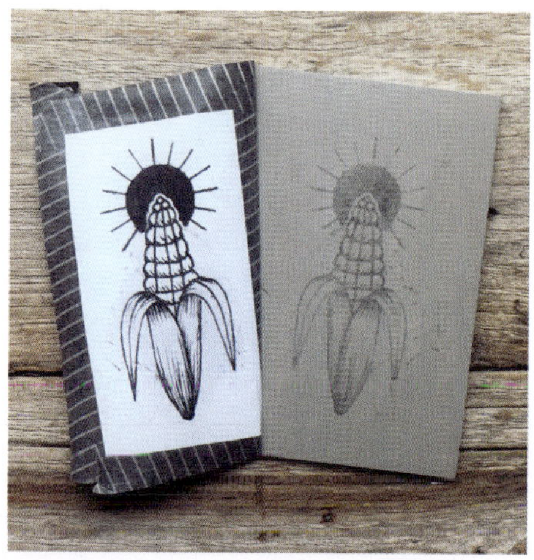

3 Die Rückseite des Papiers mit einem festen Werkzeug reiben, bis sie trocken ist. Je nach Produktbeschreibung etwas warten, dann das Papier abziehen.

TIPP: Bei großen Bildern gehen Sie am besten abschnittsweise vor: Feuchten Sie mit dem Transfer-Marker einen kleinen Bildausschnitt an, und reiben Sie ihn trocken. Dann gehen Sie zum nächsten Abschnitt über, so lange, bis das gesamte Bild übertragen ist.

Leim und Tintenstrahlausdruck

Diese Methode eignet sich für die Übertragung von Tintenstrahlausdrucken bzw. Fotokopien mit komplexen Motiven oder größeren Bildern mit vielen Einzelheiten. Welche Materialien Sie kombinieren, bleibt Ihnen überlassen, denn jede Kombination bringt gute Ergebnisse. Bei meinen Experimenten habe ich herausgefunden, dass Mod Podge® Kleber gut mit Ausdrucken und Mod Podge® Photo Transfer Medium gut mit Fotokopien funktioniert. Es gibt auch andere Foto-Transfer-Kleber, eine billige Alternative ist Holzleim mit etwas Wasser. Sie brauchen außer dem einen Leimpinsel und einen nassen Lappen. Das Verfahren ist bei allen Materialkombinationen gleich.

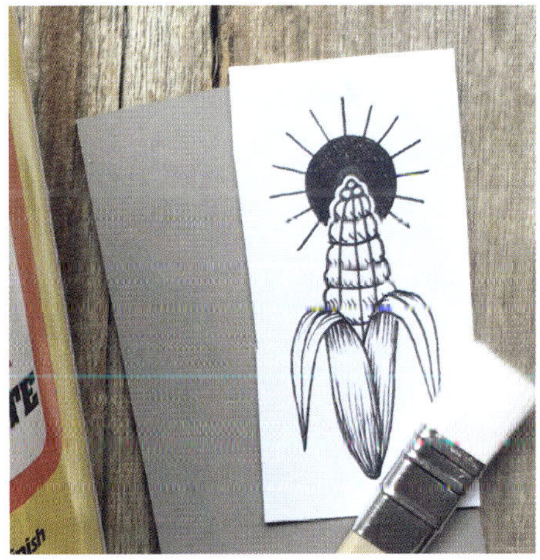

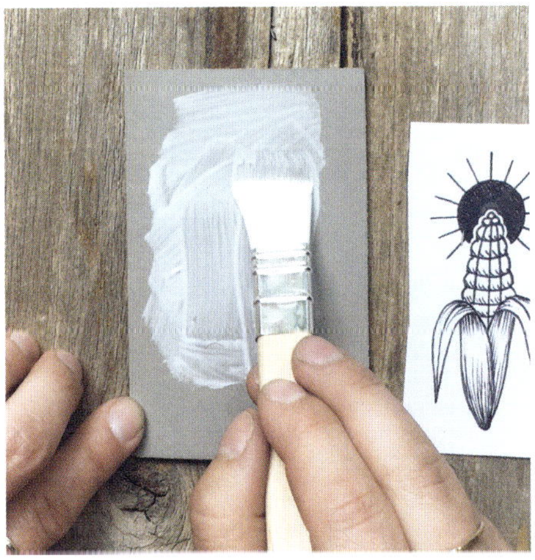

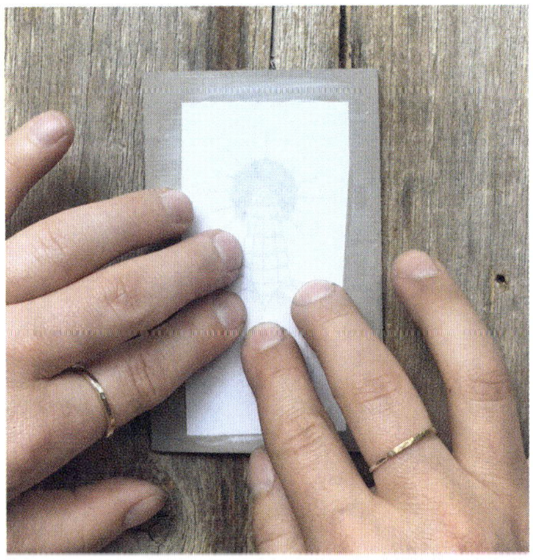

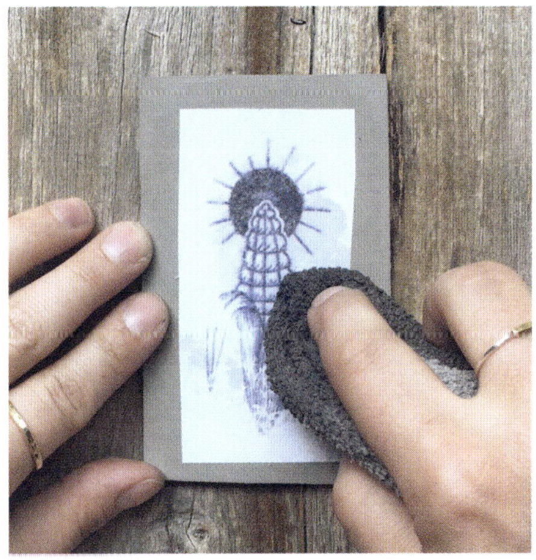

1 Pinseln Sie die Oberfläche der Linolplatte satt mit Leim ein, und entfernen Sie durch Borsten entstandene Grate oder Klümpchen.

2 Legen Sie den Ausdruck oder die Kopie mit der Motivseite nach unten auf die eingeleimte Platte. Streichen Sie alle Blasen aus. Damit das Motiv sauber übertragen wird, muss es überall Kontakt mit dem Linoleum haben. Zwölf Stunden trocknen lassen.

3 Die Rückseite der Zeichnung mit einem nassen Lappen betupfen, bis das Papier transparent wird. Die Feuchtigkeit ein bis zwei Minuten einwirken lassen.

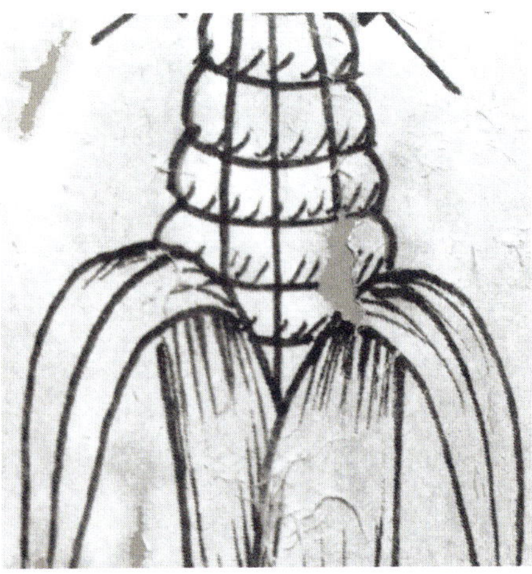

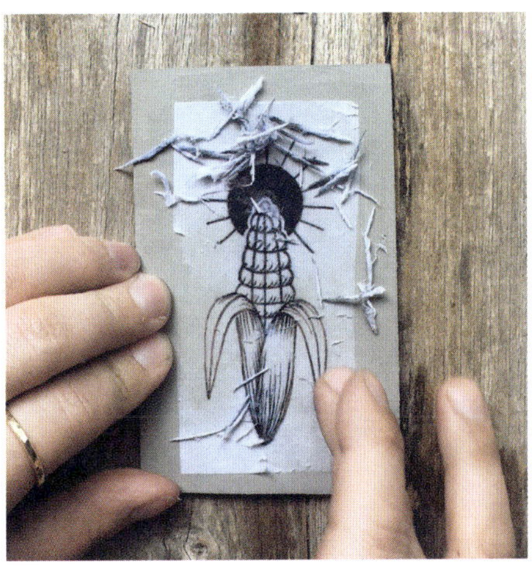

4 Das Papier mit den Fingern sanft wegrubbeln. Das Motiv hat sich auf die Linolplatte übertragen.

SCHNITTTECHNIKEN

Ein gelungener Druck bedarf einer durchdachten Komposition – und einer guten Schnitttechnik.

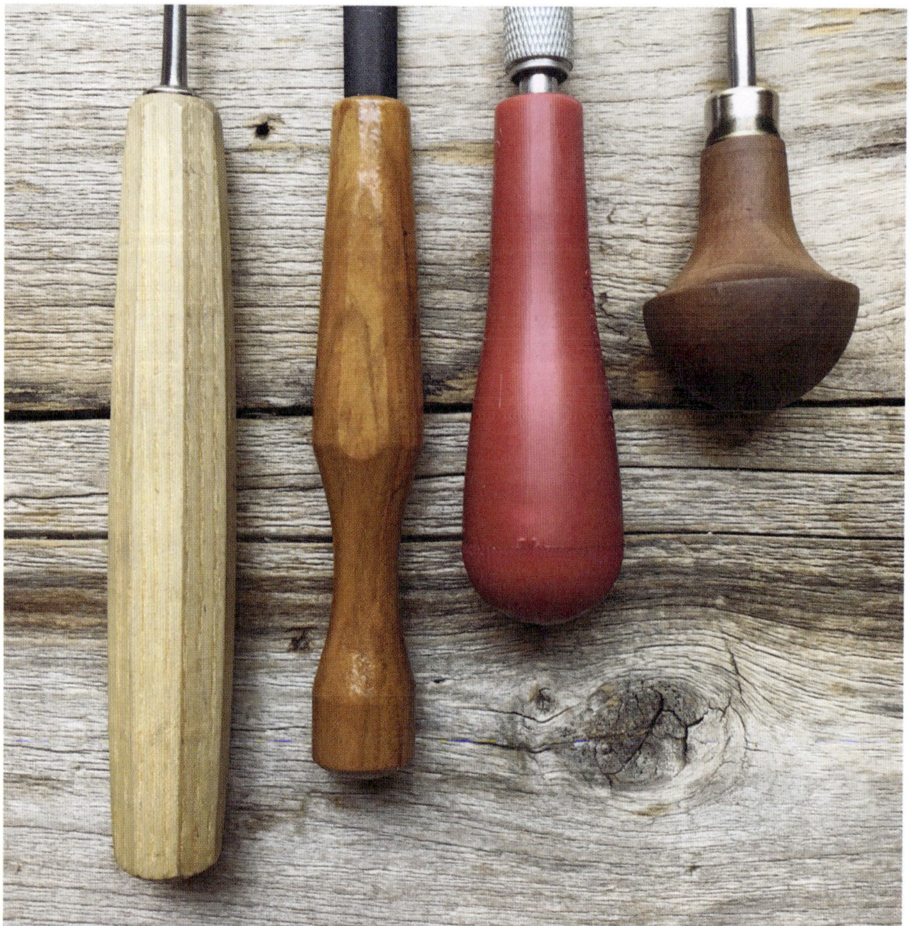

Griffe von Schneidewerkzeugen

Der Griff

Form und Größe des Griffs bestimmen, wie Sie das Schneidewerkzeug halten können. Es gibt viele verschiedene Varianten: Manche Schnittbestecke haben pilzförmige Griffe, die bequem in die Handinnenfläche passen, andere größere, zylindrisch geformte Griffe mit längeren Klingen. Mit kürzeren Klingen hat man beim Schneiden weniger Bewegungsspielraum, und die Hand befindet sich näher an der Klinge – ein Vorteil beim Ausarbeiten von Details. Mit längeren Klingen lassen sich schneller größere Flächen abtragen, deshalb eignen sie sich besonders gut für die Bearbeitung großformatiger Werkstücke. Halten Sie das Werkzeug so, wie es sich für Sie am natürlichsten anfühlt. Allerdings sollte die Klinge vom Körper wegzeigen, damit Sie nicht Gefahr laufen, sich zu verletzen, wenn sie abrutscht. Schneidewerkzeuge sind scharf; seien Sie daher vorsichtig, und achten Sie stets darauf, wo sich Ihre Hände befinden.

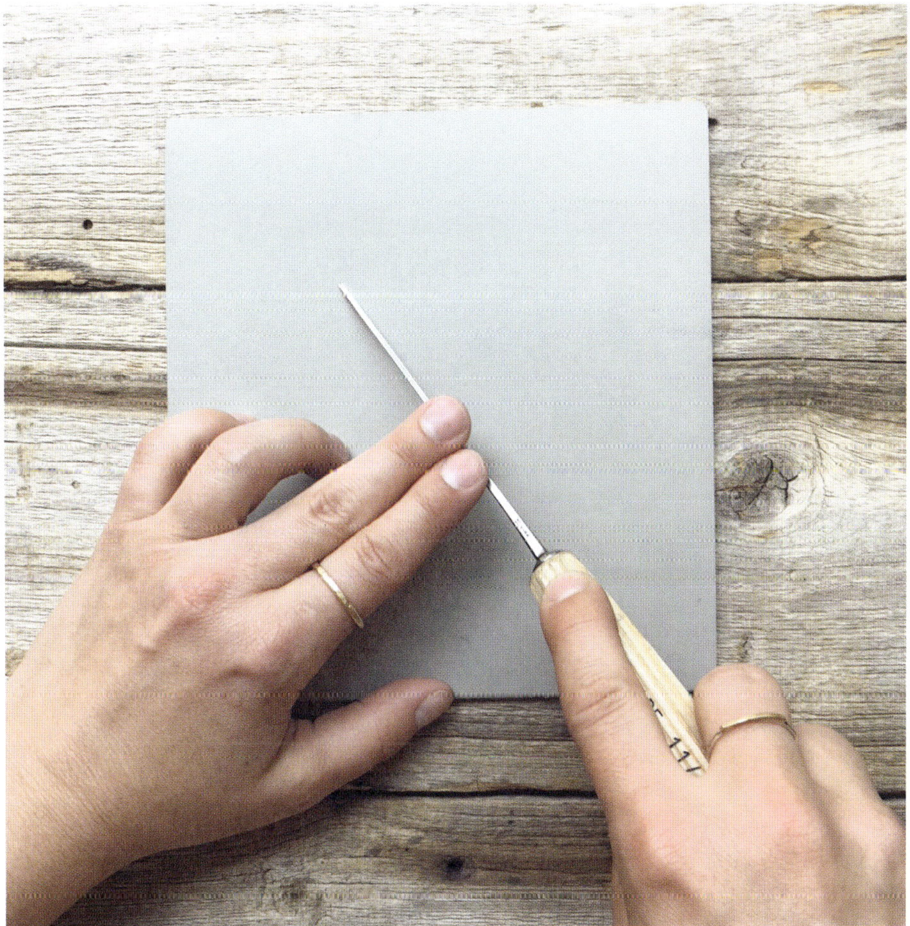

Arbeit mit einem tiefen Hohleisen: Die zweite Hand gibt der Klinge zusätzlichen Halt.

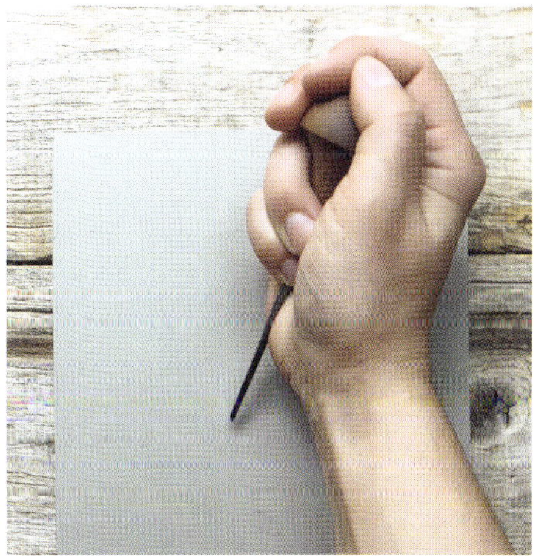

Wenn ich sehr detaillierte Motive bearbeite, greife ich das Werkzeug manchmal von hinten, weil ich dann mehr Kontrolle über die Klinge habe. In der Regel sollte sie aber vom Körper wegzeigen! Um Ihren „Schnitzarm“ vor Verletzungen zu schützen, können Sie (wie beim Bogenschießen) einen Ärmelschutz aus Leder oder einen anderen Armschutz tragen.

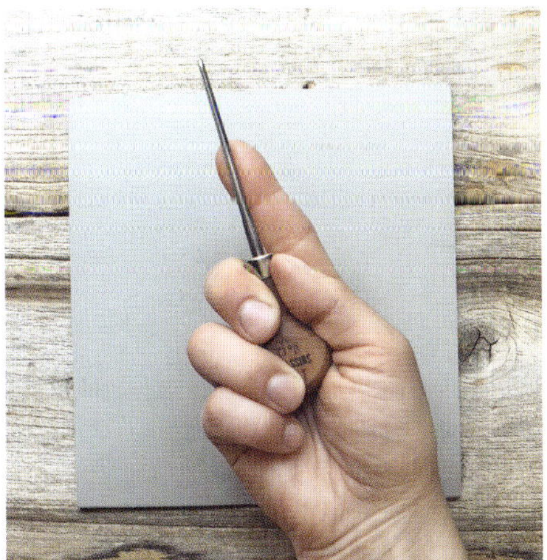

Einhändiges Arbeiten mit einem Werkzeug mit pilzförmigem Griff

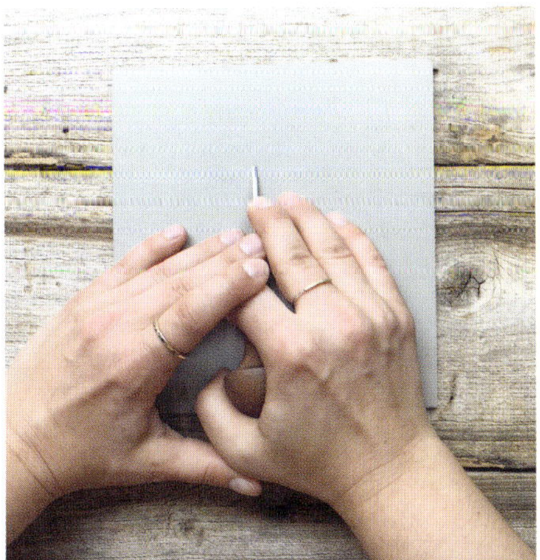

Beidhändiges Arbeiten mit einem Werkzeug mit pilzförmigem Griff

Die Tiefe

Nicht nur Größe und Form des Werkzeugs, sondern auch der Ansatzwinkel bestimmt die Tiefe der Schnitte.

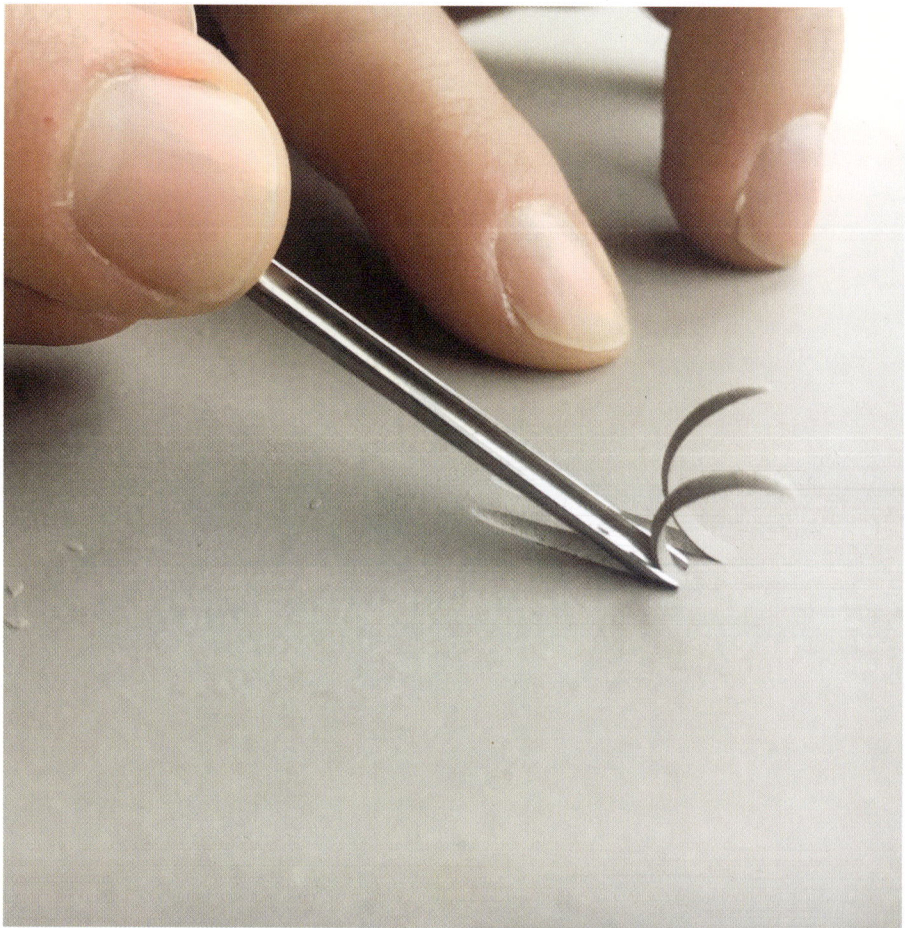

Setzen Sie das Werkzeug in einem flachen Winkel an, und richten Sie die Klingenspitze leicht nach unten, damit sie sich „festbeißen" kann. Die Klinge sollte leicht durchs Linoleum gleiten.

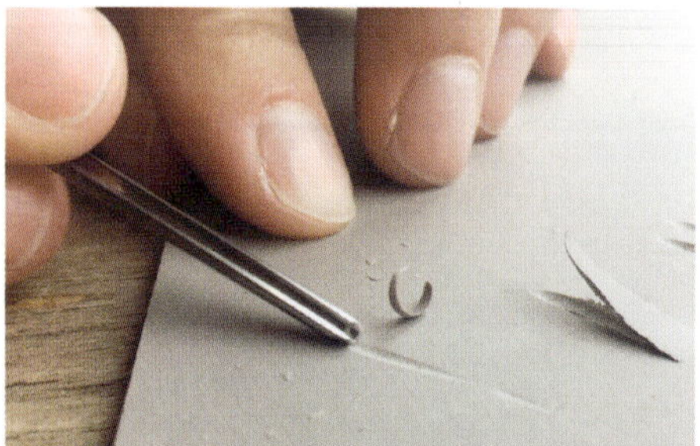

Wird das Werkzeug in einem zu flachen Winkel angesetzt, rutscht die Klinge auf dem Linoleum ab.

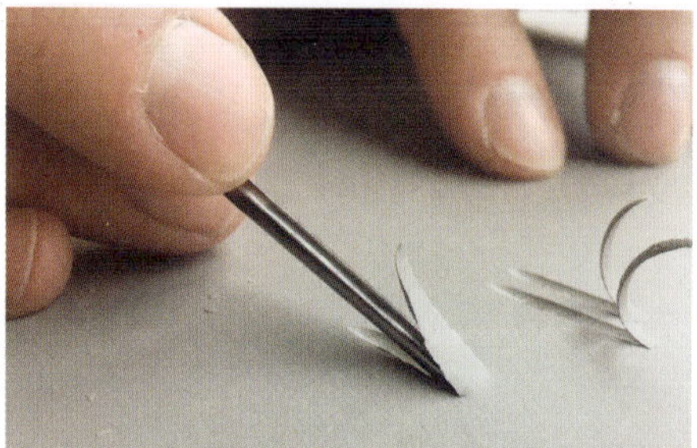

Wird das Werkzeug zu steil angesetzt, gräbt sich die Spitze der Klinge zu tief in das Linoleum, und es entstehen Risse.

TIPP: Um einen sauberen Hintergrund zu erhalten, müssen Sie alle nicht druckenden Bereiche Ihres Druckstocks sorgfältig entfernen. Tragen Sie diese Bereiche bis fast auf den Juteträger ab. Wenn Sie mit losen Linolplatten arbeiten, können Sie überflüssige Ränder auch mit der Schere wegschneiden.

Konturlinien

Es gibt eine einfache Möglichkeit, die Konturen von Motiven beim Bearbeiten des Druckstocks zu schützen. Schneiden Sie rundherum einfach eine schmale Furche, und tragen Sie dann den negativen Raum, also die Bereiche dazwischen, ab (siehe Foto rechts). Die Vertiefung wirkt wie eine natürliche Barriere und stoppt die Klinge, wenn sie auszubrechen droht.

Ein Hilfsmittel wie eine Sägelade (siehe Foto unten und Glossar S. 137) erleichtert die Stabilisierung des Druckstocks beim Schneiden: Sie können kräftig dagegendrücken, ohne dass sie verrutscht.

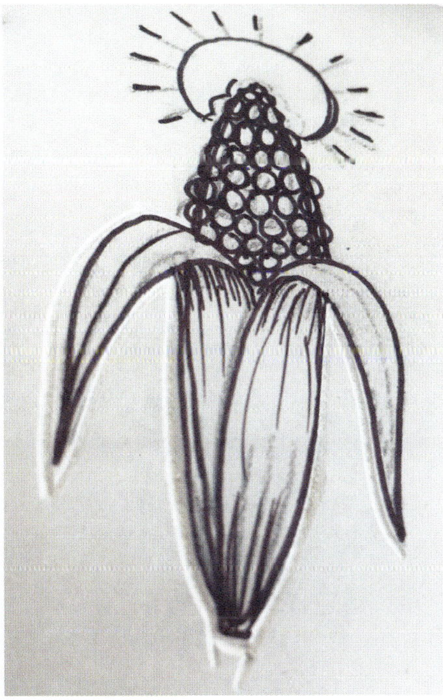

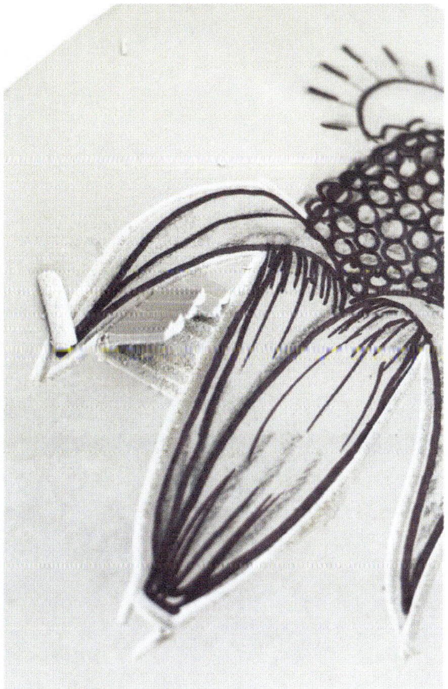

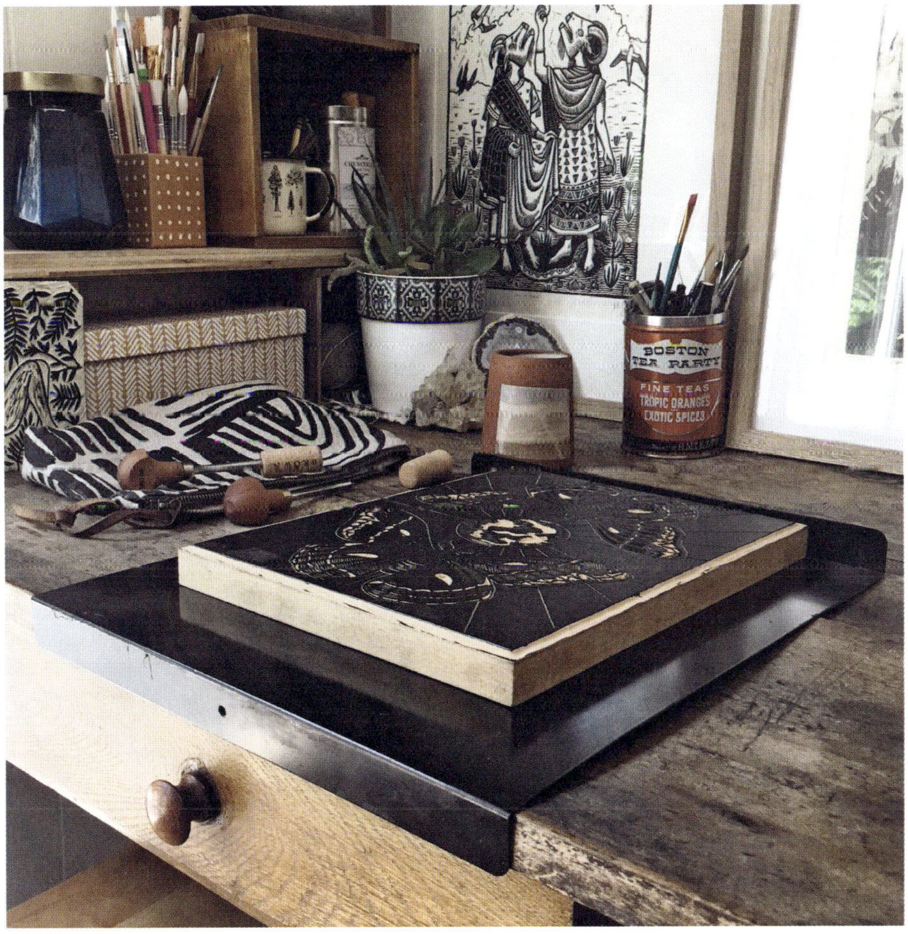

Wenn sich Ihre Schnittmesser nur noch mühsam durch das Linoleum fressen, müssen wahrscheinlich die Klingen geschärft werden (siehe Schnittmesser und ihre Pflege, S. 14). Manche Künstler erwärmen ihre Linolplatten vor dem Schneiden, damit sie weicher werden. Sie können hierfür ein Bügeleisen mit niedrig eingestellter Temperatur verwenden und ein Handtuch unterlegen oder sich einfach ein paar Minuten draufsetzen. Meiner Erfahrung nach funktioniert das ebenso gut.

DRUCKTECHNIKEN

Alle Projekte dieses Buches werden mehr oder weniger nach dem gleichen Verfahren gedruckt. Ab und zu gibt es minimale Abweichungen.

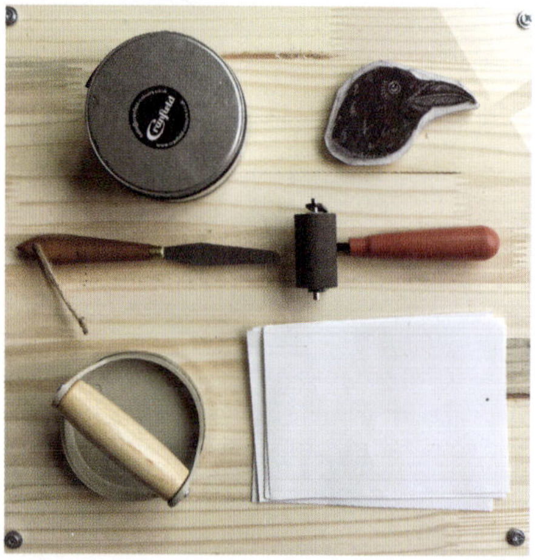

Die Grundausstattung

- Fertiger Druckstock, abgebürstet, sodass keinerlei Linolkrümel mehr daran haften
- Papier in der passenden Größe (gerissen oder geschnitten; es sei denn, das Projekt erfordert etwas anderes)
- Druckfarbe (für dieses Buch habe ich Caligo Safe-Wash-Hochdruckfarben verwendet)
- Palettmesser
- Gummiwalze in der für den Druckstock passenden Größe
- Baren
- Palette

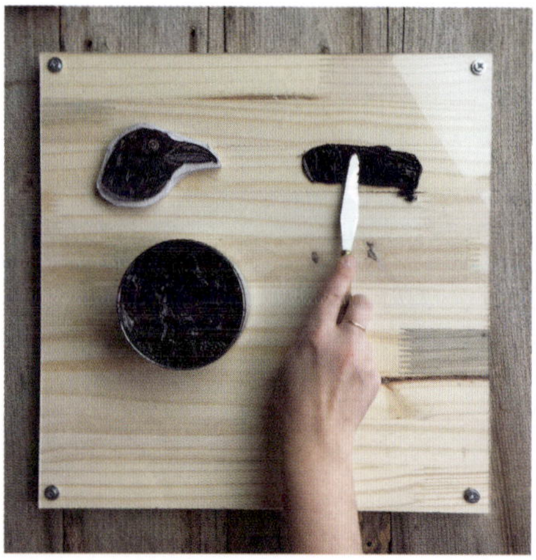

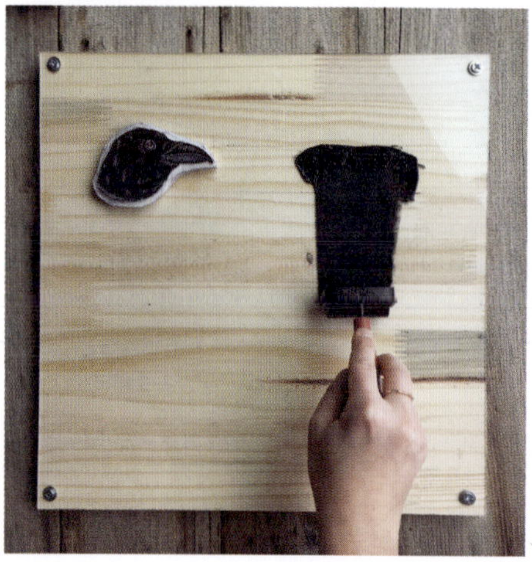

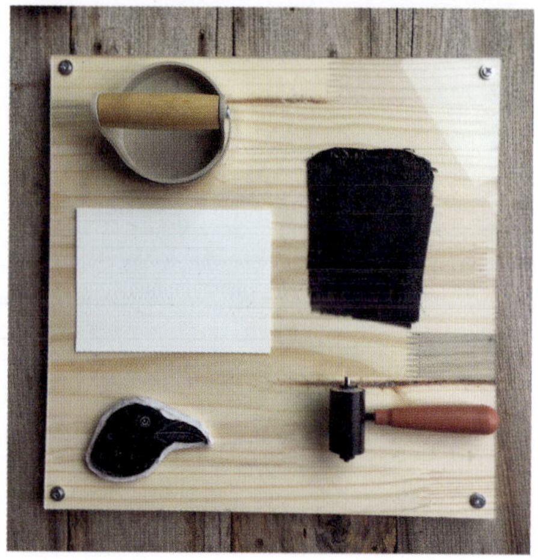

1 Mit dem Palettmesser etwas Farbe auf die Palette geben. (Wenn Sie Dosenfarbe verwenden, nehmen Sie die Farbe von oben ab, anstatt das Palettmesser tief einzutauchen. So gelangt weniger Luft in die Dose, und die Farbe trocknet nicht so schnell aus.) Bewegen Sie die Farbe mit dem Palettmesser ein paar Minuten hin und her, um sie zu erwärmen. Möglichst nicht breiter ausstreichen, als die Walze breit ist.

2 Setzen Sie die Walze in die Farbe, und ziehen Sie sie zu sich heran. Die Walze anheben, wieder aufsetzen und erneut zu sich heranziehen. Wiederholen Sie das so oft, bis die Farbe gleichmäßig auf der Palette verteilt ist.

3 Prüfen Sie die ausgewalzte Farbe. Klümpchen oder eingetrocknete Farbstückchen gegebenenfalls mit einem Rest Passepartoutkarton herausfischen.

4 Färben Sie nun den Druckstock ein. Hierfür die Walze mit sanftem Druck in alle Richtungen über den Block führen. Die Ecken nicht vergessen! Halten Sie den Druckstock schräg unters Licht, um zu überprüfen, ob er gleichmäßig eingefärbt ist. Neigen Sie ihn nicht zu stark, damit die Farbe nicht in die Vertiefungen läuft und feine Details beim Drucken verloren gehen.

5 Ist Farbe auf den Hintergrund oder an irgendeine andere Stelle gelangt, an die sie nicht gehört, wischen Sie sie mit Küchenkrepp ab, damit der Druck nicht fleckig wird.

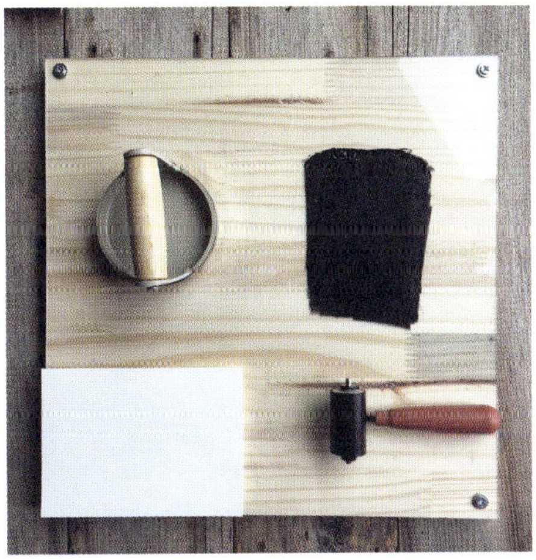

6 Legen Sie einen Papierbogen auf den Druckstock. Sobald er Kontakt mit der Druckform hat, darf er nicht mehr verrückt werden.

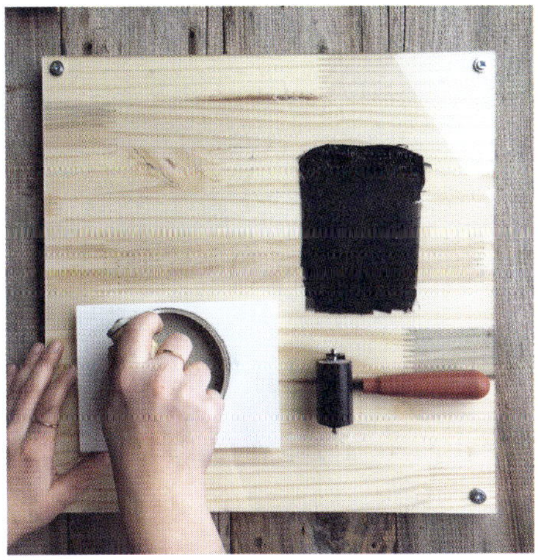

7 Halten Sie den Bogen mit einer Hand fest, und greifen Sie mit der anderen den Baren. Das Papier mit kreisenden Bewegungen unter festem Druck anreiben.

8 Den Papierbogen vorsichtig abziehen und am Trockengestell oder auf einer flachen Ablage trocknen lassen.

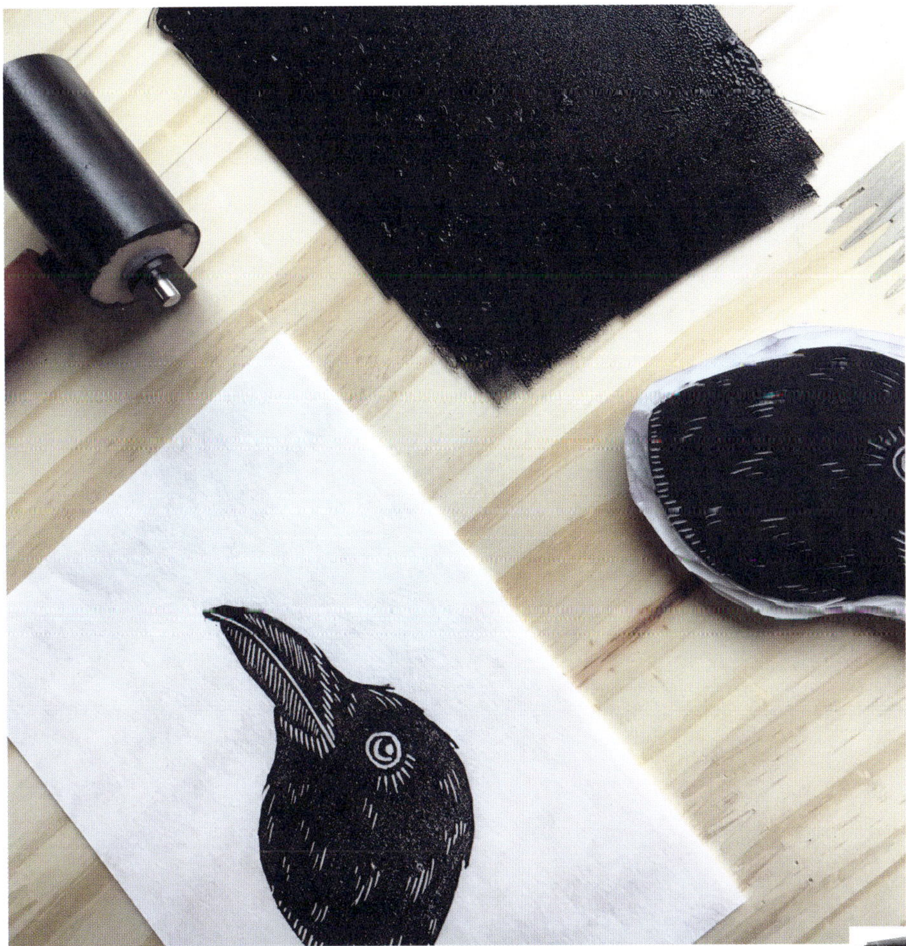

Bildrauschen

Kleine Flecken im Druckbild, die entstanden sind, weil Farbe in abgetragene Bereiche des Druckstocks gelangt ist – können beabsichtigt oder unbeabsichtigt sein

Einfärben des Druckstocks

Das Einfärben des Druckstocks ist eine Gleichung mit vielen Unbekannten. Das fängt schon bei der Walze an. Ich habe Künstlerfreunde, die ausschließlich mit Hartgummiwalzen arbeiten, und andere, die (wie ich auch) auf Weichgummiwalzen schwören. Hartgummiwalzen eignen sich besonders gut zum schichtweisen Einfärben filigraner, detailreicher Motivbereiche, doch ich finde es schwierig, damit einen gleichmäßigen Farbauftrag zu erzielen. Mit Weichgummiwalzen lässt sich die Farbe ohne große Anstrengung gleichmäßig auftragen, doch manchmal gelangt sie dabei auch in schmale Vertiefungen, was dazu führt, dass beim Drucken die Details verloren gehen.

DIE RICHTIGE RICHTUNG

Beim Einfärben des Druckstocks rollen Sie die Walze in verschiedene Richtungen – vor, zurück, nach rechts und nach links –, um sicherzustellen, dass wirklich überall Farbe verteilt wird. Wenn Ihre Walze zu schmal für den Druckstock ist, färben Sie ihn abschnittsweise ein. Der Druckstock sollte keine großen ausgekofferten Flächen enthalten, auf denen die Walze versehentlich Farbkleckse hinterlassen könnte, die später im Druckbild zu sehen sind. Ob bzw. wie viele kleinere oder größere Flecken Sie tolerieren, obliegt Ihnen als Künstlerin oder Künstler.

DRUCK AUF DIE WALZE

Wie viel Druck Sie beim Einfärben des Druckstocks auf die Walze ausüben müssen, hängt von der Beschaffenheit von Druckstock und Walze ab. Bei einer Weichgummiwalze genügt im Grunde die Schwerkraft, denn wenn Sie zu viel Druck ausüben, drückt sich das Gummi in Vertiefungen, in die gar keine Farbe gelangen soll. Der Farbauftrag mit der Hartgummiwalze erfordert schon etwas mehr Körpereinsatz: Eventuell müssen Sie beim Walzen das Gewicht Ihres Oberkörpers und die Kraft Ihrer Arme einsetzen, denn es braucht mehr Druck, die Farbe gleichmäßig zu verteilen.

Wenn Sie mit einer weichen Gummiplatte statt mit Linoleum drucken, ist generell viel weniger Druck erforderlich. Andernfalls wird der Druckstock zusammengepresst, und es gelangt Farbe in kleine Vertiefungen.

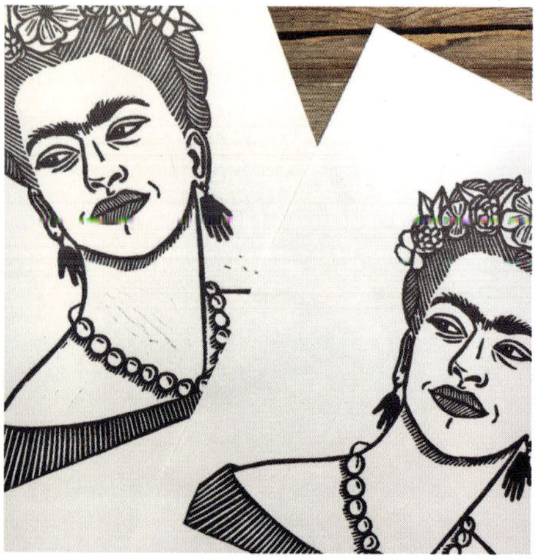

Nimmt man zu viel Farbe auf, kann das dazu führen, dass sie über die Ränder der Walze hinausquillt. Das macht sich dann durch unansehnliche Linien und Farbkleckse im Druckbild bemerkbar. Vergessen Sie nicht, Ihre Walze nach getaner Arbeit zu reinigen, damit keine Farbe darauf antrocknen kann.

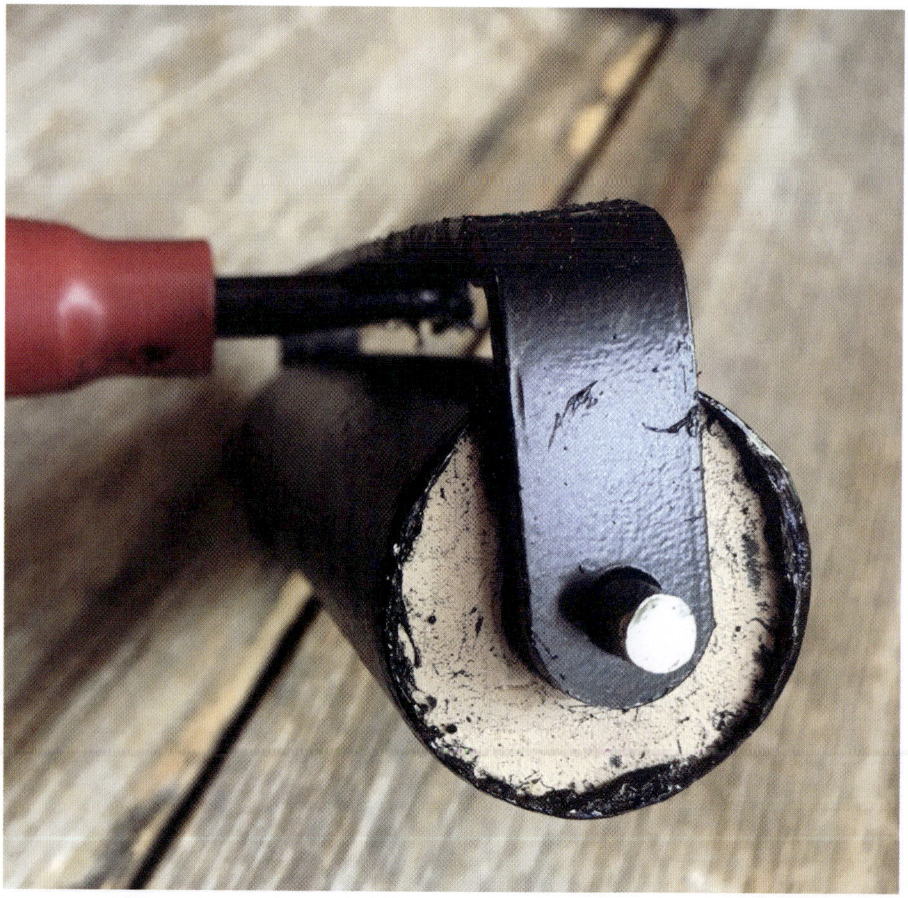

Aller guten Dinge sind drei

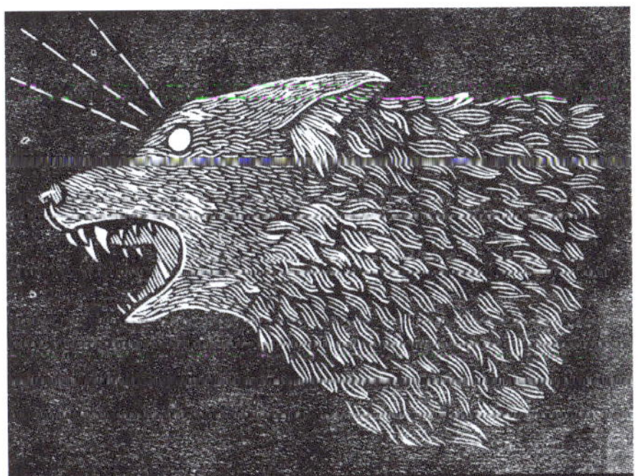

Zu wenig Farbe: Es ist zu wenig Farbe von der Palette auf den Druckstock gelangt, entweder, weil nicht genug Farbe an der Walze haftete, oder weil ich den Druckstock nachlässig eingefärbt habe. Kleine weiße Flecken und andere Fehler sind gut sichtbar.

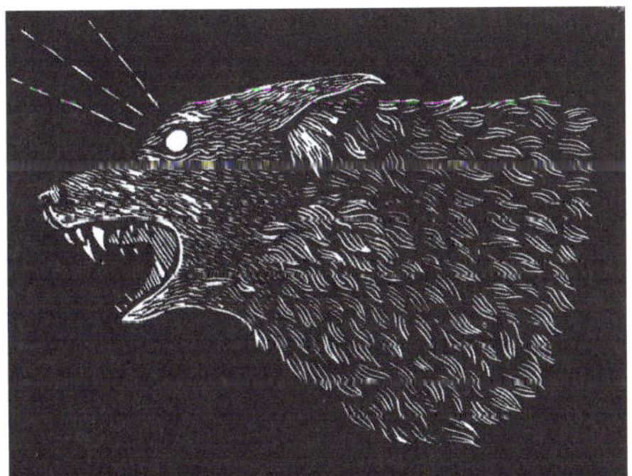

Zu viel Farbe: An meiner Walze haftete zu viel Farbe. Details im Fell des Hundes gingen verloren.

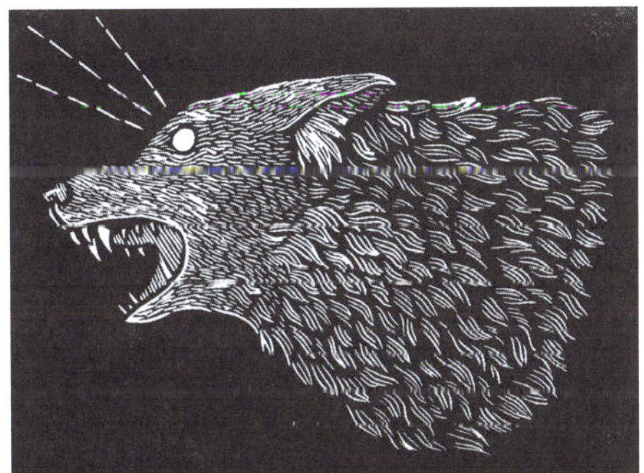

Optimale Farbmenge: Der Druck hat einen samtigen Schimmer, der Hintergrund ist sauber. Alle Details im Fell des Hundes sind sichtbar; die Farbe ist satt und gleichmäßig verteilt.

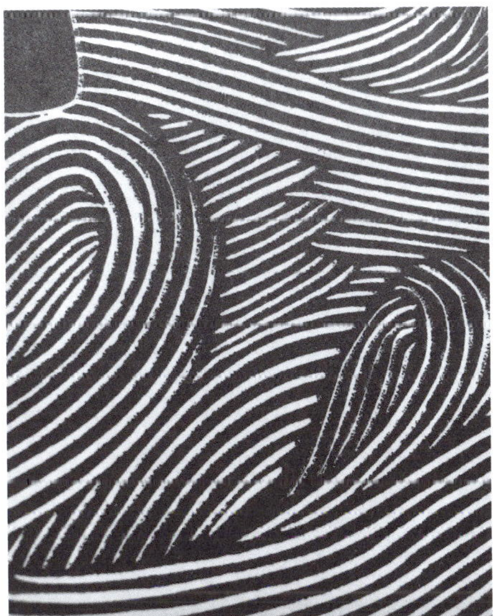

TIPP: Wenn Sie einen frischen Druck zu schnell vom Druckstock abziehen, kann das Papier verrutschen, was zu unscharfen Linien führt. Ziehen Sie den Druckbogen vorsichtig und sanft ab, und achten Sie darauf, dass er sich nicht verschiebt.

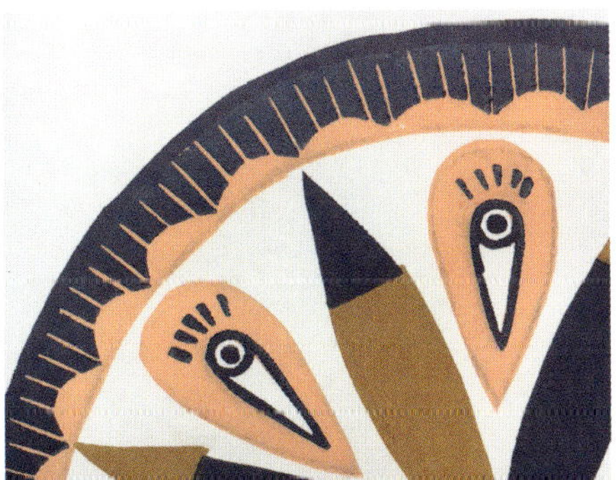

Ausgerichtet

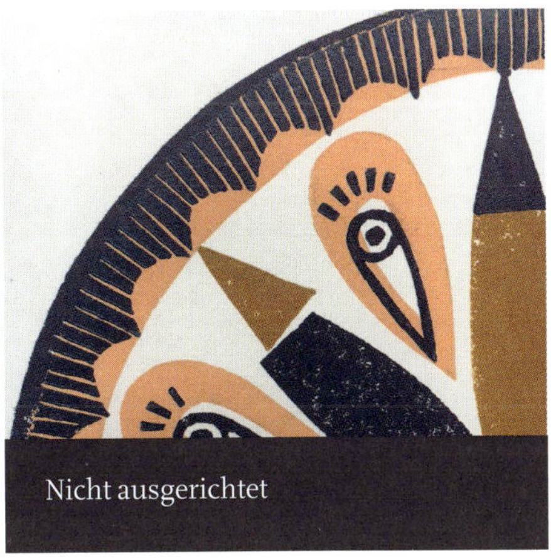

Nicht ausgerichtet

Ausrichtungshilfen

Druckgrafiker müssen dafür sorgen, dass Druckstock und Papier bei jedem Druck exakt an derselben Stelle liegen. Das ist besonders wichtig, wenn Sie mehrere Farben übereinander drucken – bei Motiven mit vielen Einzelheiten verdirbt schon ein Millimeter Abweichung das Druckbild.

Zudem wirkt eine Druckgrafik umso professioneller, je akkurater sie auf dem Papier platziert ist. Ein schief platzierter Druck lässt sich durch eine clevere Rahmung retten, doch es ist besser, so etwas von vornherein zu vermeiden.

Auf den folgenden Seiten stelle ich Ihnen drei Methoden zum akkuraten Ausrichten von Drucken vor. Jede von ihnen wird im Projektteil dieses Buchs mindestens einmal verwendet, doch Sie werden noch davon profitieren, wenn Sie dieses Buch schon längst geschlossen haben.

PROJEKT:

GEZEICHNETE RAHMEN

Werkzeuge und Materialien

- Sperrholz- oder MDF-Platte, 28 × 35,5 cm
- Lineal
- Bleistift
- Permanentmarker

Dies ist das einfachste und von mir am häufigsten eingesetzte Hilfsmittel zur exakten Ausrichtung von Drucken. Die Methode funktioniert am besten mit losen, flachen Druckstöcken. Ein ausgemustertes Stück Sperrholz dient mir als Unterlage.

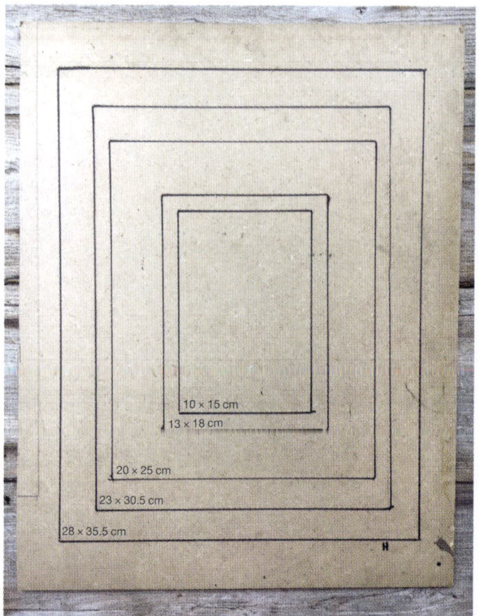

TIPP: Sie können auch einen aussortierten Bogen Papier verwenden. Zeichnen Sie die Konturen Ihres Druckpapiers und des Druckstocks an der gewünschten Position ein.

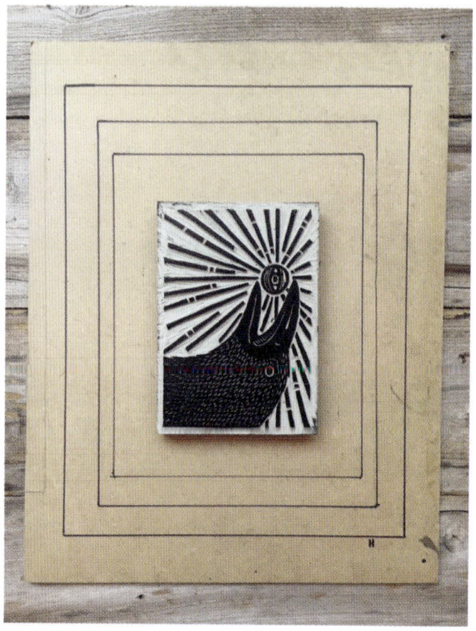

1 Zeichnen Sie mit Lineal und Bleistift die Konturen der Druckpapiere, die Sie am häufigsten verwenden, auf die Platte. Die Linien mit einem Permanentmarker nachziehen. Europäische Standardgrößen sind DIN-Formate (DIN-A6: 10,5 × 14,8 cm; DIN-A5: 14,8 × 21,0 cm; DIN-A4: 21,0 × 29,7 cm; DIN-A3: 29,7 × 42,0 cm) bzw. 9 × 13 cm, 10 × 15 cm, 13 × 18 cm, 20 × 30 cm.

2 Zeichnen Sie die Konturen Ihrer Druckstöcke ein. Hier habe ich eine 13 × 18 cm große Druckform in den vorgesehenen Rahmen gesetzt.

Anschließend habe ich einen 20 × 25 cm großen Bogen Papier innerhalb des passenden Rahmens auf den Druckstock gelegt.

PROJEKT:

PASSEPARTOUTRAHMEN

Werkzeuge und Materialien

- 2 Fertigpassepartouts, 28 × 35,5 cm, Ausschnitt: 20 × 25 cm
- Sperrholz- oder MDF-Platte, 28 × 35,5 cm
- Weißleim
- Klebeband
- Lineal
- Bleistift

Bei dieser Klappvorrichtung sitzt der Druckstock genau im Ausschnitt des unteren Passepartouts. Das Druckpapier wird auf das obere Passepartout geklebt. Wenn der eingefärbte Druckstock eingesetzt und das obere Passepartout heruntergeklappt wird, überträgt sich die Farbe auf das Papier.

1 Ein Passepartout mit Weißleim auf die Holzplatte kleben, sodass die Oberkanten bündig liegen. Das Passepartout beschweren, während der Leim trocknet, damit der Karton überall haftet. Der Druckstock wird später in den Ausschnitt gelegt. Die leicht erhabenen Kanten des Passepartouts sorgen dafür, dass er nicht verrutschen kann.

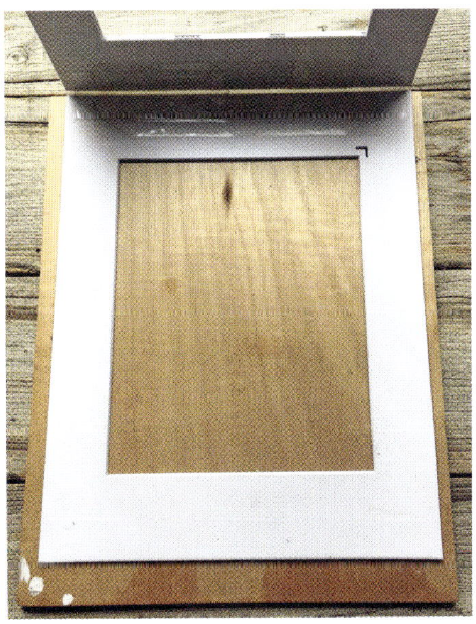

2 Das zweite Passepartout passgenau auf das erste legen und an der Oberkante mit Klebeband am unteren Passepartout fixieren. Das Klebeband dient als Scharnier zum Auf- und Zuklappen des oberen Passepartouts.

3 Auf dem oberen Passepartout mit Lineal und Bleistift Passzeichen anbringen. Zunächst am oberen Rand eine Linie parallel zur Oberkante ziehen. An dieser Markierung wird später das Druckpapier angelegt.

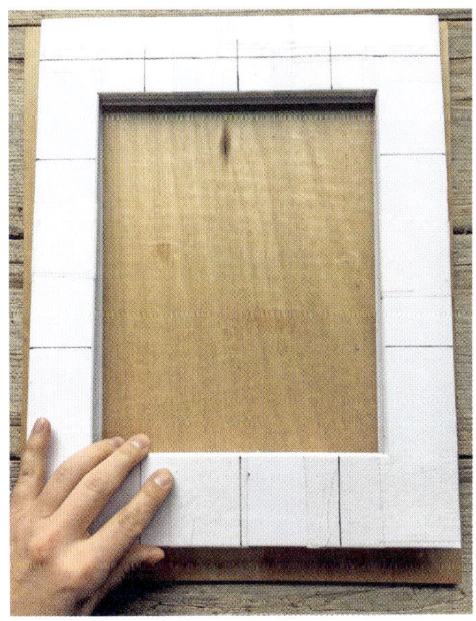

4 Weitere Passzeichen rund um das Passepartout einzeichnen – je mehr Sie anbringen, desto präziser lässt sich das Druckpapier ausrichten. Weitere Details zu dieser Methode finden Sie auf Seite 56 bei dem Projekt „Scheunensterne“.

PROJEKT:

STIFTE UND LASCHEN

Werkzeuge und Materialien

- Holzplatte
- 1 schmales, dünnes, rechteckiges Holzbrett oder schmaler Streifen Pappe in derselben Breite wie die Holzplatte
- Reste von Passepartoutkarton, Pappe oder dünnem Sperrholz
- Klebeband
- Leim
- Lineal
- Bleistift
- Register Pins und Tabs von Ternes-Burton

Bei dieser Methode kommt ein Montageset der US-amerikanischen Firma Ternes-Burton zum Einsatz, das übers Internet bestellt werden kann (direkt beim Hersteller oder bei Online-Händlern in den USA und England). Es ist preiswert, sehr effektiv und in meinen Augen die präziseste der hier gezeigten Techniken zum Ausrichten von Drucken. Am Papier werden Montagelaschen befestigt, am Brett Stifte. Werden die Laschen in die Stifte eingehängt, sitzt das Papier fest und kann nicht mehr verrutschen. Kreative können solch ein System auch selber machen. Je weniger Spiel die Stifte und Laschen nach dem Einhängen des Druckpapiers haben, umso punktgenauer ist die Fixierung.

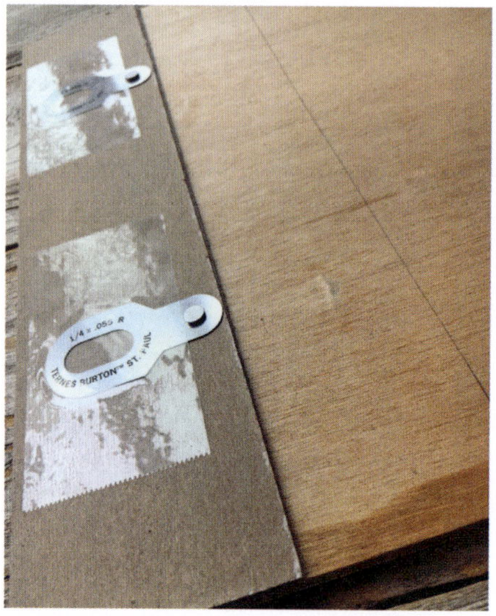

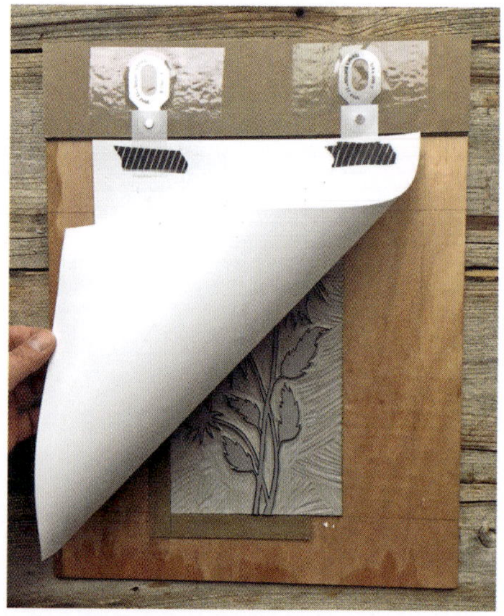

1 Das Holzbrettchen oder den Pappstreifen bündig an die Oberkante einer alten Holzplatte kleben (sie sollte nach Möglichkeit rechteckig sein, gerade Kanten und rechte Winkel haben) und den Leim trocknen lassen, damit das Brett gut haftet. Das Papier wird beim Drucken an die Unterkante angelegt.

2 Die Stifte so auf das Holzbrettchen kleben, dass die Unterkanten bündig abschließen (siehe Foto). Die Stifte mit Klebeband gut fixieren. Das lässt sich später wieder abziehen, sodass Sie die Stifte auch für andere Platten verwenden können. Die Stifte sorgen dafür, dass das Papier beim Drucken nicht verrutscht.

3 Zum Fixieren des Druckstocks legen Sie zwei Streifen Passepartoutkarton, Pappe oder Sperrholz im rechten Winkel L-förmig aneinander. Legen Sie fest, wo Sie den Druckstock platzieren möchten, und kleben Sie das L unten links fest (siehe Foto). Weitere Details zu diesem Verfahren finden Sie auf Seite 64 beim Projekt „Sonnenblumen“.

Werkzeug-pflege

Druckwerkzeuge und -materialien halten länger, wenn sie nach dem Gebrauch – sprich: nach jedem Projekt! – gründlich gereinigt werden. So bleibt auch das Atelier sauber, und Ihre Drucke nehmen keinen Schaden. Die folgenden Tipps gelten für den Druck mit auswaschbaren Farben auf Ölbasis, die für die Projekte in diesem Buch verwendet werden.

Hängen Sie alle nassen Drucke an das Trockengestell.

Reinigen der Walze: Entfernen Sie Farbreste, indem Sie die Walze auf einem alten Telefonbuch oder einer alten Zeitung oder Zeitschrift so lange hin und her rollen, bis keine Farbspuren mehr auf den Seiten zu sehen sind. Verschmutzte Seiten zwischendurch wegwerfen. Die Walze mit Wasser und Seife über der Spüle reinigen.

Reinigen der Palette: Schaben Sie alle Farbreste mit einem Farbkratzer, Palettmesser oder einem Streifen Passepartoutkarton ab. Reine (also unverschmutzte, ungemischte) Farbe kann in ihren Behälter zurückgefüllt werden. Ist die Farbe verunreinigt oder lässt sich nicht wieder einfüllen (etwa in eine Tube), werfen Sie sie weg. Anschließend die Palette mit einem Desinfektionstuch reinigen. Alternativ können Sie mit Pflanzenöl getränktes Küchenkrepp verwenden.

Palettmesser von Farbresten säubern und mit Pflanzenöl und Küchenkrepp oder einem Desinfektionstuch gründlich abwischen.

Reinigen des Druckstocks: Farbreste mit altem Zeitungspapier abtupfen und den Druckstock mit Pflanzenöl oder einem Desinfektionstuch reinigen. Zwar lassen sich die Farben, die ich für die Projekte dieses Buchs verwendet habe, mit Wasser und Seife entfernen, doch ich halte meine Druckstöcke gerne von Wasser fern. Dringt zu viel Feuchtigkeit in den Juteträger des Linoleums ein, besteht die Gefahr, dass sich der Druckstock wellt.

Alle Kappen und Deckel fest auf die Farbtuben und -dosen aufschrauben. Farben in durchsichtigen Behältern an einem dunklen Ort aufbewahren.

Hände waschen: Waschen Sie sich die Hände sorgfältig mit Bimsstein- bzw. Gärtnerseife. Sie ist in gut sortierten Drogerien, manchen Gartenfachgeschäften und im Internet erhältlich und hält ewig – ich benutze seit zwei Jahren ein und dieselbe Anderthalb-Kilo-Dose. Farbreste unter den Fingernägeln mit einer Bürste entfernen.

Auflagen

Eine Auflage ist ein Set identischer Abzüge. Jeder Druck einer Auflage gilt als Original und wird vom Künstler bzw. von der Künstlerin nummeriert, signiert und datiert. Die meisten Künstlerinnen und Künstler verwenden zum Signieren einen Bleistift. Traditionell wird die Signatur unten rechts, der Titel unten in der Mitte und die Nummerierung unten links platziert.

NUMMERIEREN

Wenn Sie eine Auflage von 20 Exemplaren drucken, nummerieren Sie die Drucke mit 1/20, 2/20, 3/20 usw. Auch wenn alle Abzüge mehr oder weniger identisch aussehen, werden die Exemplare mit dem reinsten bzw. besten Druckbild in der Regel mit niedrigeren Ziffern nummeriert. Der mit „1" nummerierte Abzug einer 100er-Auflage (1/100) hat also eine bessere Qualität als Abzug Nummer 96.

Manche Drucke werden auf andere Weise gekennzeichnet: So steht das Kürzel A/P oder A.P./E.A. für Artists Proof/Epreuve d'artiste bzw. Künstlerdruck. Dabei handelt es sich um erste Abzüge, die beim Künstler oder der Künstlerin verbleiben und nicht als Teil der Auflage mitgezählt werden. Das gilt auch für Probedrucke. Sie dienen der Überprüfung des Druckstocks. Bei Bedarf können noch letzte Korrekturen durchgeführt werden.

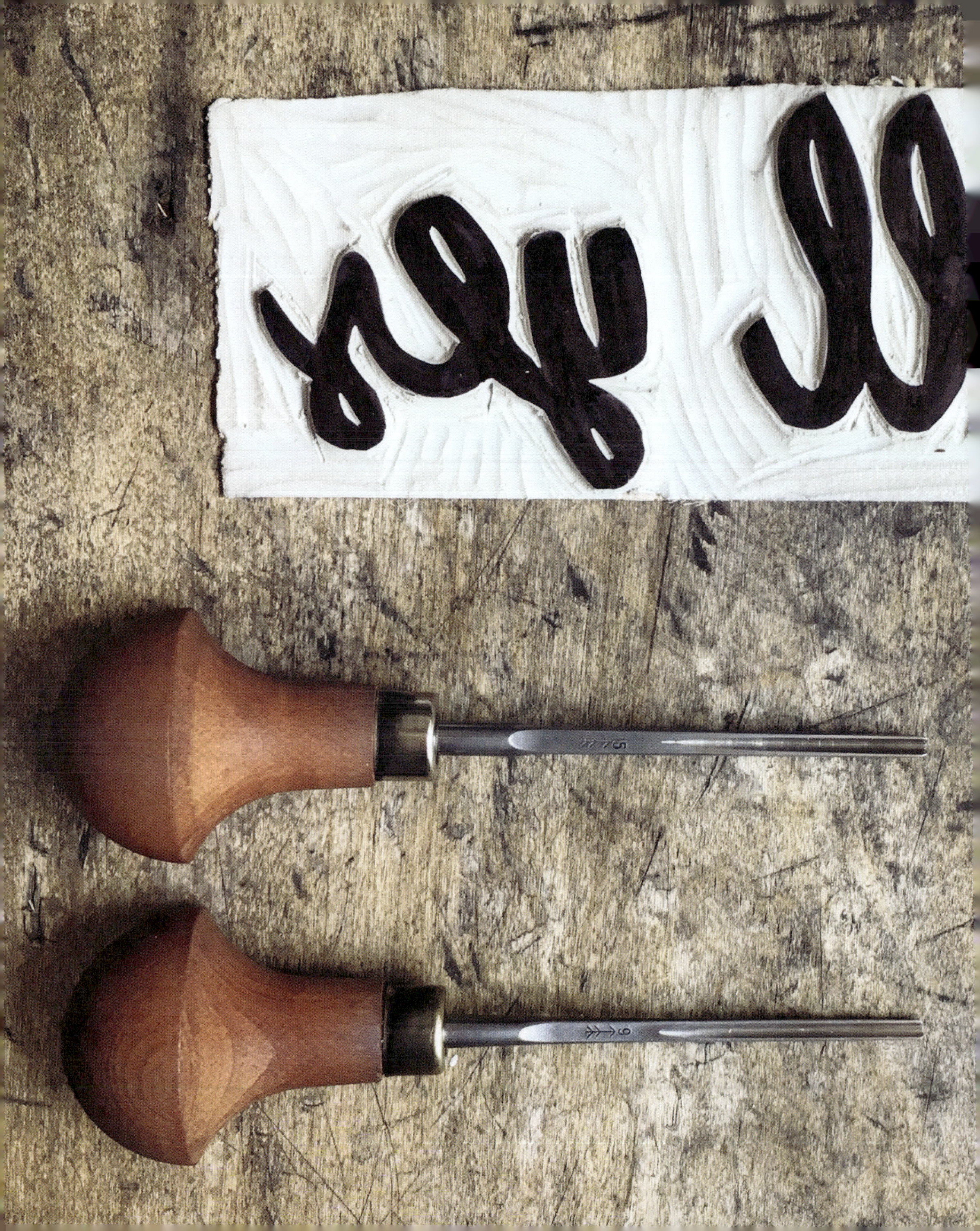

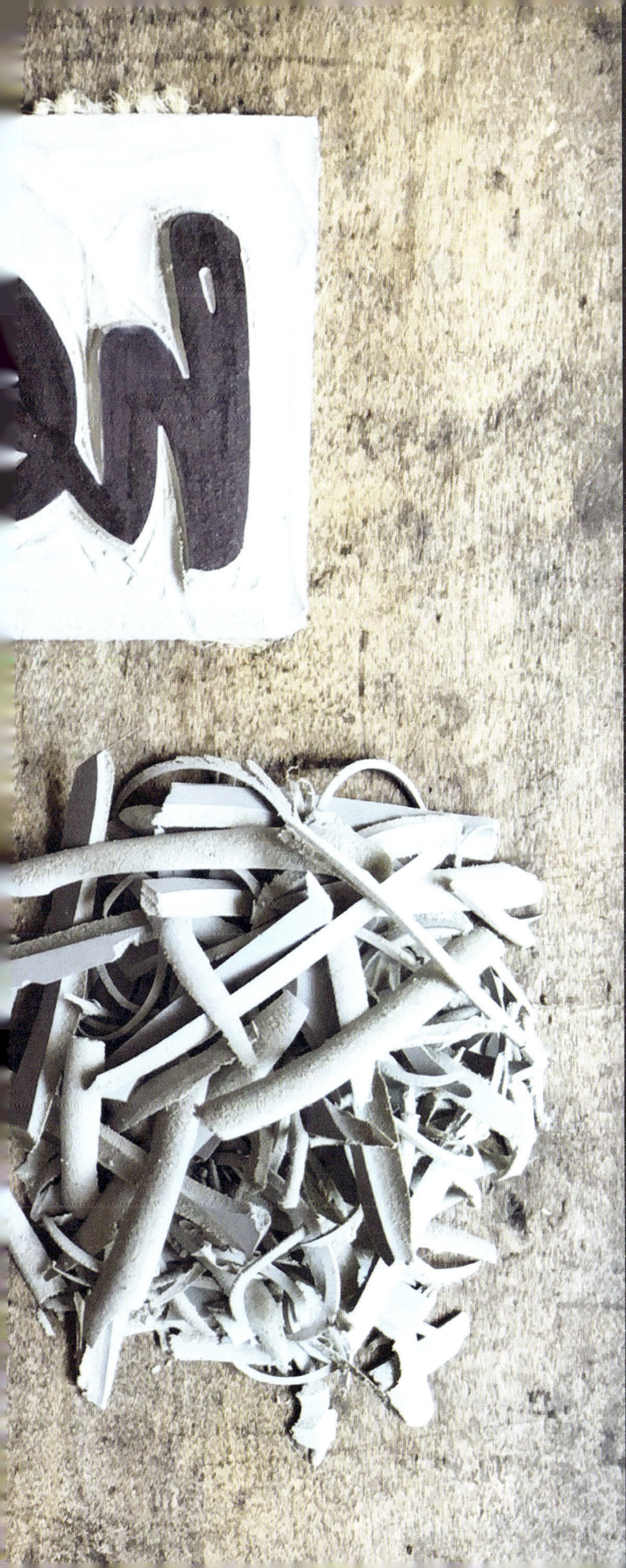

KAPITEL 3

EINSTEIGER-PROJEKTE

Die Projekte dieses Kapitels machen Sie mit den grundlegenden Techniken und den vielfältigen Möglichkeiten des Hochdrucks vertraut. Sie lernen:

- mit unterschiedlichen Schneidetechniken unterschiedliche Texturen zu erzielen,
- einen Dreifarbendruck mit drei Druckstocken anzufertigen,
- einen Dreifarbendruck mit einem Druckstock anzufertigen,
- mit einer speziellen Linienführung den Eindruck von Räumlichkeit zu erzeugen,
- eine Druckgrafik durch Collagieren und Bemalen zu verschönern,
- ein eigenes kleines Textbuch zu drucken und zu falten.

PROJEKT:

QUILTMUSTER-BLOCK

Werkzeuge und Materialien

- Lose Linolplatte, 24 × 24 cm
- Bleistift
- Lineal
- Schwarzer Permanentmarker
- Schwarze Druckfarbe
- Schnittbesteck
- Palette
- Palettmesser
- Farbwalze
- Druckpapier, 30,5 × 30,5 cm
- Baren
- Zeichenbesen

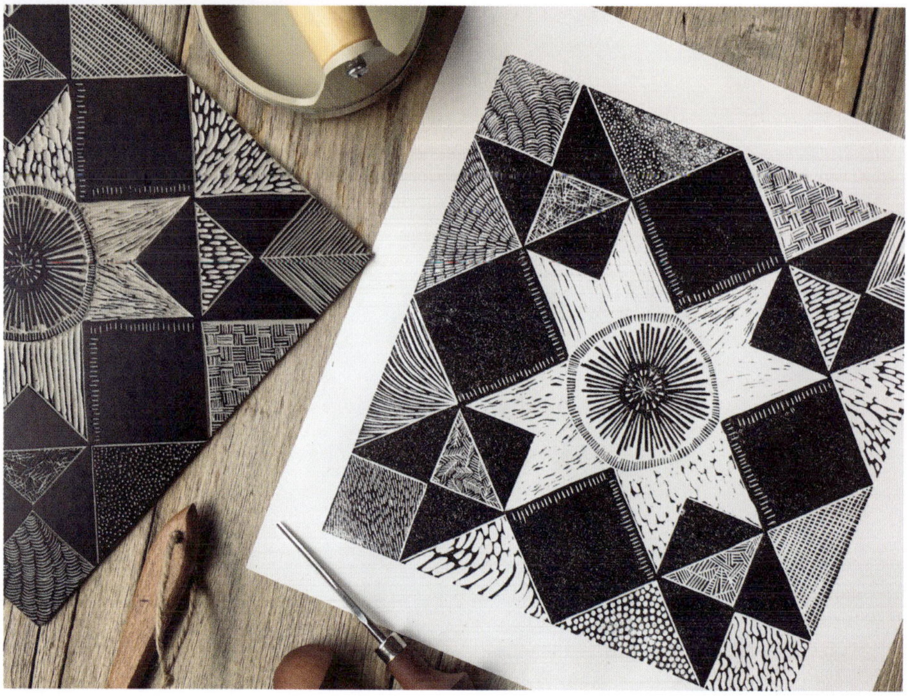

Um den Umgang mit Schneidewerkzeugen zu erlernen, stürzt man sich am besten gleich in ein Projekt. Wahrscheinlich werden Sie schnell von der eigenen Begeisterung mitgerissen. Dieses klassische Quiltmuster mit Mond und Sternen eignet sich perfekt, um mit Schnitten, Texturen und Tonwerten herumzuexperimentieren.

Verwenden Sie möglichst viele verschiedene Schneidewerkzeuge, um möglichst viele Texturen und Tonwerte zu erzeugen.

Experimentieren Sie mit:

- den Formen, die Sie mit unterschiedlichen Klingen erzeugen können
- der Tiefe von Schnitten
- der Länge von Schnitten
- dem Abstand zwischen den Schnitten
- der Richtung von Schnitten (zum Beispiel Kreuzschraffur oder Parallelschraffur)

Dieses Projekt erfordert keinen Bildtransfer, denn Sie zeichnen direkt auf die Linolplatte. Ich empfehle Ihnen, das komplette Motiv zunächst mit Bleistift vorzuzeichnen und die Konturen erst dann mit einem Permanentmarker nachzuziehen, damit Sie Fehler gegebenenfalls noch ausbügeln können.

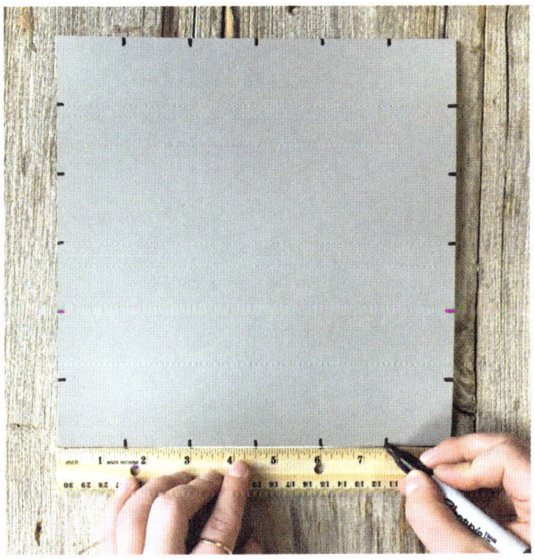

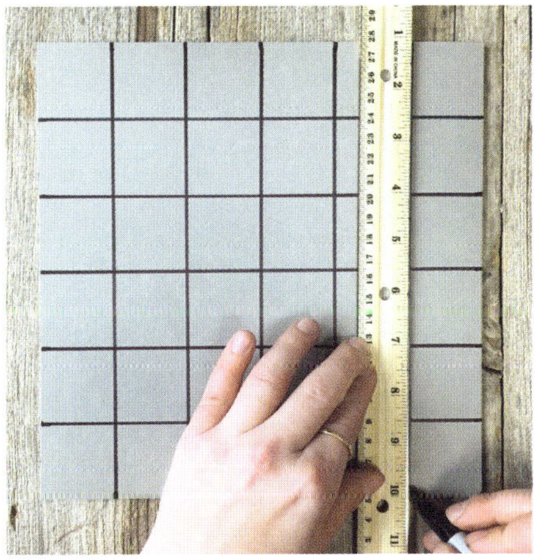

1 Beginnen Sie mit dem Anlegen eines Rasters auf Ihrer Linolplatte: Bringen Sie rundum an den Kanten im Abstand von 4 cm Markierungen an.

2 Verbinden Sie alle einander gegenüberliegenden Markierungen mithilfe von Lineal und Bleistift mit geraden Linien. Am Ende sollten Sie insgesamt 36 Quadrate à 4 cm Kantenlänge eingezeichnet haben.

3 Verbinden Sie die vier mittleren Markierungen zu einer Raute (siehe Foto).

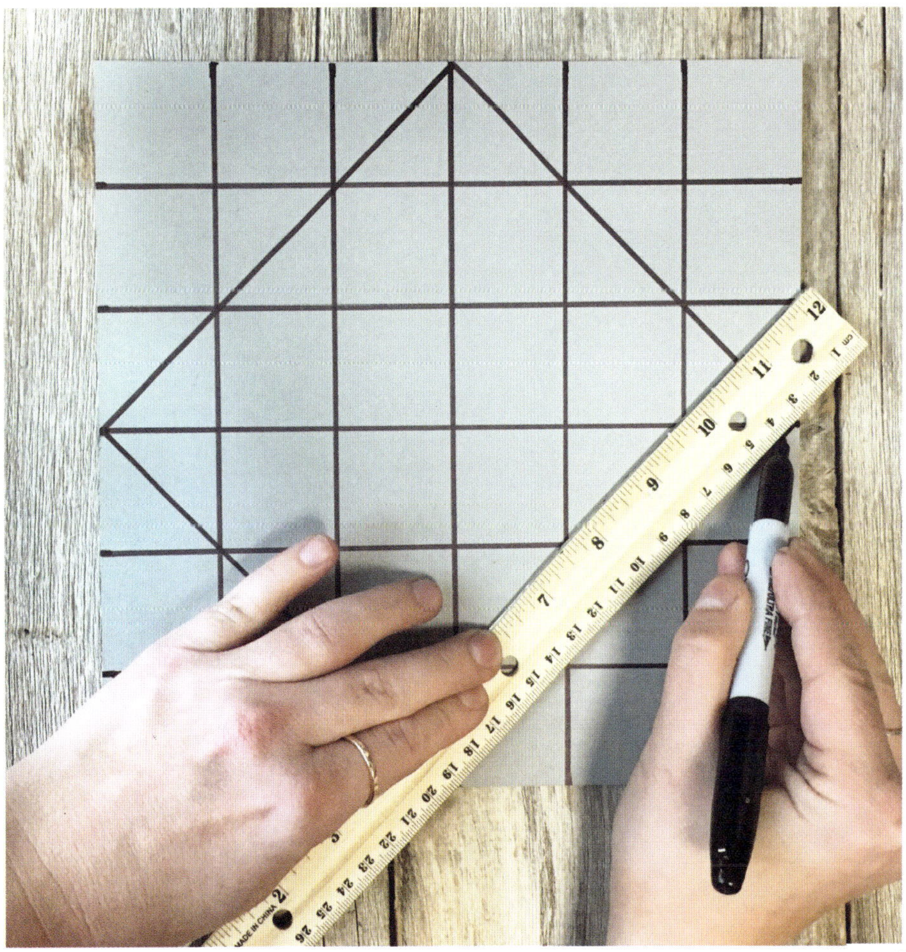

4 Zeichnen Sie anhand der vier rechts abgebildeten Fotos das sternenförmige Muster in das Raster, und färben Sie die dunkel gedruckten Felder mit dem Permanentmarker schwarz ein. Das erleichtert Ihnen die Orientierung beim Schneiden.

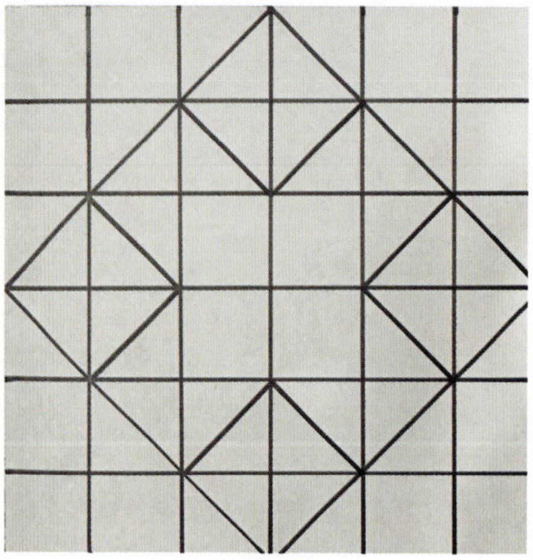

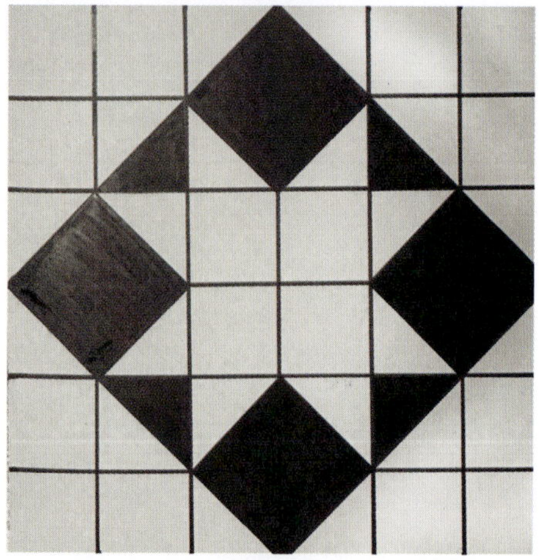

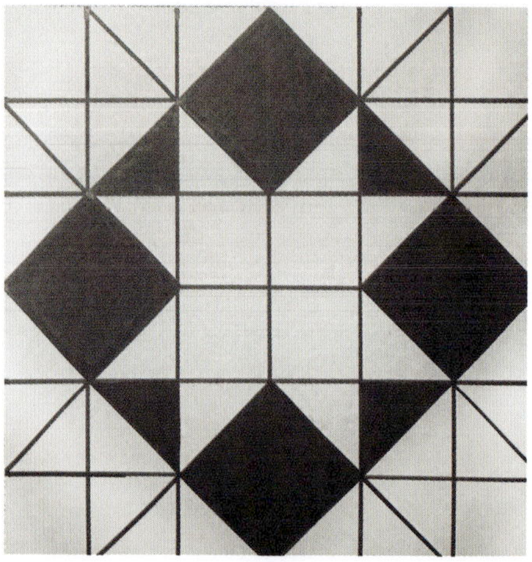

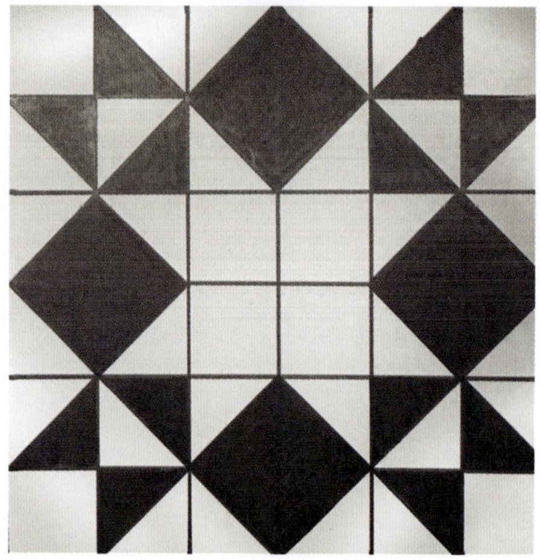

5 Die schwarz eingefärbten Bereiche dienen als eine Art optisches Gerüst und werden nicht mit den Schneidewerkzeugen bearbeitet. Die weißen Bereiche hingegen sollten mit möglichst unterschiedlichen Mustern, Linien und Strukturen gefüllt werden. Verwenden Sie dazu so viele Schneidewerkzeuge wie möglich. Überlegen Sie, wie Sie Ihre Werkzeuge einsetzen können, um viele unterschiedliche Effekte zu erzielen.

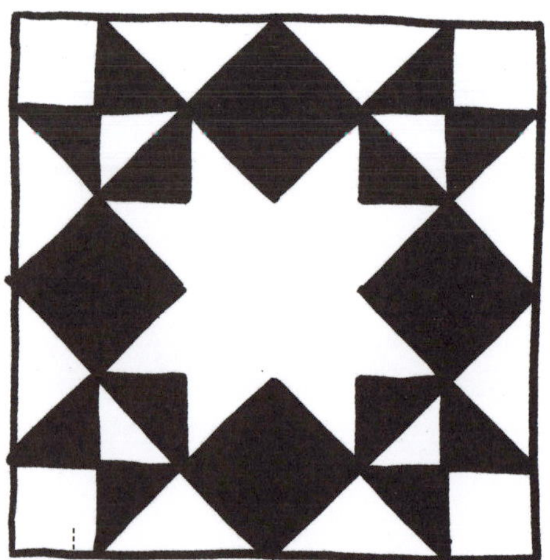

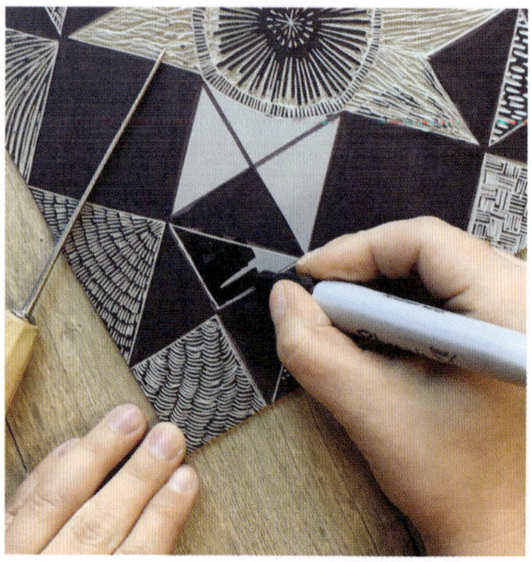

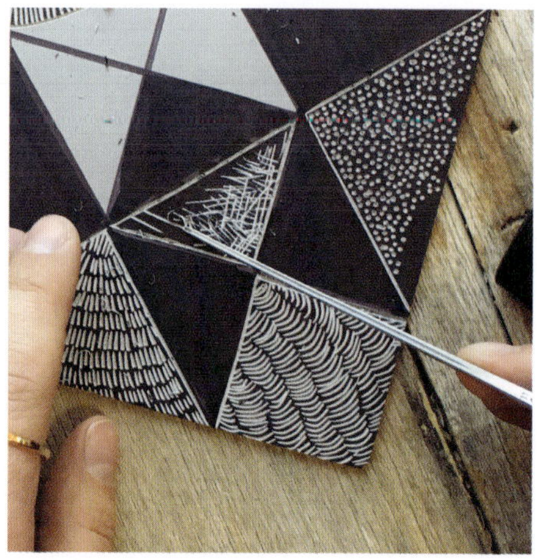

6 Bearbeiten Sie zuerst die Konturen der weißen Bereiche: Fahren Sie mit einem tiefen Hohleisen an der Innenseite der Begrenzungslinien entlang. Das verhindert, dass Sie versehentlich in die schwarzen Bereiche hineinschneiden. Wenn Sie die zu bearbeitenden Segmente mit Permanentmarker einfärben, können Sie die einzelnen Schnitte gut sehen.

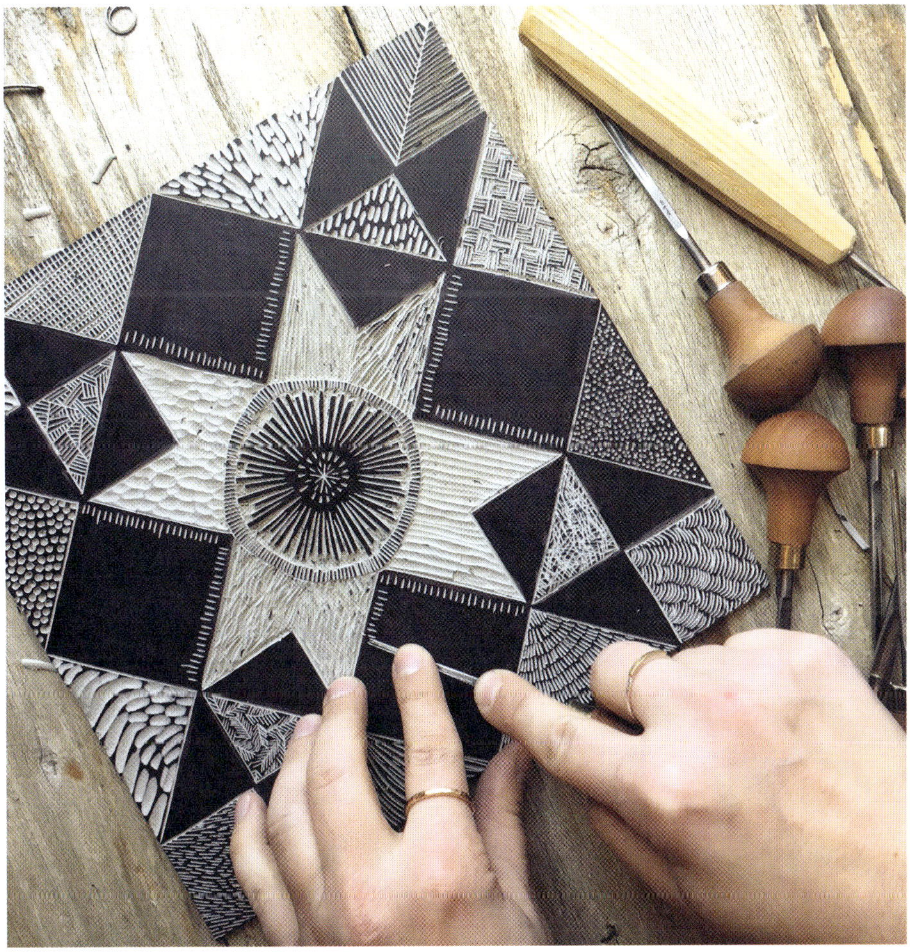

7 Gestalten Sie alle weißen Bereiche mit unterschiedlichen Strukturen oder Mustern, und fügen Sie in die vier mittleren Segmente ein Motiv oder Ornament Ihrer Wahl ein. Es verleiht Ihrem ersten Projekt eine ganz persönliche Note. Wenn Sie finden, dass das alles noch nicht reicht, können Sie auch die schwarz eingefärbten Segmente bearbeiten.

8 Entfernen Sie sämtliche Materialreste mit einem Zeichenbesen vom Druckstock, damit Sie saubere Abzüge erhalten.

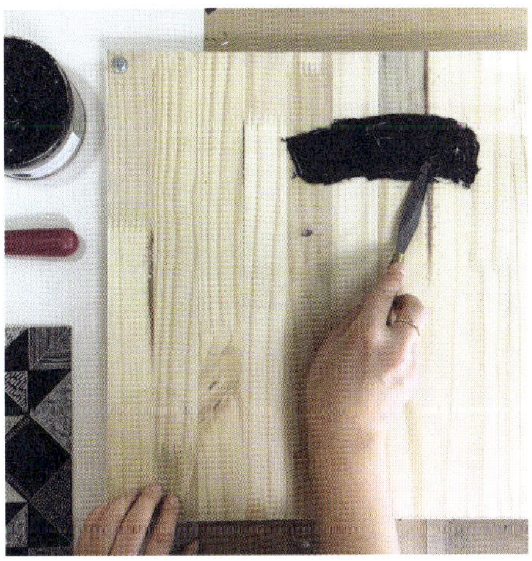

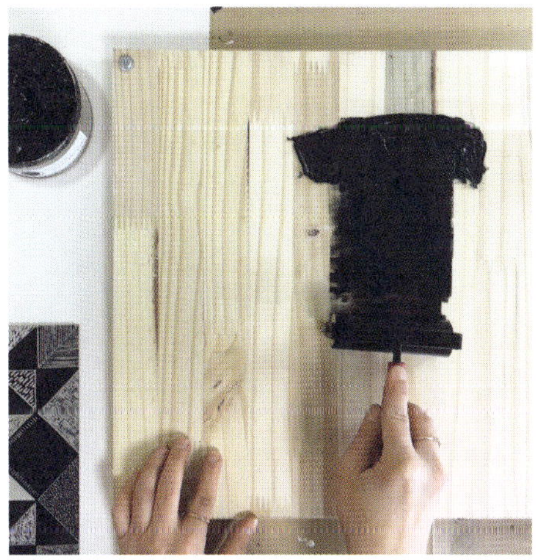

9 Geben Sie einen 2–3 cm großen Klecks Druckfarbe auf die Palette, und wärmen Sie die Farbe an, indem Sie sie mit dem Palettmesser verteilen.

10 Walzen Sie die Farbe mit Ihrer breitesten Walze aus, bis diese schön gleichmäßig eingefärbt ist.

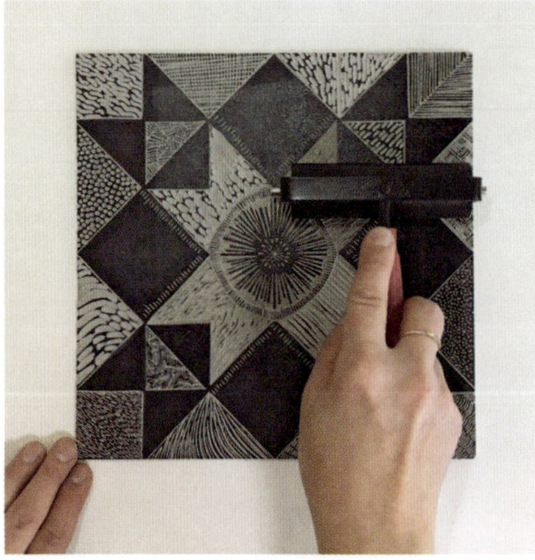

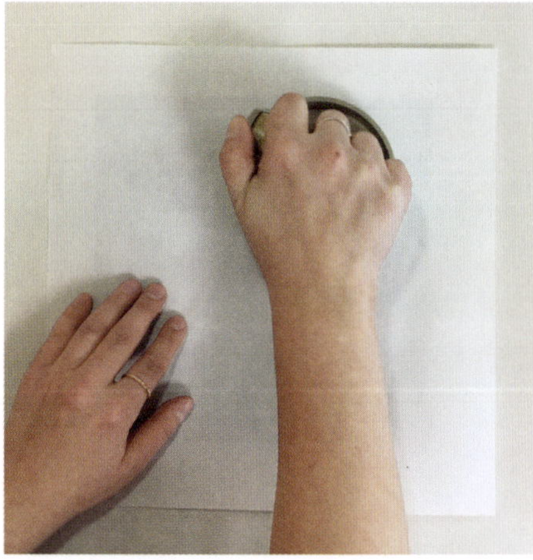

11 Färben Sie den Druckstock ein, indem Sie mit der Walze mehrfach darüberrollen. Bei Bedarf mit der Walze noch einmal Farbe aufnehmen. Achten Sie darauf, nicht zu viel Farbe aufzuwalzen, ohne die Details zu vernachlässigen. Die Kanten des Blocks nicht vergessen!

12 Legen Sie einen Bogen Papier auf den Druckstock, und drücken Sie ihn mit der Hand leicht an, damit er nicht verrutscht. Nehmen Sie den Baren, und reiben Sie das Papier mit gleichmäßigem Druck an. Wenn Sie mögen, können Sie mit der Rückseite eines Holzlöffels nacharbeiten, um in den Schwarzbereichen ein gleichmäßigeres Druckbild zu erzielen.

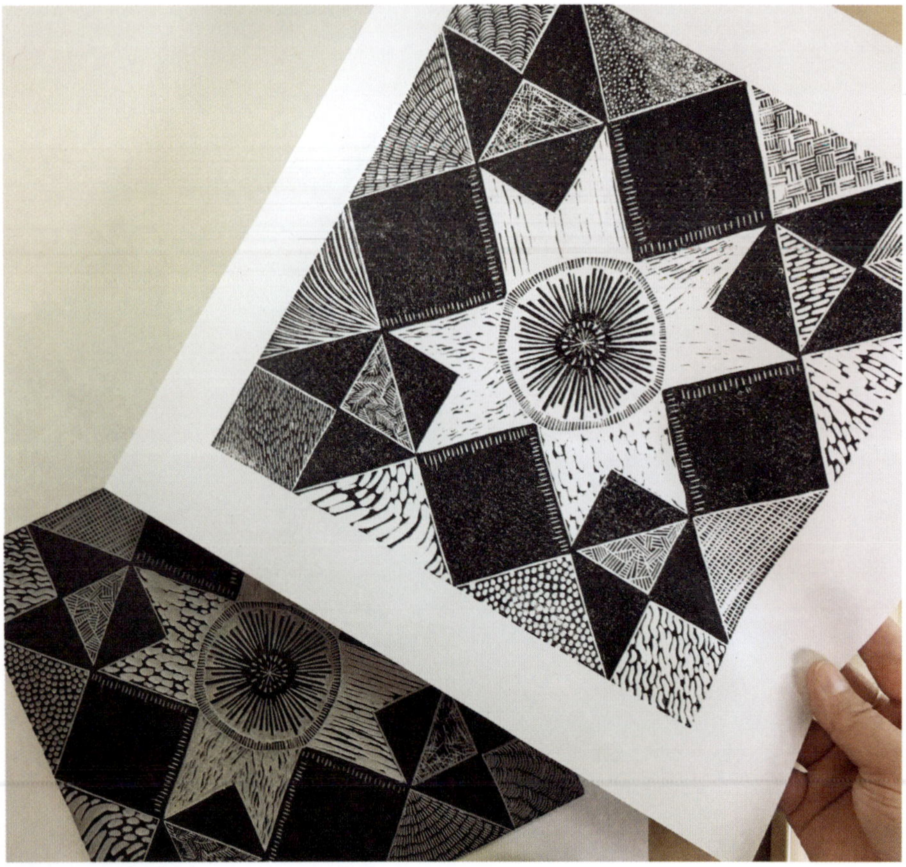

13 Das Papier vorsichtig abziehen und zum Trocknen an einen sicheren Ort legen.

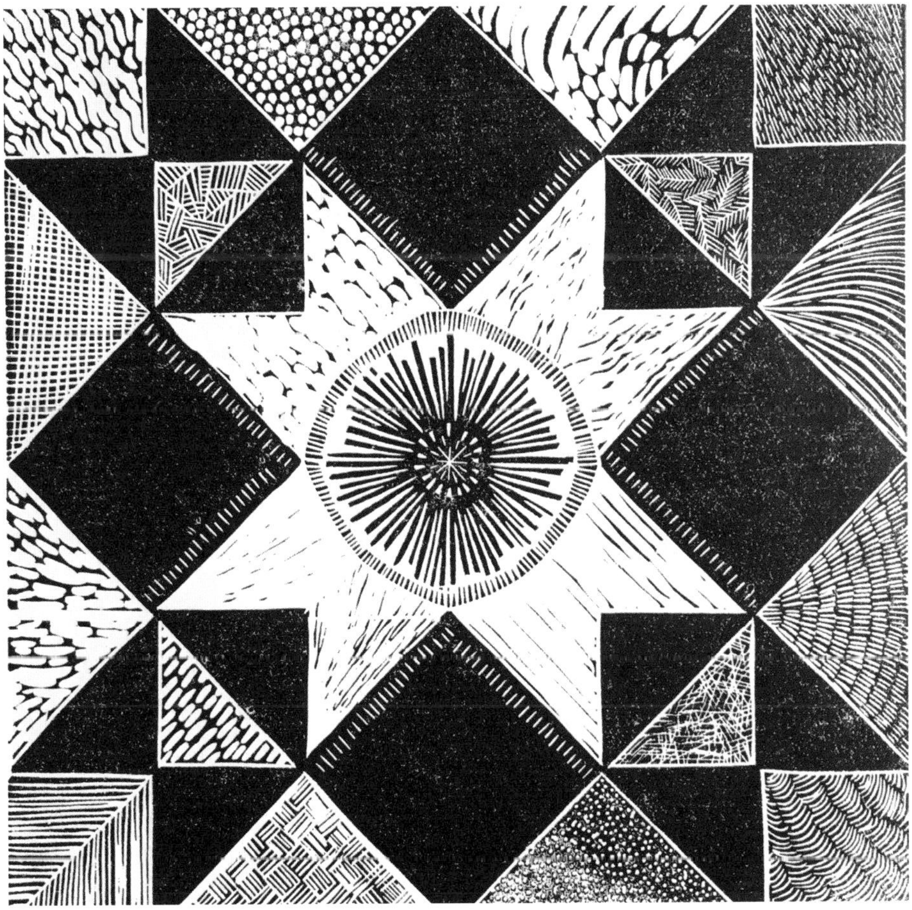

Eine Auswahl möglicher Linien

Gerade Linien
Gebogene Linien
Wirbelnde Linien
Gerichtete Linien
Lange Linien
Kurze Linien
Breite Linien
Schmale Linien
Punkte
Striche
Haarlinien
Überlappende Linien
Ausdrucksstarke Linien
Gefühlvolle Linien
Parallelschraffur
Kreuzschraffur
Fedrige Linien
Zerklüftete Linien
Durchgehende Linien
Unterbrochene Linien
Locker gesetzte Linien
Dicht gesetzte Linien
Geordnete Linien
Zufällige Linien

Schnittmuster: Wenn Sie die Muster des oben abgedruckten Beispiels übernehmen möchten, können Sie sich an dem „Schnittmuster" rechts orientieren. Darin ist erfasst, mit welchen Werkzeugen ich welche Schnitte gesetzt habe. Beachten Sie, dass das Schnittmuster an der oberen Kante gespiegelt dargestellt ist.

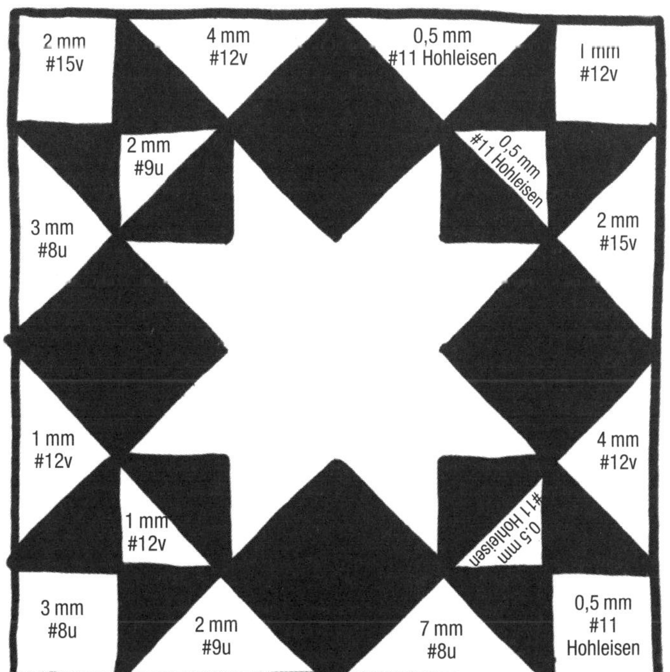

PROJEKT:

SCHEUNENSTERNE MIT DREI DRUCKSTÖCKEN

Werkzeuge und Materialien

- 3 lose Linolplatten, jeweils 15 × 15 cm
- 3 Sperrholzplatten oder Passepartoutkarton, 19 × 24 cm
- Holzleim
- Passepartoutrahmen zum Klappen (siehe S. 45)
- Bleistift
- Lineal
- Permanentmarker in unterschiedlichen Farben
- Mindestens 2 Blatt Transparentpapier
- Zeichenpapier
- Zirkel
- Schnittbesteck
- 3 Druckfarben
- Palette
- Palettmesser
- Farbwalze(n)
- Druckpapier (23 × 30,5 cm)
- Baren oder Holzlöffel
- Washi-Tape oder Malerkrepp

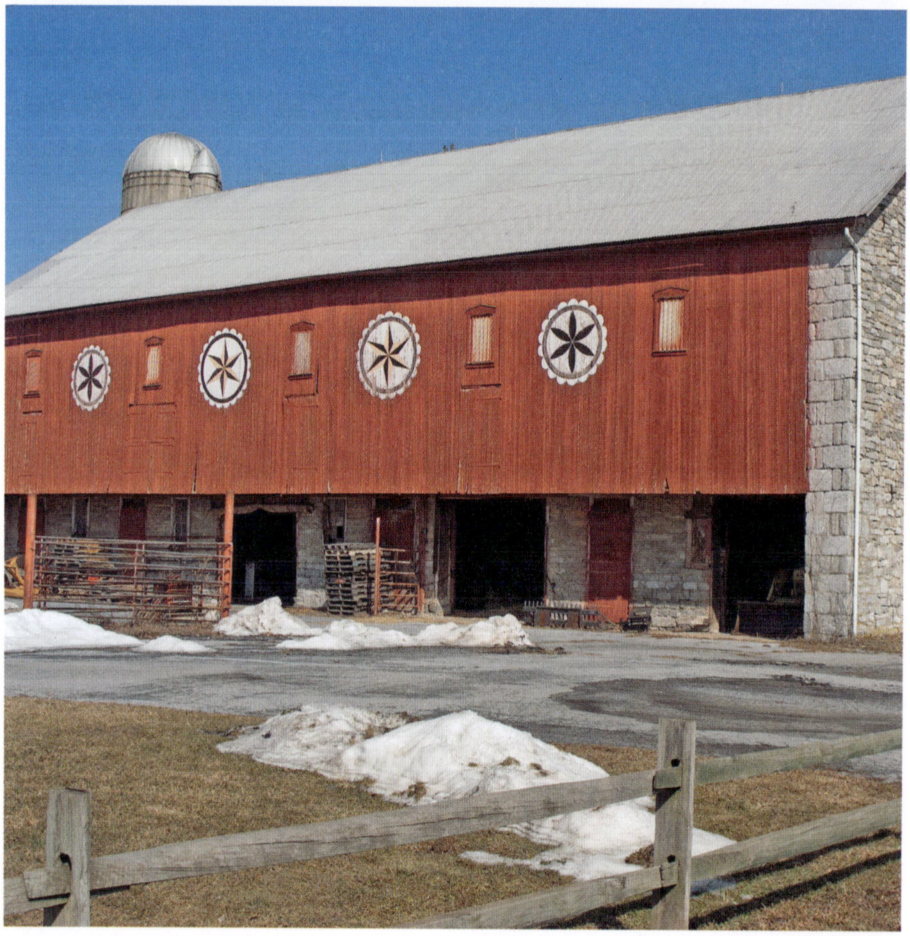

Scheunensterne (oder Hex Signs) sind in den ländlichen Regionen Pennsylvanias allgegenwärtig und schmücken die Fassaden und Giebel vieler Scheunen. Diese auffälligen, perfekt ausgewogenen kreisrunden Wahrzeichen wurden zu Beginn des 18. Jahrhunderts von sogenannten Pennsylvania-Deutschen – einer Gruppe deutschstämmiger Einwanderer – mit in die Vereinigten Staaten gebracht. Zeitgenössische Scheunensterne mit ihren rotierenden oder spiegelsymmetrischen Mustern enthalten häufig Motive mit symbolischer Bedeutung: Sterne und Rosetten stehen für Glück, Tulpen für das Schicksal, Weizenbündel und Regentropfen für Überfluss, Eichenblätter für Charakterstärke, um nur einige zu nennen.

Mein Scheunenstern besteht aus einer Rosette mit acht Spitzen, stilisierten Regentropfen und wachsamen Augen, die von einer Muschelkante eingefasst sind. Wenn Sie mögen, entwerfen Sie mit Symbolen und Farben, die Ihnen etwas bedeuten oder Ihnen gefallen, Ihren eigenen Stern.

Der Stern wird mit drei unterschiedlich eingefärbten Druckstöcken gedruckt. Sie können dabei nach Lust und Laune mit Farbkombinationen Ihrer Wahl herumexperimentieren. Das Hantieren mit mehreren Druckstöcken ist beim ersten Mal vielleicht nicht ganz einfach, doch haben Sie Geduld mit sich, und geben Sie sich Mühe beim Messen. Wir werden das gemeinsam schaffen, und das Ergebnis wird Sie überzeugen. Beim Mehrfarbendruck ist eine gute Planung das A und O, und die beginnt bei der Zeichnung.

Kontrastplatte

Beim Mehrfarbendruck ist es der Druckstock, der die wichtigsten Bildinformationen enthält; wird oft in Schwarz gedruckt.

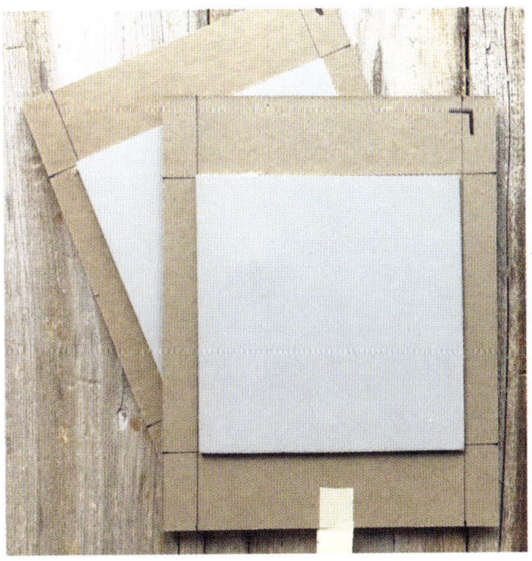

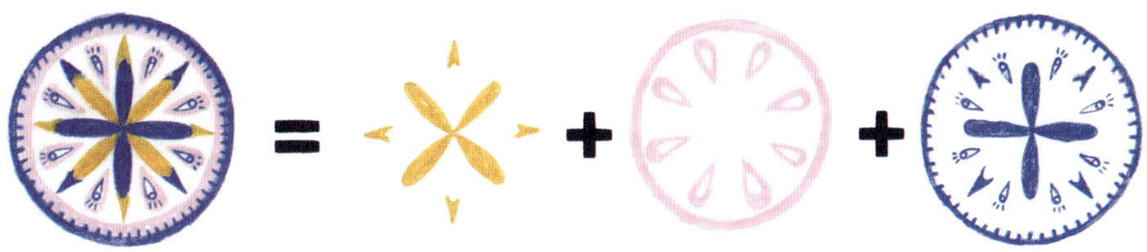

1 Beginnen wir mit den Vorbereitungen: Jede Linolplatte muss zunächst auf eine Unterlage geklebt werden, damit sie sich gut in den Klapprahmen einlegen lässt. Ich arbeite mit Sperrholz, doch Sie können stattdessen auch Passepartoutkarton oder Pappe verwenden. Messen Sie Ihre Unterlage aus, platzieren Sie die Linolplatte in der Mitte (je exakter, umso besser), und fixieren Sie sie mit Holzleim. Beschweren Sie die Platte mit einem Stapel Bücher oder Ähnlichem, damit sie überall plan aufliegt, während der Leim trocknet. Die beiden anderen Platten auf die gleiche Weise auf eine Unterlage kleben. Versehen Sie alle Platten am unteren Rand mit einer Lasche aus Washi-Tape oder Malerkrepp, damit sie sich später leichter aus dem Rahmen heben lassen.

2 Während der Leim trocknet, können Sie Ihren Entwurf ausarbeiten. Ich beginne normalerweise mit einer einfachen Strichzeichnung und fertige anschließend eine farbige Skizze an. Dann trenne ich die Farben voneinander, damit ich sehen kann, welches Muster ich in welchen Block schneiden muss.

3 Wenn Ihr Entwurf fertig ist, übertragen Sie ihn mit allen Einzelheiten auf Transparentpapier (das ist Ihre Meisterzeichnung). Ich empfehle die Verwendung von Lineal und Zirkel, damit der Kreis wirklich perfekt wird. Achten Sie darauf, dass Ihre Zeichnung auf Ihre 15 × 15 cm große Linolplatte passt.

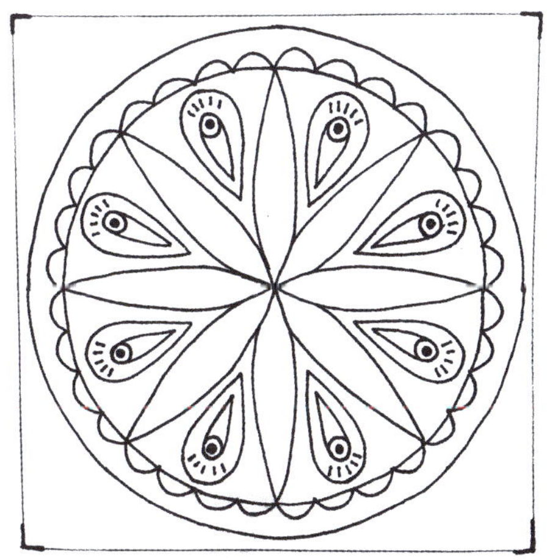

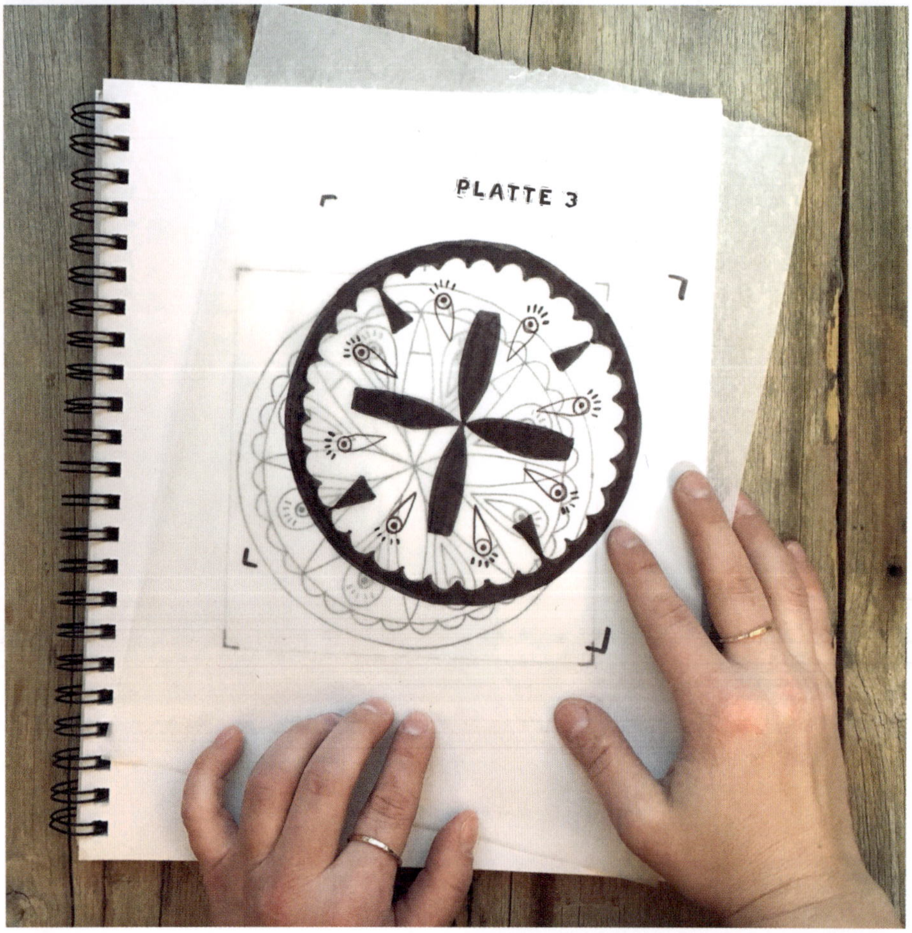

4 Laut Plan enthält die blaue Platte die meisten Bildinformationen; sie dient also als Kontrastplatte und als Basis für alle anderen Platten. Legen Sie einen Bogen Transparentpapier über Ihre Zeichnung, und fixieren Sie ihn bei Bedarf mit Malerkrepp oder Tape. Übertragen Sie nun vorsichtig die blauen Motivbereiche (und nur diese). Markieren Sie die obere Mitte Ihres Entwurfs, damit Sie wissen, wo oben ist – beim Übertragen von runden Motiven kommt man leicht durcheinander.

5 Nehmen Sie eine der aufgeklebten Linolplatten. Markieren Sie die obere Mitte und übertragen Sie die Zeichnung auf die Platte (siehe Transfermethoden, S. 32). Ziehen Sie die Linien mit Permanentmarker nach, damit sie nicht verwischen.

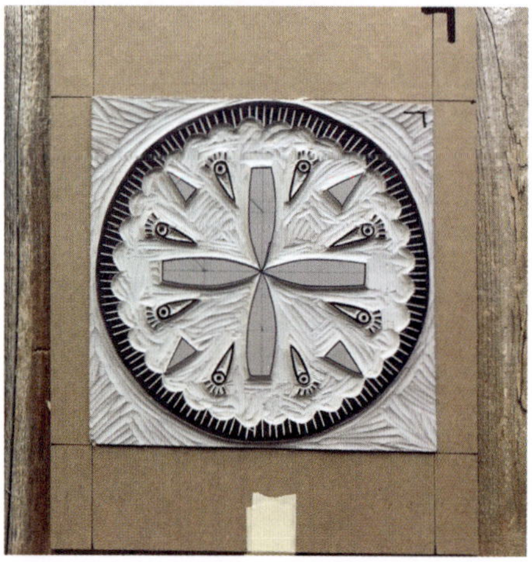

6 Schneiden Sie alle Bereiche weg, die nicht gedruckt werden sollen.

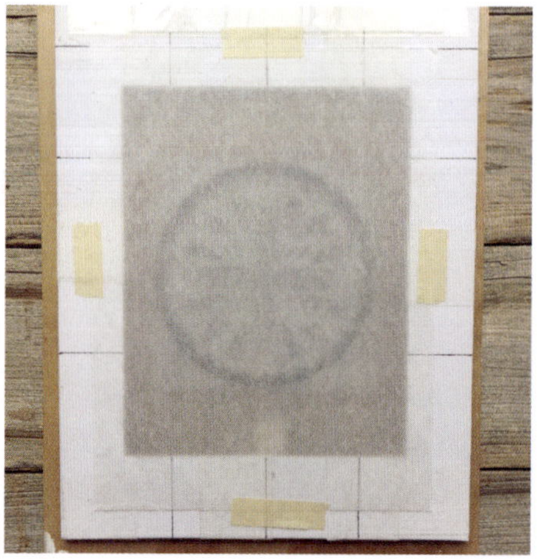

7 Verwenden Sie diesen Block zum Übertragen der übrigen Motivteile auf die beiden restlichen Linolplatten. Kleben Sie zunächst ein Blatt Transparentpapier auf die Klappe des Passepartoutrahmens.

8 Öffnen Sie die Klappe, und setzen Sie den Druckstock in den Rahmen. Er sollte perfekt hineinpassen und sich nicht verschieben lassen.

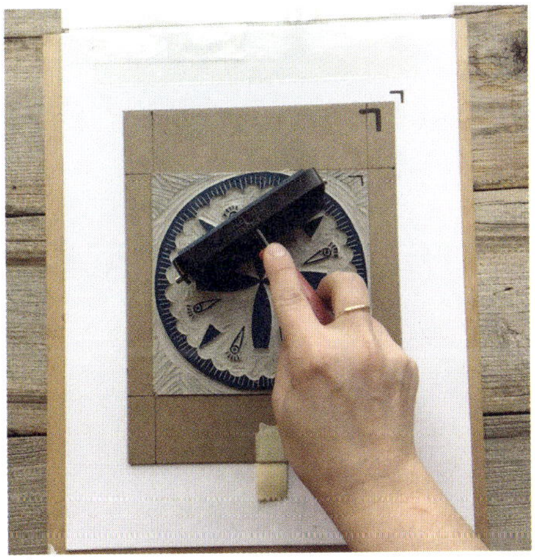

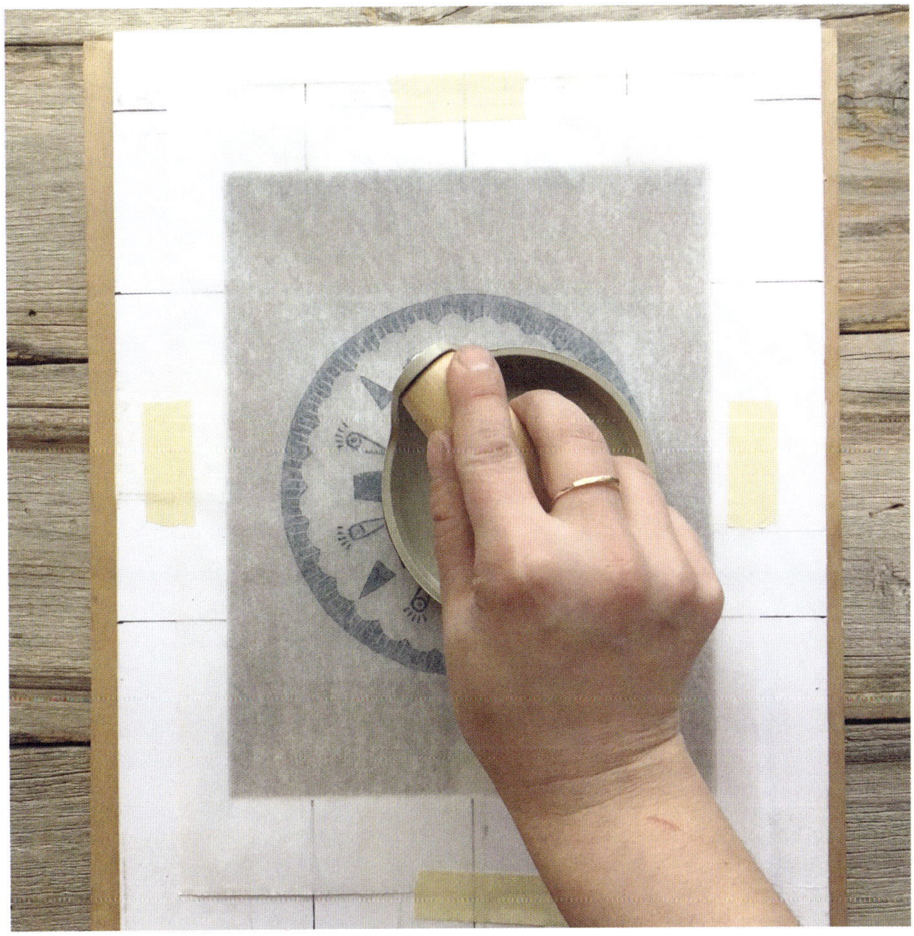

9 Färben Sie den Druckstock mit einer kleinen Menge einer hellen Farbe ein (ich habe dunkelblaue Farbe verwendet und hatte am Ende Flecken auf den anderen Druckstöcken; helle Farben lassen sich leichter entfernen).

10 Schließen Sie die Klappe, und reiben Sie das Transparentpapier mit einem Baren sanft an, bis Sie sehen, dass sich die Farbe übertragen hat. Womöglich benötigen Sie einen Löffel, um feine Details herauszuarbeiten.

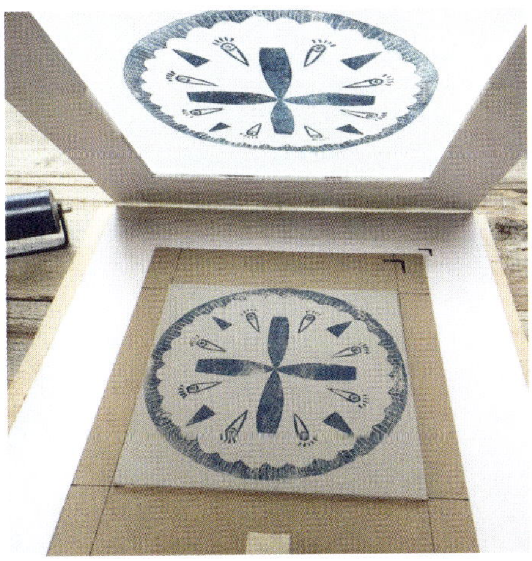

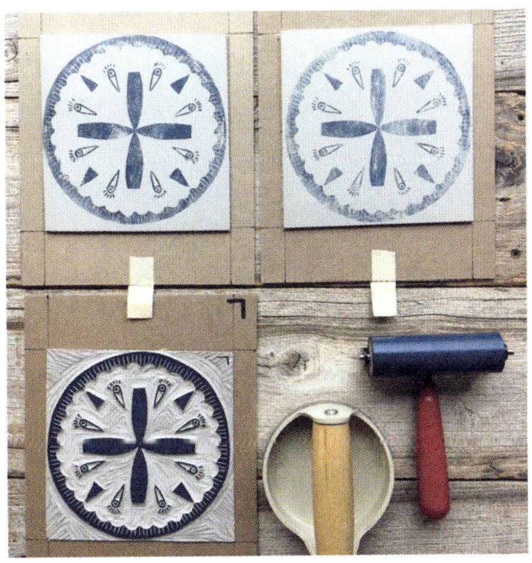

11 Übertragen Sie das Motiv vom ersten auf den zweiten Block. Öffnen Sie die Klappe, entfernen Sie die Kontrastplatte, und ersetzen Sie sie durch den zweiten Block. Die obere Mitte markieren.

12 Schließen Sie die Klappe, und reiben Sie das Transparentpapier erneut an, sodass sich das Motiv auf den zweiten Druckstock überträgt.

13 Öffnen Sie die Klappe, entnehmen Sie den Druckstock und legen Sie ihn zum Trocknen beiseite. Übertragen Sie das Motiv auf die gleiche Weise auf den dritten Block. Lassen Sie beide Druckstöcke trocknen (zum Beispiel über Nacht).

14 Entfernen Sie die restliche Farbe von der Kontrastplatte und lassen Sie sie trocknen. Das bedruckte Transparentpapier können Sie entsorgen.

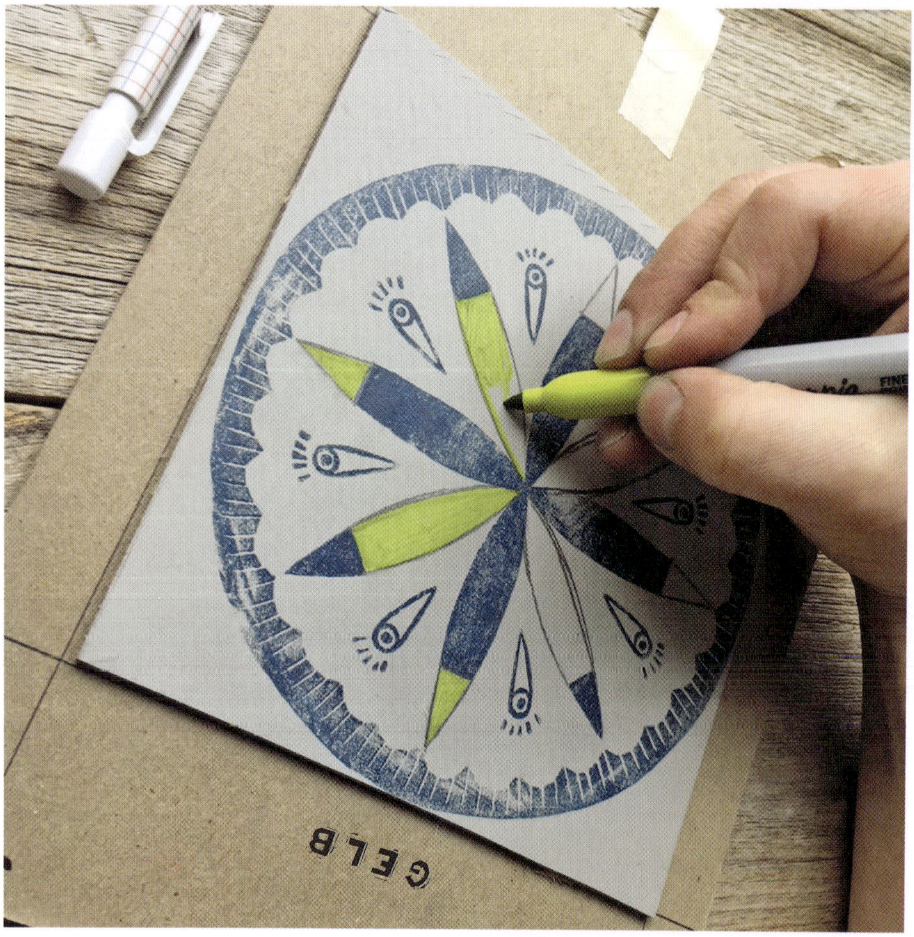

15 Nehmen Sie sich den zweiten Block vor, und zeichnen Sie darauf alle Motivteile, die gelb eingefärbt werden sollen, freihändig ein. Sie können sie auch von Ihrer Meisterzeichnung abreiben. Es ist nicht nötig, die Farbe vom Druckstock zu entfernen, denn diese Teile schneiden Sie ohnehin weg.

16 Entfernen Sie alle Motivteile, die nicht gelb gedruckt werden sollen. Den Druckstock beschriften und zur Seite legen.

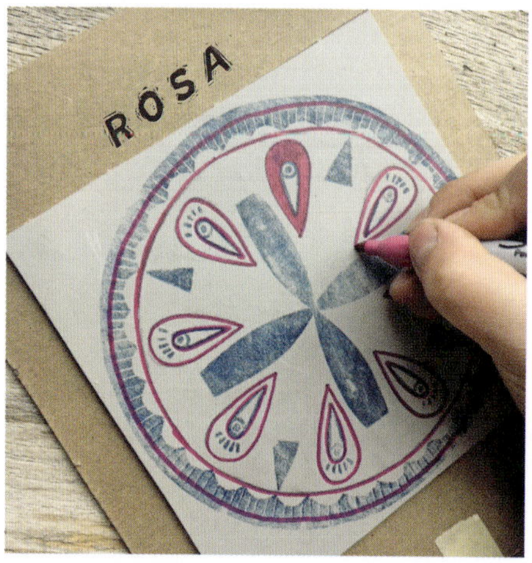

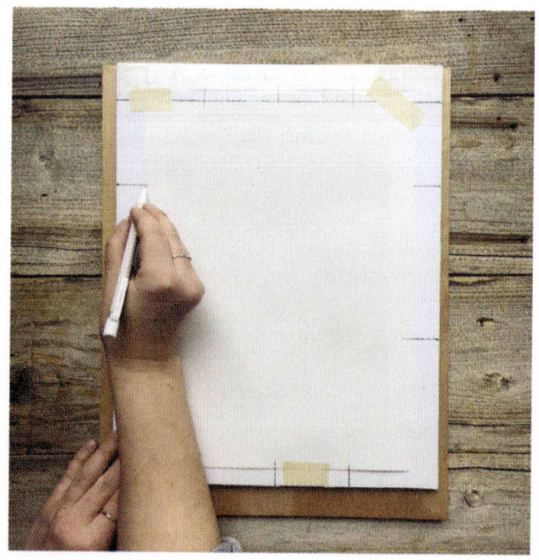

17 Alle rosafarbenen Elemente auf den letzten Block zeichnen oder übertragen.

18 Sämtliche Motivteile, die nicht rosa gedruckt werden sollen, abtragen. Den Block beschriften.

19 Nehmen Sie einen sauberen Bogen Druckpapier, und richten Sie ihn auf der Klappe des Passepartoutrahmens an der oberen Passlinie aus. Festkleben.

20 Markieren Sie mit einem spitzen Bleistift die obere Mitte, und bringen Sie rundum Passzeichen an. Hierbei können Sie sich an den Linien auf dem Passepartout orientieren. Diese Markierungen helfen Ihnen, das Papier bei jedem Druckdurchgang genau gleich aufzulegen.

21 Beim Drucken mit mehreren Farben beginnt man am besten zuerst mit der hellsten Farbe und geht schrittweise zu den dunkleren Farben über. Beginnen Sie mit dem Druckstock für Rosa. Die Klappe des Passepartoutrahmens öffnen und die Druckform in das dafür vorgesehene Fenster legen.

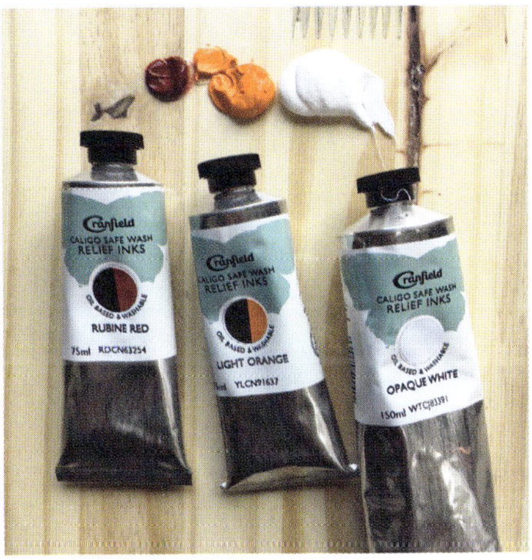

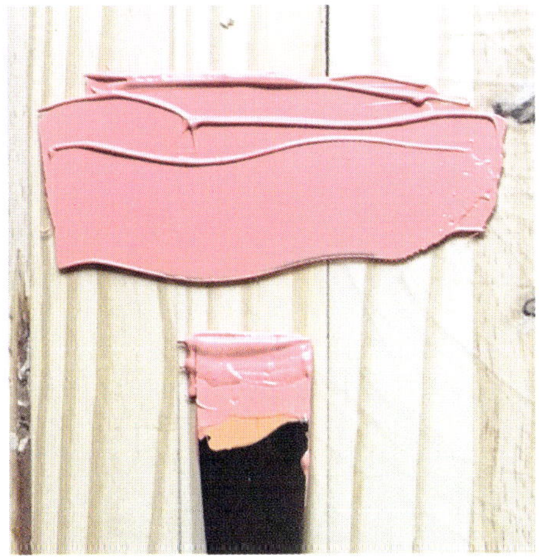

22 Mischen Sie die gewünschte Farbe mit dem Palettmesser auf der Palette an. Das hier verwendete Pfirsichrosa wurde aus Hellorange, Rubinrot und Opakweiß gemischt.

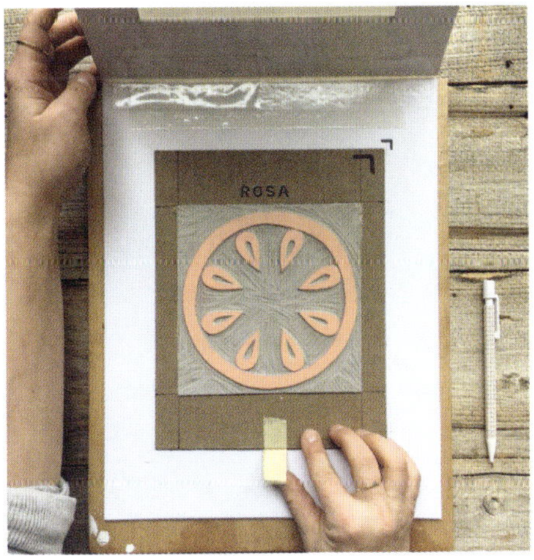

23 Eine kleine Menge Farbe auswalzen und den Druckstock einfärben. Kleckse gegebenenfalls mit einem Wattestäbchen oder Lappen entfernen.

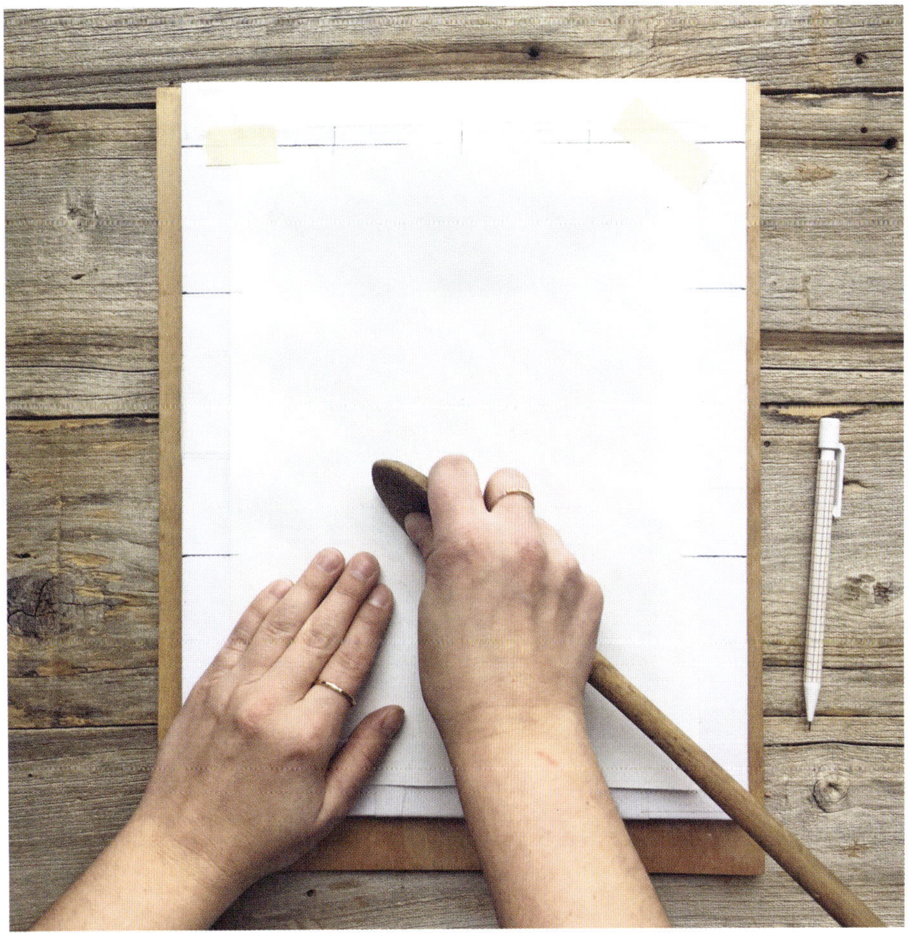

24 Die Klappe des Rahmens schließen und das Papier mit dem Baren oder Holzlöffel vorsichtig anreiben. Nicht zu fest drücken, damit es an einer scharfen Schnittkante nicht reißt.

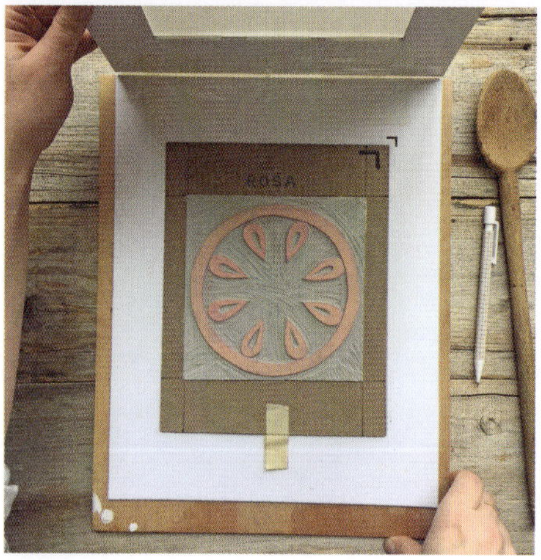

25 Öffnen Sie die Klappe, um zu kontrollieren, ob die Farbe gleichmäßig auf dem Papier verteilt ist. Wenn nicht, die Klappe einfach wieder schließen und das Papier noch einmal mit etwas mehr Druck mit dem Baren oder einem Löffel anreiben. Stellt das Druckbild Sie zufrieden, öffnen Sie die Klappe und nehmen den Druckstock aus dem Rahmen.

26 Bei Mehrfarbendrucken lasse ich jede Farbe normalerweise zwei bis drei Tage trocknen, ehe ich mit der nächsten fortfahre, doch da die rosafarbenen und gelben Bereiche sich bei diesem Motiv nicht berühren, kann ich sofort weiterdrucken. Das Papier muss also nicht vom Passepartoutrahmen abgenommen werden. Legen Sie den Druckstock für Gelb in den Rahmen.

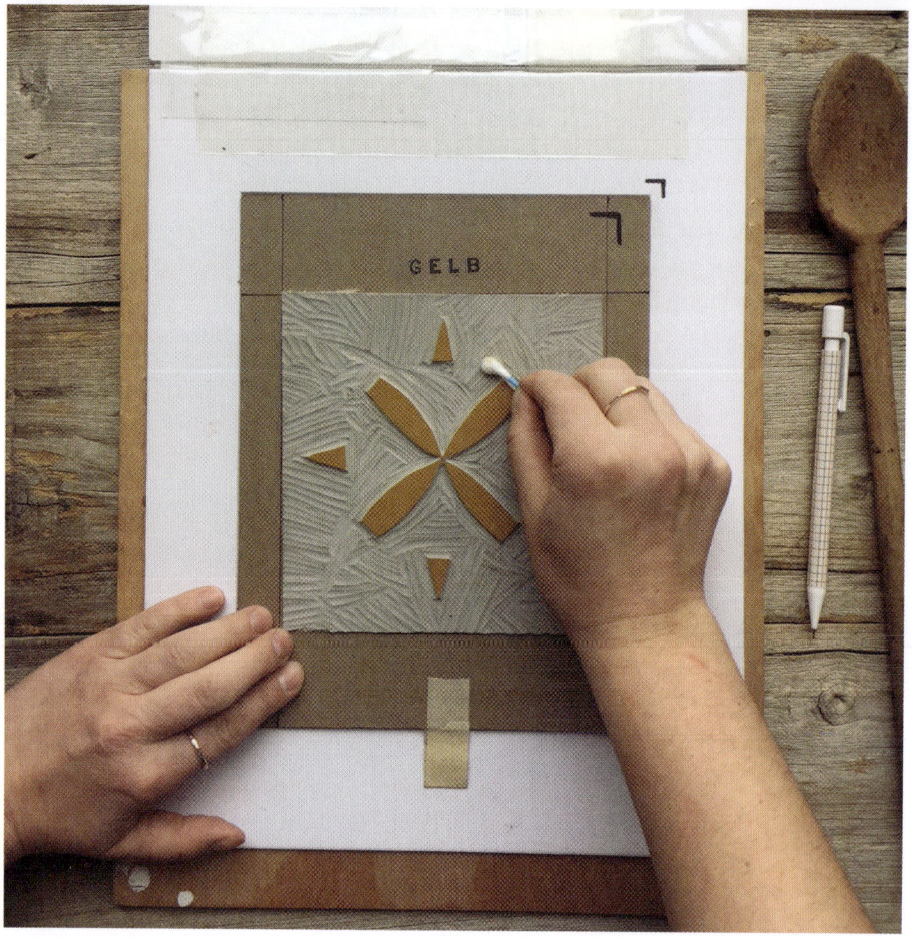

27 Die Farbe auswalzen und den Druckstock einfärben. Kleckse mit dem Wattestäbchen entfernen.

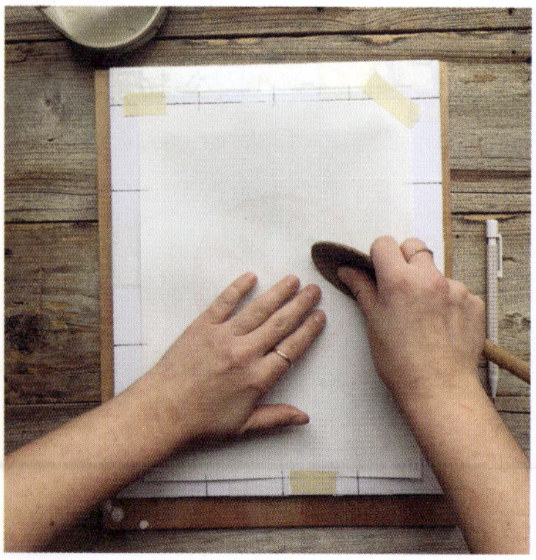

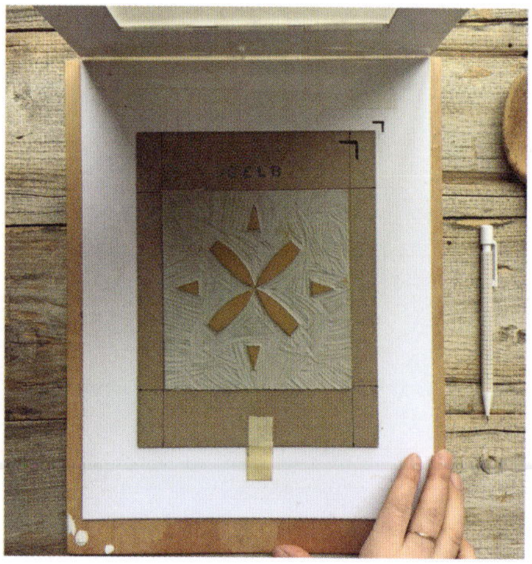

28 Die Klappe schließen. Das Papier anreiben und abziehen. Es ist nun mit den beiden Farben Rosa und Gelb bedruckt.

29 Wenn Sie mehrere Exemplare, also eine Auflage, drucken möchten, wiederholen Sie Schritte 19 bis 28, sooft sie möchten. Dafür müssen Sie die Papierbogen nach dem Drucken vom Rahmen abnehmen. Genügt Ihnen ein einzelnes Exemplar, können Sie den Bogen über Nacht an Ort und Stelle trocknen lassen. Arbeitsplatz aufräumen, Werkzeuge reinigen und überschüssige Farbe in kleine, luftdichte Behälter füllen.

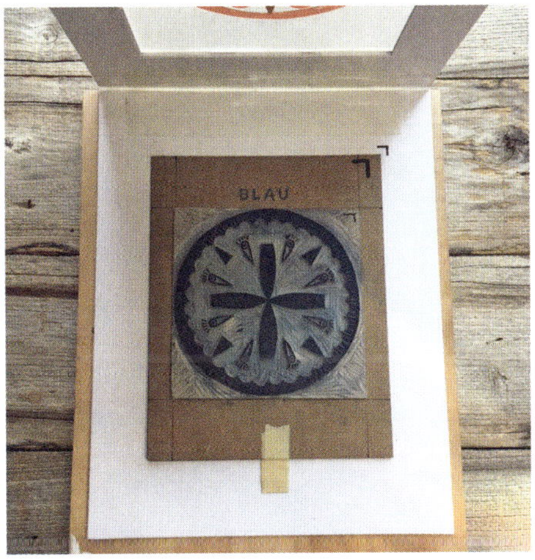

30 Sobald die Farben trocken sind (sie dürfen sich bei Berührung nicht mehr klebrig anfühlen), können Sie die letzte Platte drucken – die Kontrastplatte. Mischen Sie die gewünschte Farbe mit dem Palettmesser auf der Palette an. Das dunkle Marineblau in diesem Beispiel besteht aus Phthaloblau, Schwarz und Opakweiß. Die Farbe auswalzen und den Druckstock einfärben. Spritzer oder Kleckse entfernen.

31 Achten Sie darauf, dass das Druckpapier exakt ausgerichtet ist: Passmarke trifft auf Passmarke. Den Druckstock in den Rahmen legen und die Klappe schließen.

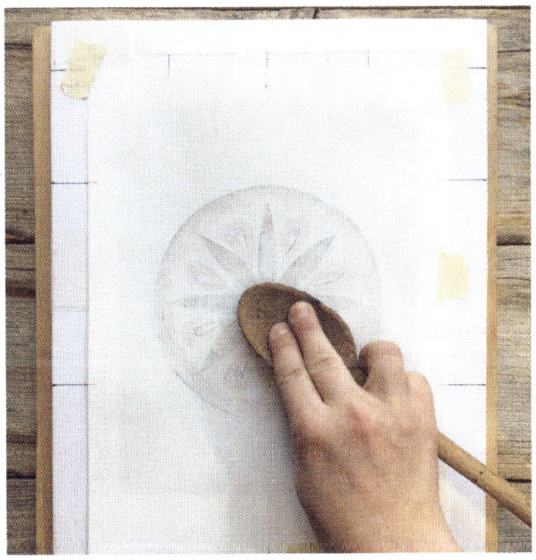

32 Das Papier mit dem Baren oder dem Löffel anreiben. Die Klappe öffnen, um zu kontrollieren, ob alle Motivbereiche gleichmäßig und satt gedruckt sind.

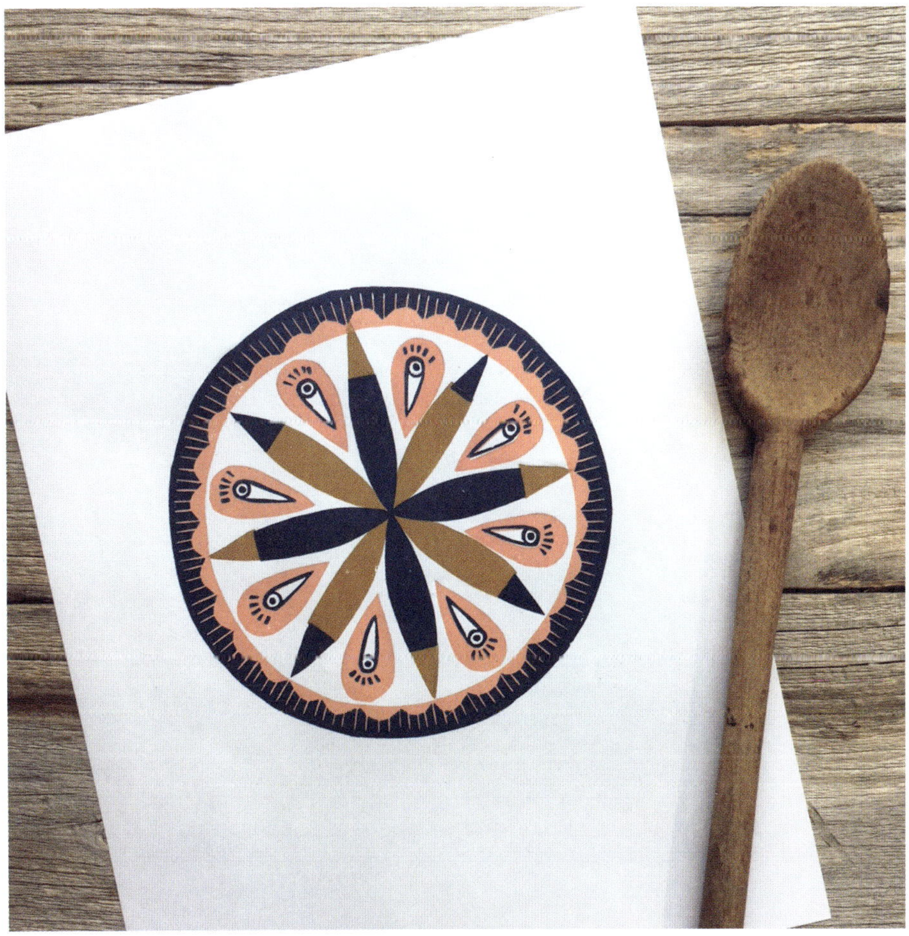

33 Glückwunsch zu Ihrem ersten Dreifarbendruck!

PROJEKT:

REDUKTIONSDRUCK: SONNENBLUMEN

Werkzeuge und Materialien

- Lose Linolplatte, 10 × 20 cm
- Bleistift
- Buntstifte
- Lineal
- Permanentmarker
- Transparentpapier
- Schnittbesteck
- Register Pins und Tabs von Ternes-Burton (siehe S. 46, oder eine selbst gemachte Variante)
- Passepartoutkarton oder Sperrholz
- Washi-Tape oder Malerkrepp
- Palette
- 3 Druckfarben
- Palettmesser
- Farbwalze
- Druckpapier, 23 × 30,5 cm
- Baren

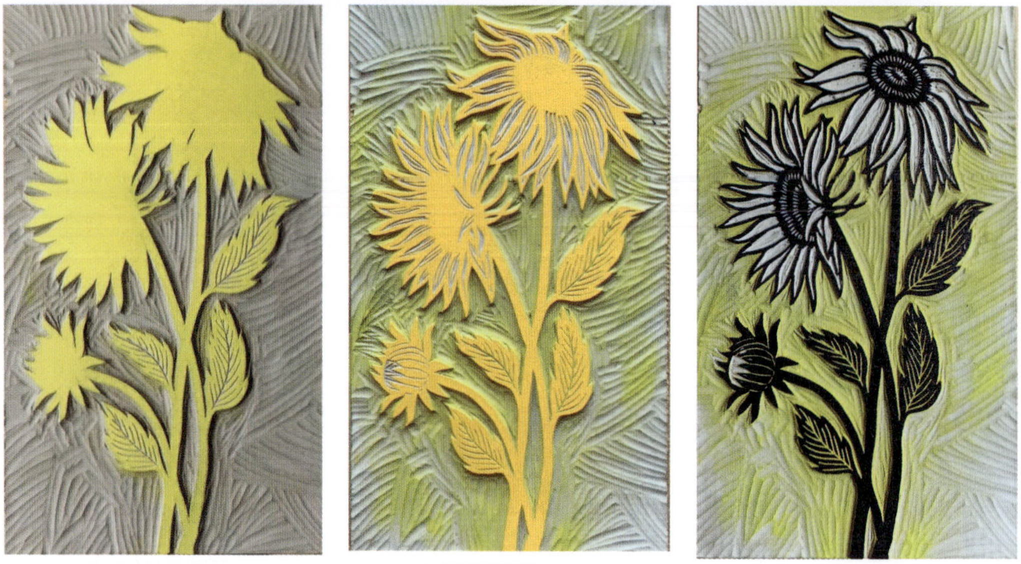

Schicht 1 | Schicht 2 | Schicht 3

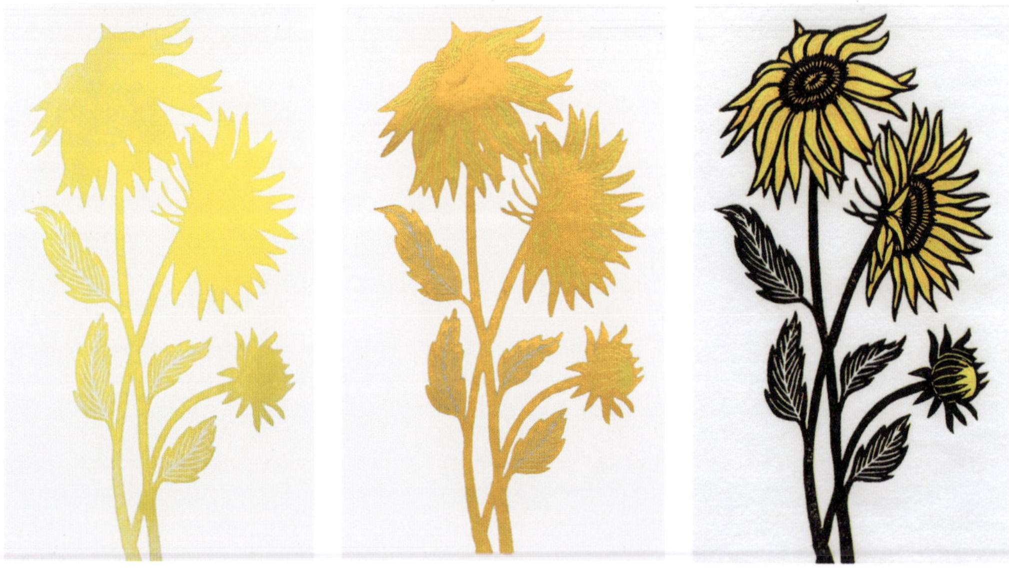

Bei diesem Projekt lernen Sie den Reduktionsdruck kennen – eine Variante des Mehrfarbendrucks, bei der für alle Farbschichten derselbe Druckstock benutzt wird. Um das vielfarbige Druckbild zu erzielen, werden nach und nach immer mehr Bildbereiche weggeschnitten. Blumen eignen sich wegen ihrer Bandbreite an Farben und Formen für die Erprobung des Reduktionsdrucks gut.

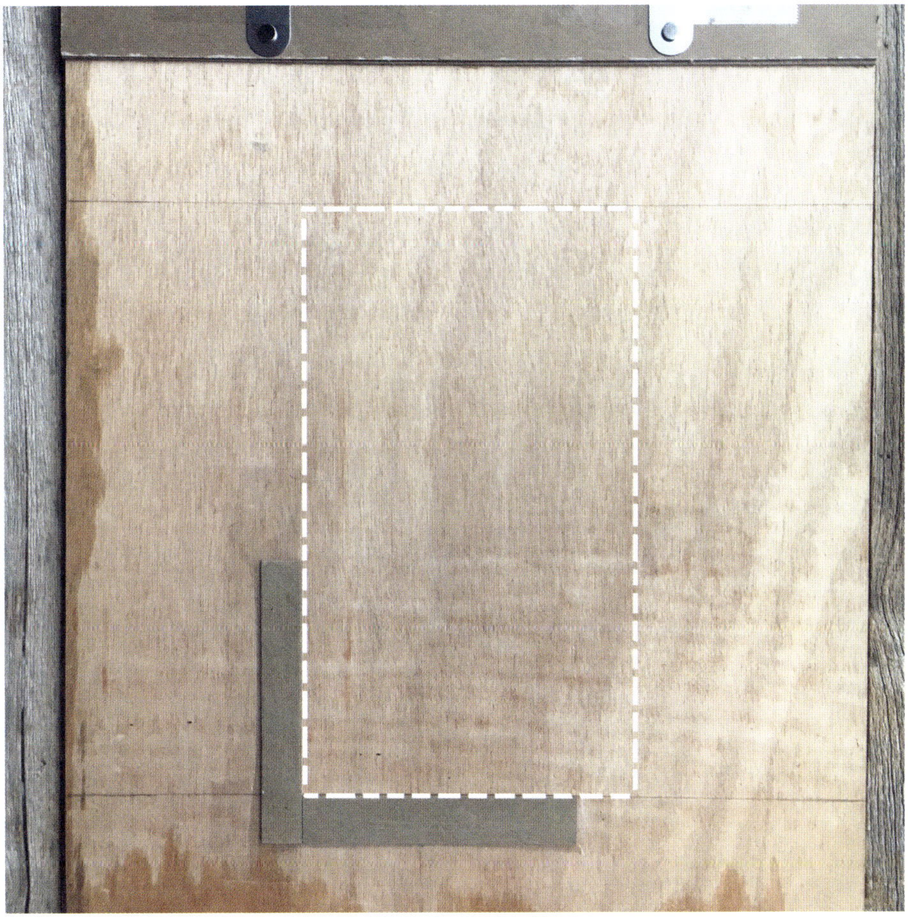

1 Bevor Sie sich dem Motiv zuwenden, sollten Sie alles für den Druck vorbereiten, bringen Sie also auf der Holzplatte mit dem Montageset (Stifte und Laschen, siehe S. 46) noch ein paar weitere Passzeichen an. In diesem Beispiel sollte der Druck relativ mittig auf dem Papier platziert werden. Ich habe deshalb zwei Führungslinien auf die Platte gezeichnet, an denen ich den Druckstock vertikal ausrichten kann. Anschließend habe ich den Block nach Augenmaß zwischen den beiden Montagestiften zentriert.

2 Legen Sie einen schweren Gegenstand (zum Beispiel einen Stein) auf den Druckstock, damit er nicht verrutscht. Positionieren Sie zwei akkurat zugeschnittene Streifen Passepartoutkarton, Sperrholz oder Karton rechtwinklig zueinander an der unteren linken Ecke, und kleben Sie sie fest.

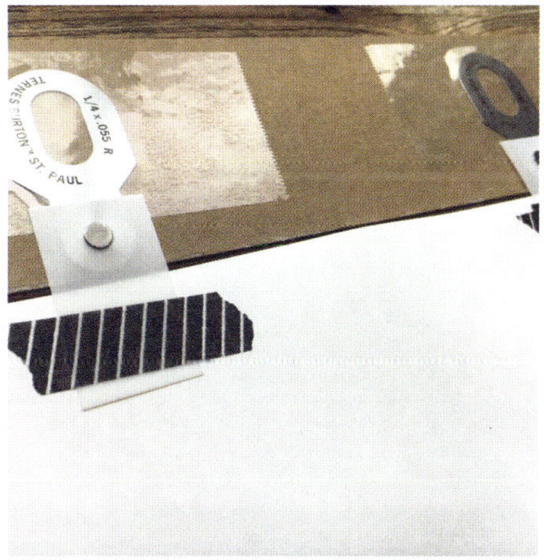

3 Der Rahmen ist jetzt fertig; legen Sie nun ein Blatt auf die Holzplatte. Die Oberkante bündig an die aufgeklebte Leiste anlegen (den Teil des Montagerahmens, an dem die Stifte befestigt sind) und zwei Laschen auf die Stifte setzen. Die überlappenden Bereiche mit Washi-Tape am Papier festkleben (siehe Foto oben). Versehen Sie auf diese Weise alle zugeschnittenen Druckpapiere mit Laschen. Die Laschen bleiben am Papier, bis Sie die dritte und letzte Farbe gedruckt haben.

WICHTIGER HINWEIS ZUM KLEBEBAND

Ehe Sie die Laschen festkleben, probieren Sie aus, wie stark Ihr Klebeband haftet. Washi-Tape, wie ich es verwendet habe, lässt sich sauber von den meisten Druckpapieren abziehen, doch faseriges *kozo*-Papier reißt. Manche Druckgrafiker bevorzugen Malerkrepp, doch meiner Erfahrung nach hält es nicht besonders gut. Am besten probieren Sie verschiedene Klebebänder aus. Es wäre einfach zu schade, einen perfekt gelungenen Druck zu ruinieren, nur weil das Papier beim Abziehen des Klebebands reißt. (Falls es doch einmal passiert, können Sie den Druck für eines der Projekte in Kapitel 5 „Recycling“ verwenden.)

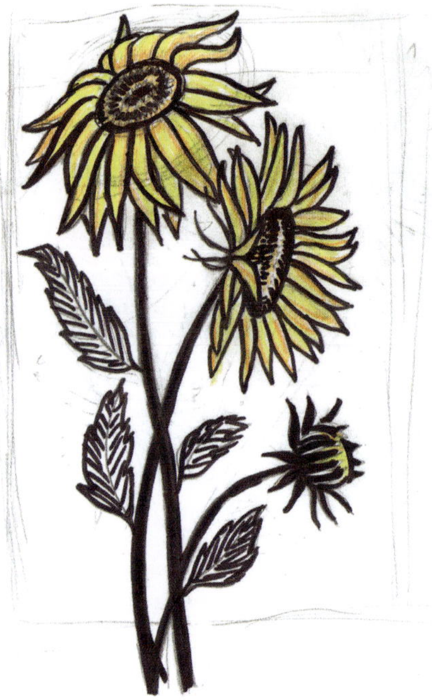

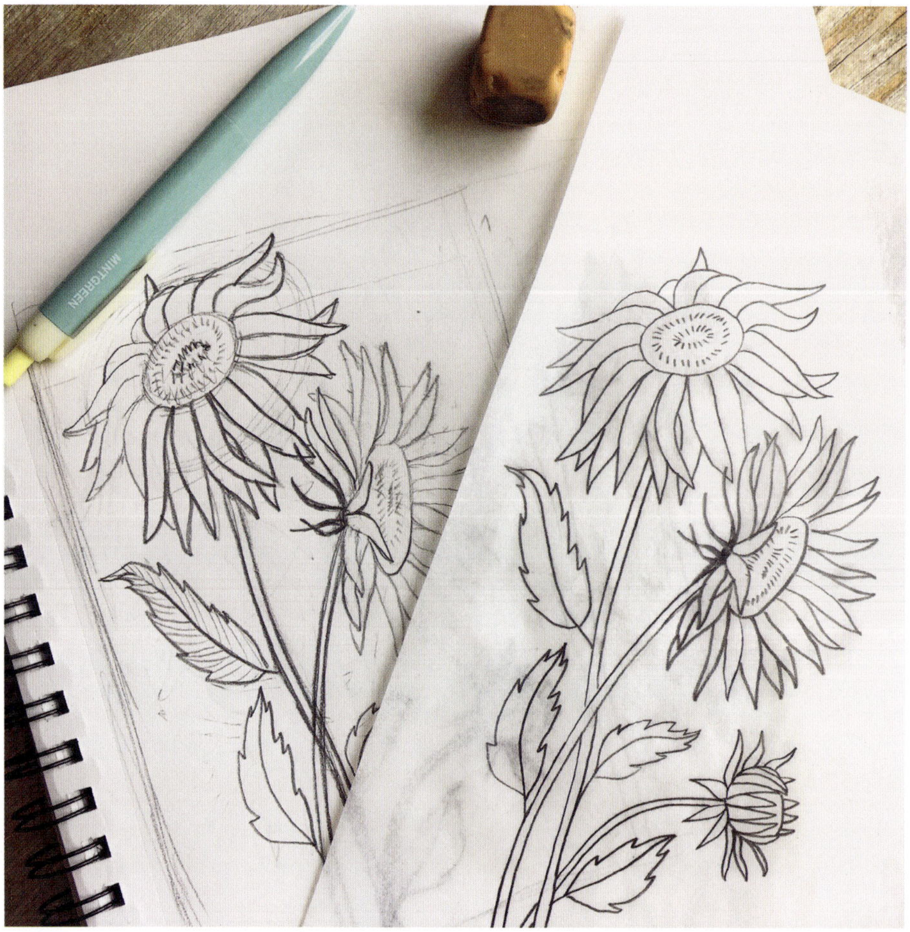

4 Skizzieren Sie Ihr Motiv und fertigen Sie eine Reinzeichnung an. Die farbigen Bereiche mit Buntstiften ausmalen.

5 Kleben Sie einen Bogen Transparentpapier über Ihre Zeichnung und kopieren Sie sie sorgfältig mit einem spitzen, weichen Bleistift.

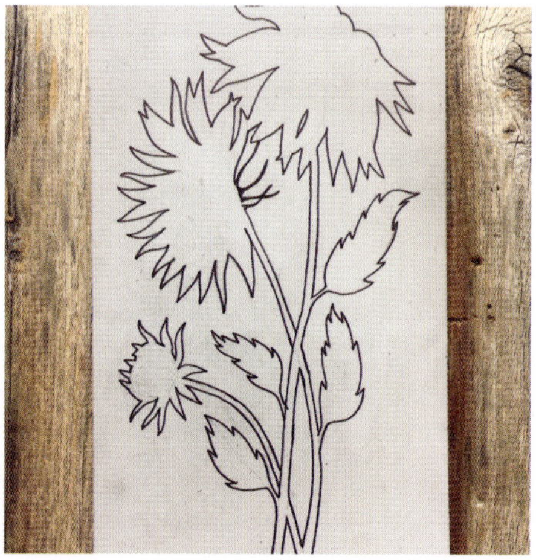

6 Legen Sie das Transparentpapier mit der Zeichnung nach unten auf den Linolblock und kleben Sie es fest. Übertragen Sie nur die äußere Kontur Ihrer Zeichnung auf den Block und ziehen Sie sie mit einem Permanentmarker mit feiner Spitze nach.

7 Alle Bereiche rund um das Motiv sorgfältig wegschneiden.

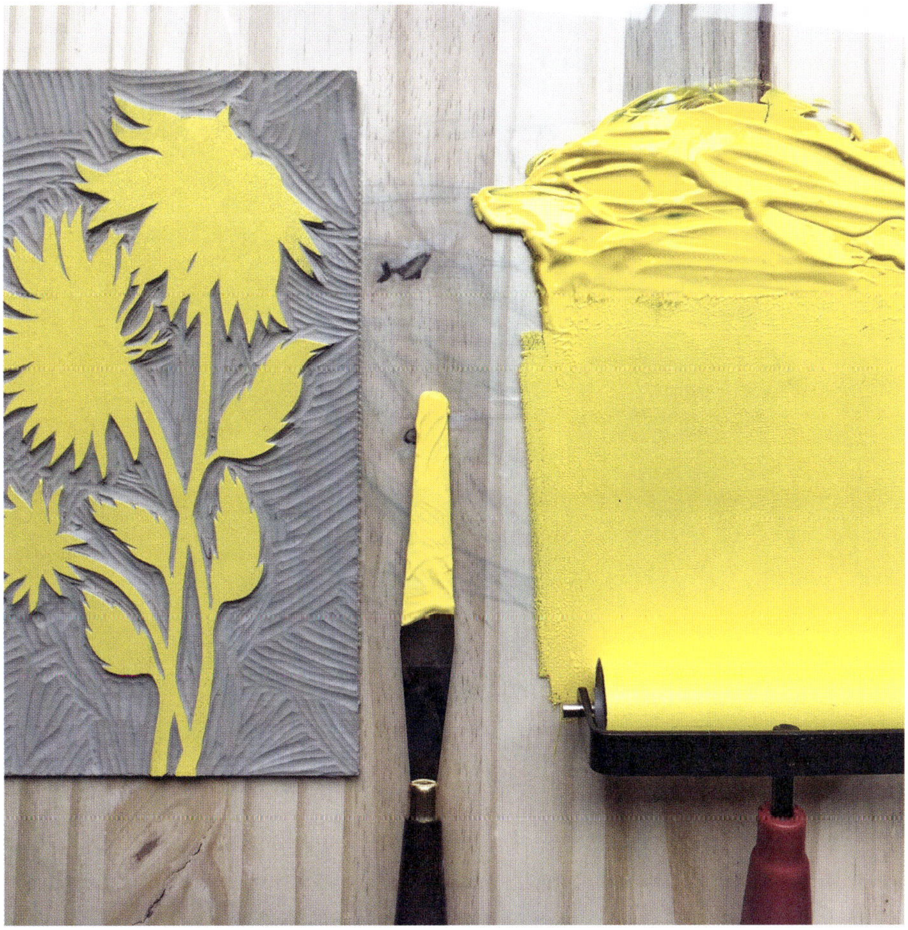

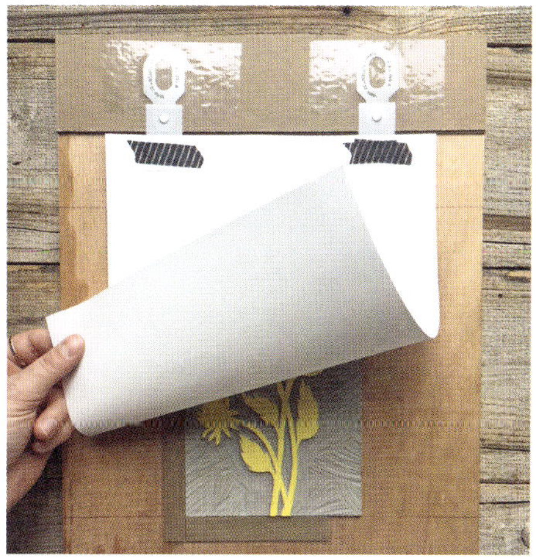

8 Wie immer beginnen wir mit dem Druck der hellsten Farbe, in diesem Falle Gelb. (Ein fröhliches, sonniges Gelb erhalten Sie beispielsweise aus Diarylidgelb und Opakweiß.) Die Farbe mischen und mit dem Palettmesser auf der Palette verstreichen.

9 Die Farbe auswalzen und den Block einfärben. Spritzer oder Flecke entfernen.

10 Den Druckstock auf die Holzplatte legen. Achten Sie darauf, dass er fest in den rechtwinklig angebrachten Passzeichen sitzt.

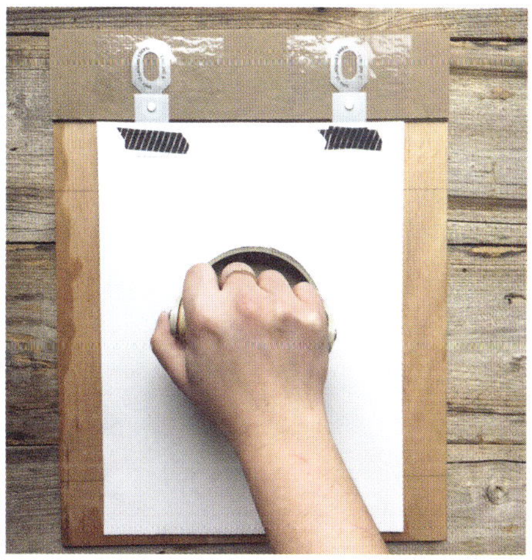

11 Einen vorbereiteten Bogen Druckpapier mit den Laschen auf die Stifte setzen, das Papier vorsichtig auf den Druckstock legen und mit dem Baren anreiben.

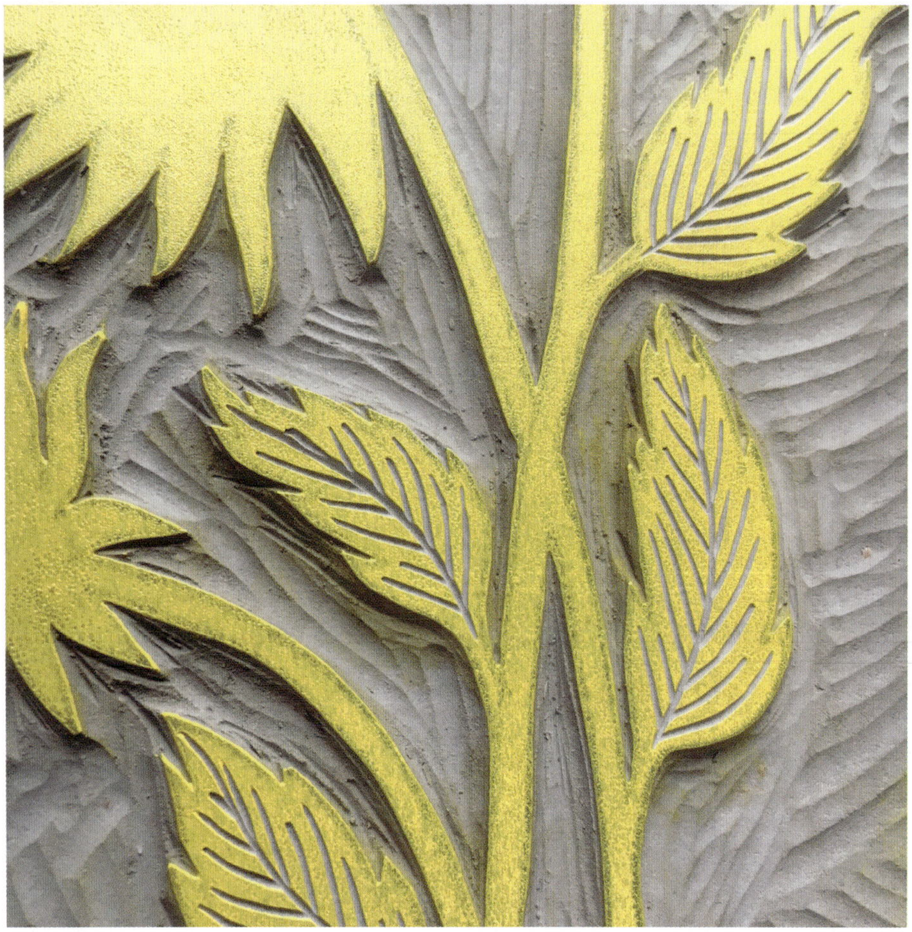

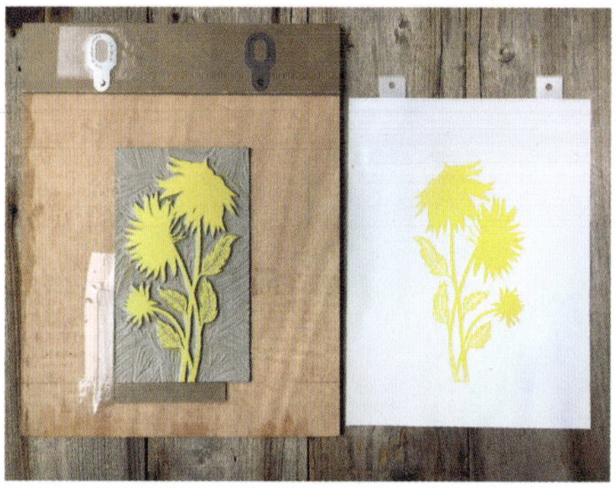

12 Ziehen Sie das Papier ab, um zu kontrollieren, ob das Motiv vollständig und gleichmäßig übertragen wurde. Bei Bedarf mit einem Löffel nacharbeiten, um Details herauszuarbeiten. Bei dieser Gelegenheit können Sie Ihren Entwurf außerdem noch einmal kritisch überprüfen. (Mir wurde an dieser Stelle klar, dass ich weiße Blattadern wollte, weshalb ich den Druckstock noch einmal nachbearbeitet habe.)

13 Legen Sie den Abzug zum Trocknen beiseite, und wiederholen Sie Schritte 9 bis 12 mit den restlichen vorbereiteten Bogen. Selbst wenn ich Trocknungsbeschleuniger unter die Farbe mische, lasse ich die Bogen vor dem nächsten Druckdurchgang sicherheitshalber immer drei Tage lang trocknen. Wenn Sie nass in nass drucken, gehen Details verloren, die Farben laufen ineinander und werden fleckig.

14 Farbreste mit altem Zeitungspapier vom Druckstock abtupfen und den Block anschließend abwischen. Farben mit einer hohen Pigmentkonzentration hinterlassen auf dem Druckstock häufig dauerhafte Flecken, die sich jedoch nicht übertragen, wenn er sorgfältig gereinigt wird.

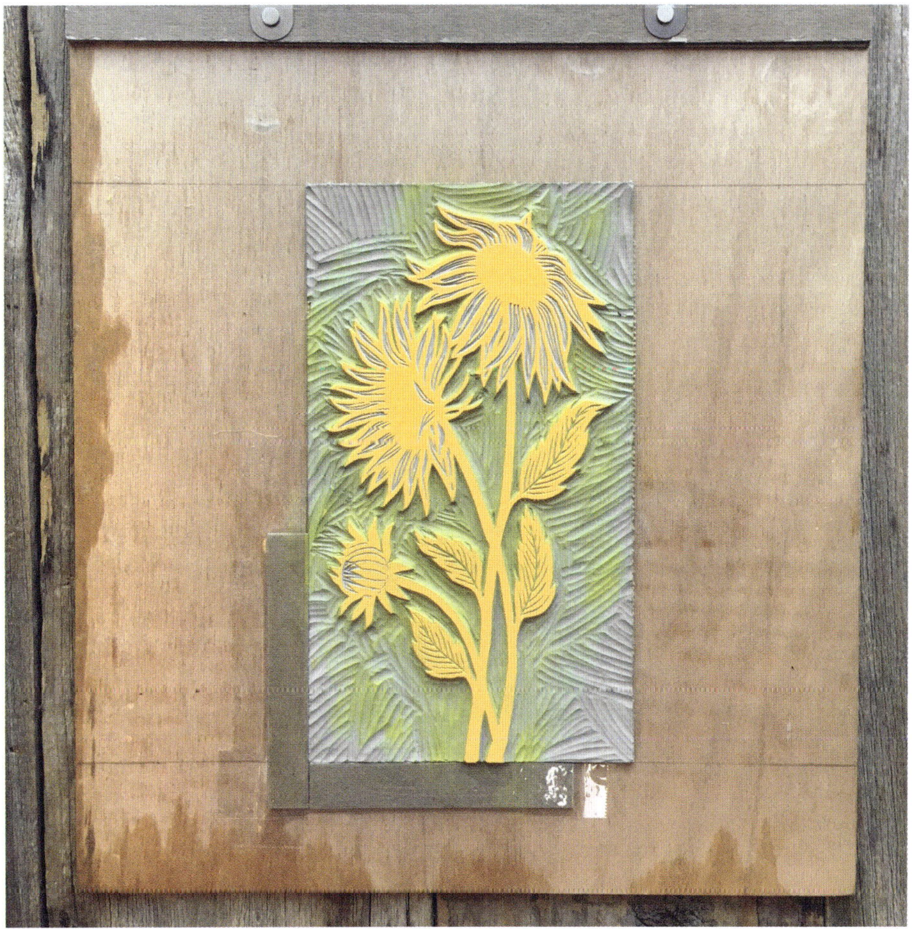

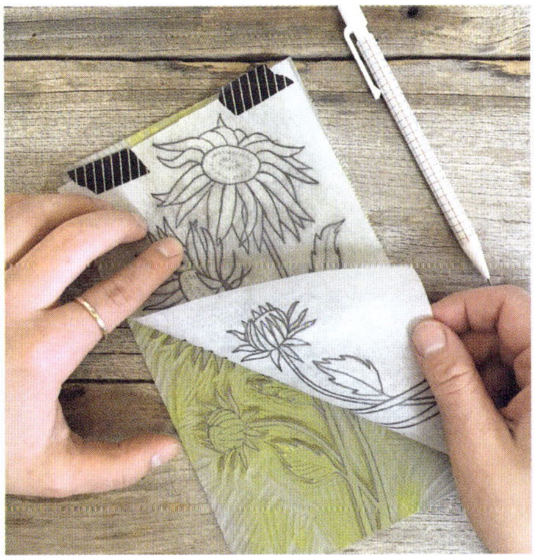

15 Legen Sie das Transparentpapier mit der Zeichnung nach unten wieder auf den Druckstock, und übertragen Sie die Details. Alles, was Sie in diesem Schritt wegschneiden, bleibt auf Ihrer Grafik gelb. Bei diesem Motiv sind das logischerweise die Blütenblätter der Blumen.

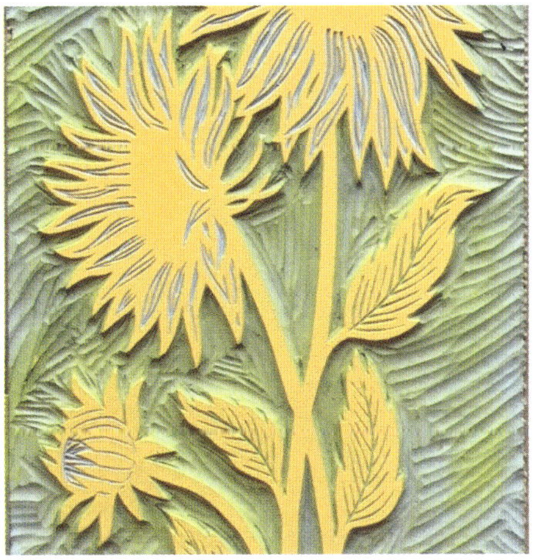

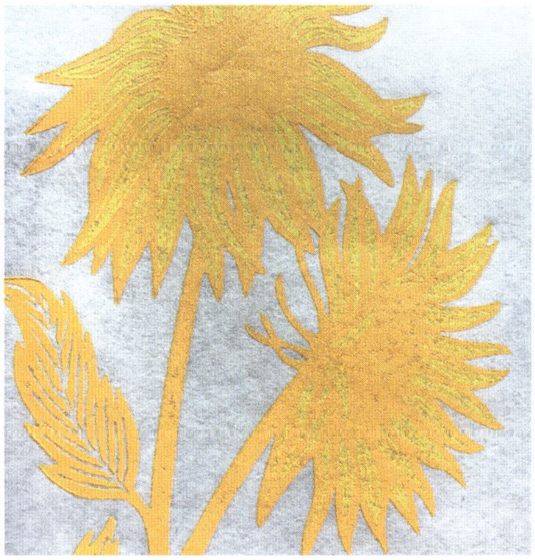

16 Beim zweiten Durchgang wird die Farbe Orange gedruckt. (Ich habe hierfür Hellorange, Diarylidgelb und Opakweiß gemischt.) Die Farbe auswalzen, den Block einfärben und an die Passzeichen anlegen.

17 Drucken Sie Ihre gesamte Auflage in Orange auf die gelbe Farbe. Die Abzüge beiseitelegen und trocknen lassen.

18 Farbreste mit altem Zeitungspapier vom Druckstock tupfen und den Block anschließend abwischen.

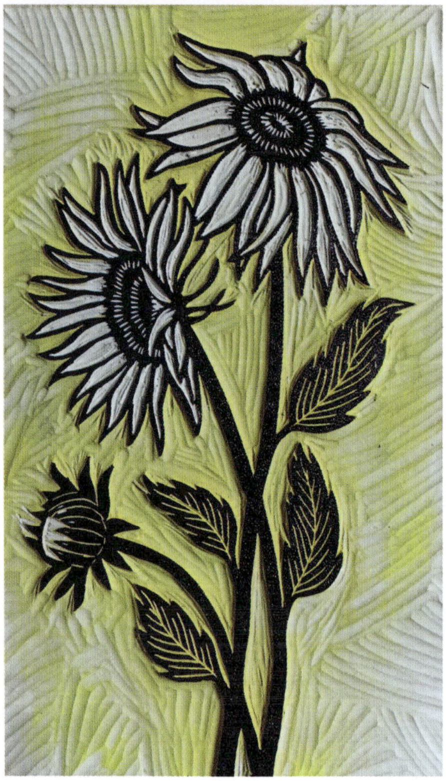

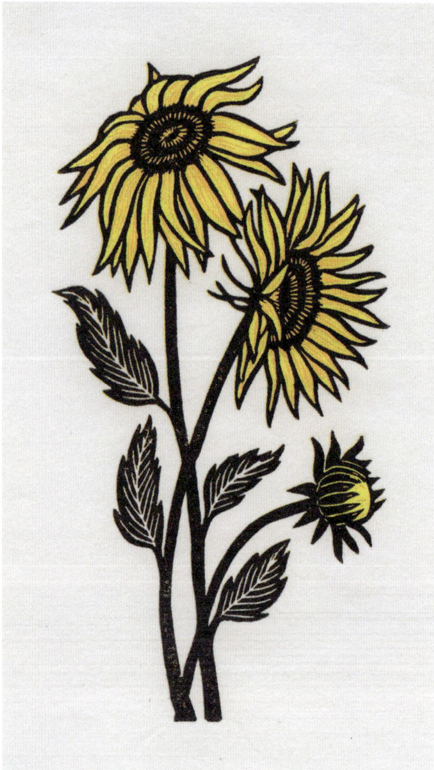

WICHTIGER HINWEIS ZUM REDUKTIONSDRUCK

Beim Reduktionsdruck können Sie immer nur eine einzige limitierte Auflage drucken. Weil Sie für alle Farben denselben Block nutzen, zerstören Sie ihn nach und nach, weil Sie immer mehr wegschneiden.

19 Nun ist es Zeit für die dritte und letzte Farbe. Schneiden Sie alle Details weg, die im fertigen Druck orange bleiben sollen. Was nun noch übrig bleibt, wird später schwarz erscheinen – und das sind lediglich die Motivkonturen.

20 Schwarze Farbe auswalzen und den Block einfärben. Drucken Sie Ihre gesamte Auflage in Schwarz auf Orange und Gelb. Die Abzüge zur Seite legen und trocknen lassen.

21 Den Druckstock, den Arbeitsplatz und die Werkzeuge reinigen.

22 Wenn die letzte Farbschicht vollständig getrocknet ist, Klebebänder und Laschen von den Drucken abziehen.

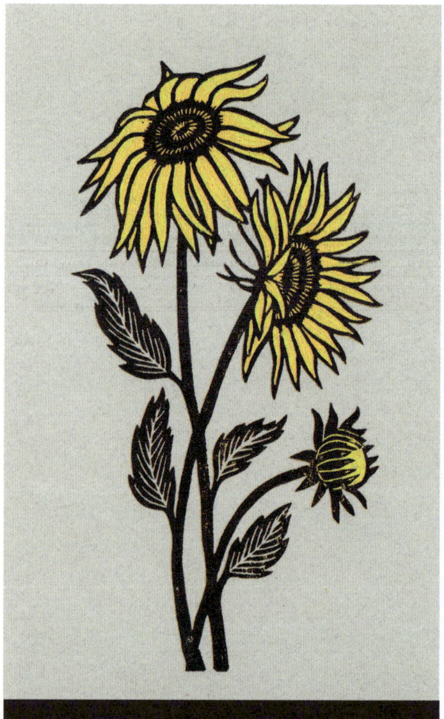

Auch farbiges Papier können Sie bedrucken.

KÜNSTLERPORTRÄT

DERRICK RILEY

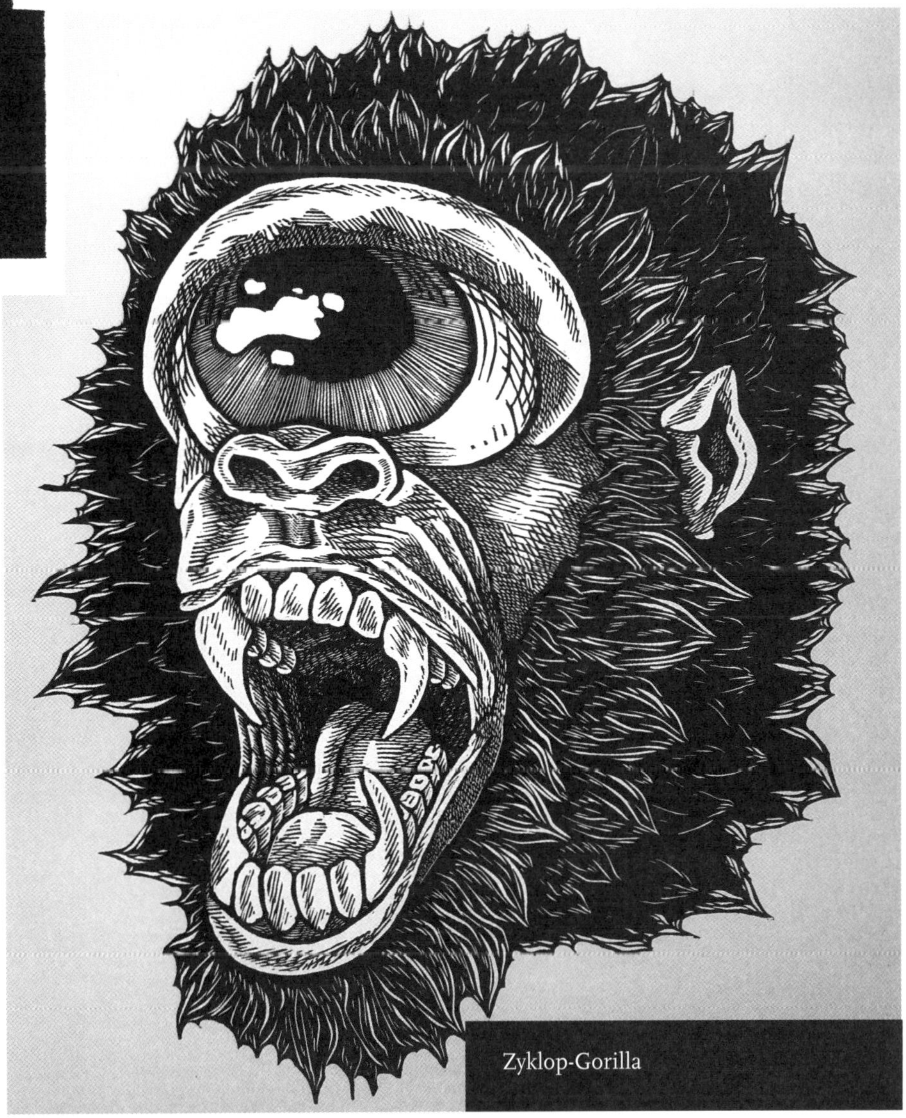

Zyklop-Gorilla

Mein Leben änderte sich für immer, als ich kurz vor dem Ende meines Studiums an der Universität von Kentucky meinen allerersten Druckgrafikkurs besuchte: Holzschnitt bei Derrick Riley. Als Master der Bildenden Künste und Mitglied des Druckerkollektivs *Outlaw Printmakers* betreibt Riley seine eigene Presse, auf der er wie am Fließband riesige Drucke mit den bizarrsten Motiven aus der Folklore Kentuckys, lüsternen Robotern und seltsamen Mischwesen herstellt. Er ist bekannt für seinen kühnen grafischen Stil und den Detailreichtum seiner Arbeiten.

EH: Was hat Ihr Interesse an der Druckgrafik geweckt?

DR: Im Grundstudium war mein Hauptfach Zeichnen, und für meinen Abschluss musste ich einen Druckgrafikkurs besuchen. Das war im Jahr 2000, und damals gab es im Unimuseum eine Joel-Feldman-Retrospektive. In der Ausstellung waren gigantische, bannerähnliche Schwarz-Weiß-Holzschnitte zu Äsops Fabeln zu sehen. Bis zu diesem Zeitpunkt war mir nicht klar gewesen, dass man in so großen Formaten drucken kann. Anschließend war ich süchtig.

EH: Was genau hat Sie am Hochdruck gereizt?

DR: Verschiedene Dinge. Erstens ist es toll, den ganzen Tag mit Messern rumzuspielen. Und ich war fasziniert, dass eine begrenzte Palette und der krasse Schwarz-Weiß-Kontrast viel mehr visuelle Kraft entfalten als ein ganzes Spektrum an Farben. Außerdem bin ich ziemlich linkisch, und der Widerstand, den ein Stück Holz oder Linoleum mir entgegensetzt, hilft mir, meine ungeschickten Hände zu kontrollieren.

EH: Wie würden Sie Ihre Arbeitsweise beschreiben?

DR: Ich beginne immer mit einer Zeichnung, zuerst mit Bleistift, dann mit Permanentmarker. Ich zeichne akribisch jedes Detail, bis es genauso aussieht, wie es später auf dem Abzug aussehen soll. Ich färbe den Block rot ein, damit ich sehen kann, wo ich schon geschnitten habe und wo nicht – dann beginne ich mit dem Schneiden. Meine Arbeit ist sehr komplex und ermüdend. Es ist nicht ungewöhnlich, dass ich sechs Monate am Stück an einem Block arbeite.

EH: Wie bleiben Sie im Alltag kreativ?

DR: Ich setze mir strenge Ziele und Termine, und ich halte mich dran. Ich ertappe mich auch öfter dabei, dass ich einem Freund irgendetwas abschlage, weil ich einen Block fertigstellen muss. Wenn ich gefragt werde, wofür, habe ich keine Antwort parat: Es gibt weder einen Termin noch einen konkreten Auftrag, und trotzdem habe ich den Drang, den Block zu vollenden.

EH: Beschreiben Sie den Ort, an dem Sie arbeiten.

DR: Ich habe ein tolles Atelier im Keller meines Hauses, und ich bin superstolz darauf. Es ist mit allem ausgestattet, was ich für Holzschnitt, Linolschnitt und Siebdruck brauche. Ich habe eine motorisierte Radierpresse und eine Buchdruckerpresse, auf denen ich Holz- und Linoldrucke herstelle, einen großen Trockner, einen Papierschneider, mit dem ich über 200 Blatt gleichzeitig schneiden kann, einen Vakuumtisch, eine Siebdruck-Belichtungseinheit und eine Siebdruckmaschine für den Textildruck. Für meine künstlerische Arbeit muss ich das Haus nicht verlassen.

EH: Nennen Sie einen Umstand, den Sie am Drucken hassen, und einen, den Sie lieben.

DR: Beim Hochdruck durchläuft man fünf emotionale Stadien.

1. Die Aufregung vor dem Schneiden eines neuen Druckstocks
2. Das quälende Gefühl, schon ziemlich weit, aber noch längst nicht fertig zu sein
3. Die Vorfreude auf den ersten Druck
4. Die Niedergeschlagenheit, die einen überkommt, wenn man zum ersten Mal zurückblickt
5. Die Anerkennung und das Gefühl: Es geht weiter!

EH: Haben Sie ein paar nützliche Hinweise für uns, die Sie unterwegs aufgeschnappt haben?

DR: Es passiert sehr leicht, dass man sich am Ende zu sehr verkünstelt. Es ist wichtig, häufig Pausen zu machen – aus gesundheitlichen Gründen und um Abstand zu gewinnen. Planen Sie Ihren Block komplett durch, lassen Sie keine Stelle aus, um später noch mal dran rumzutüfteln. Am schnellsten passieren Fehler, wenn man ungeduldig ist.

Bei Schwarz-Weiß-Drucken lassen sich durch Muster, Schraffuren und Kreuzschraffuren viele Grauwerte erreichen. Diese Schraffuren verleihen dem Druck optische Tiefe. Es ist wichtig, starke Kontraste zu schaffen, damit die Grauwerte zur Geltung kommen. Ich habe festgestellt, dass ein Druck ausbalanciert wirkt, wenn er mindestens 20 Prozent reines Schwarz, 20 Prozent reines Weiß und bis zu 60 Prozent Grau enthält. Gibt es zu wenig reines Schwarz und reines Weiß, wirken die Grautöne verwaschen und flach.

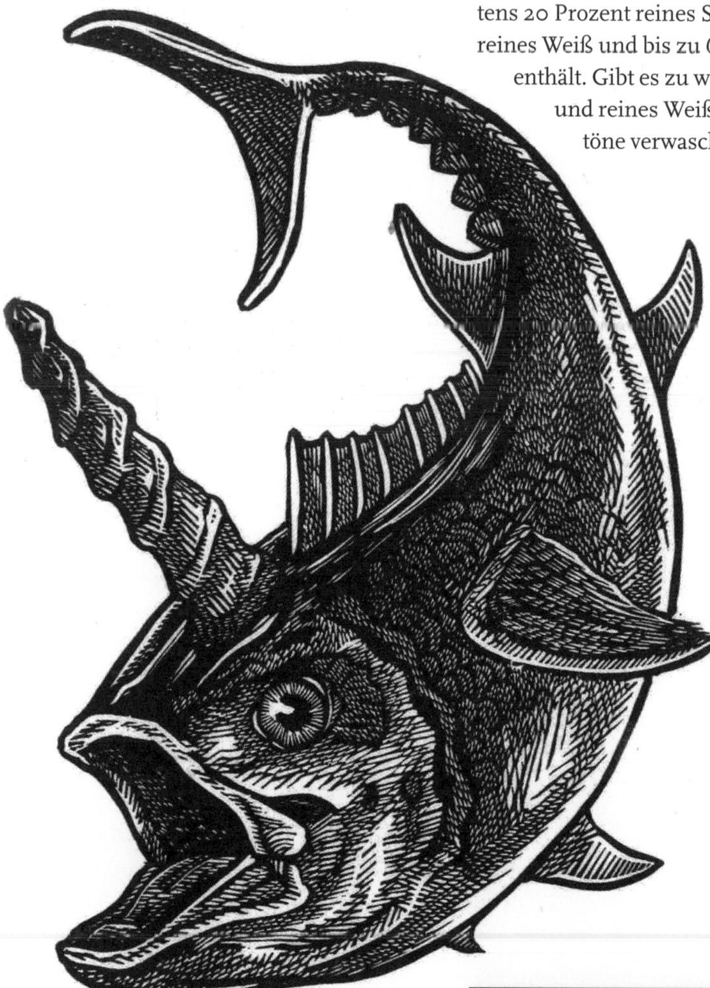

Tunacorn

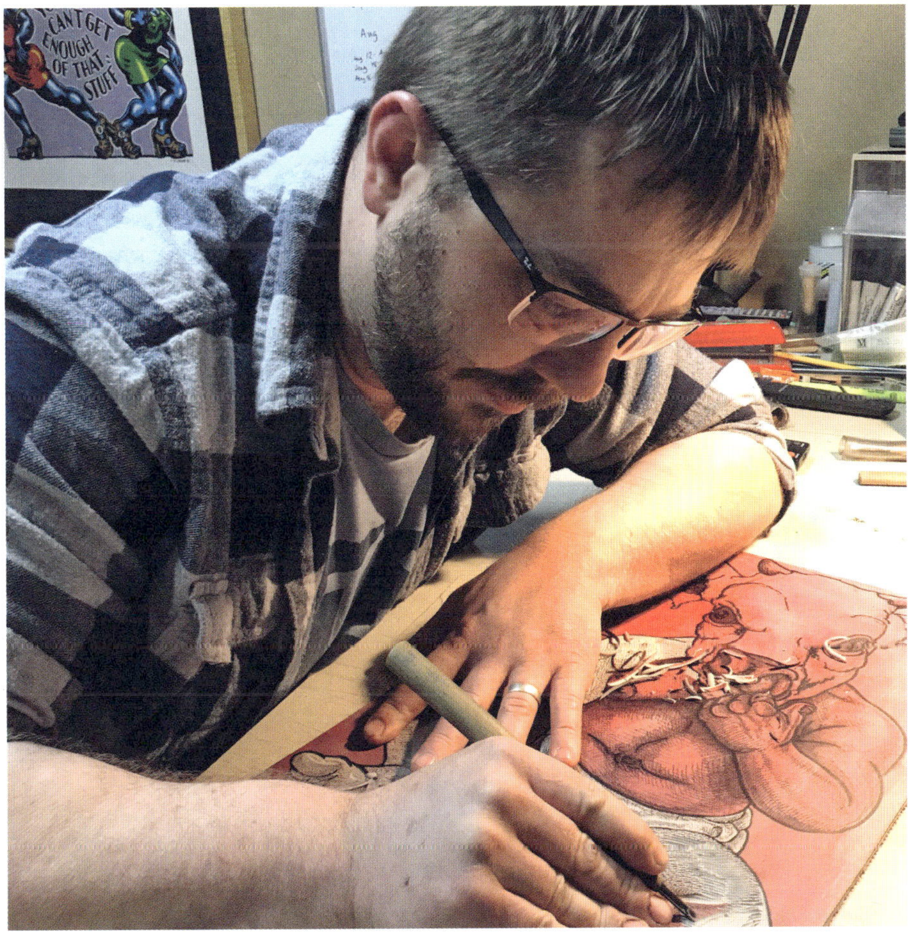

EH: Welches Ihrer Werke ist Ihnen das liebste?

DR: Ich habe drei Tage lang an einer Reihe von Holzschnitten über Kentucky-Monster, -Mythen und -Legenden gearbeitet. Herausgekommen ist eine 14-teilige Serie mit verwandten Motiven, die in beliebiger Reihenfolge aneinandergereiht werden können. Zusammen sind sie 9,90 Meter lang.

EH: Haben Sie einen Ratschlag für Einsteiger?

DR: Zwei sogar. Vor allem: Lassen Sie sich nicht entmutigen. In Ihnen schlummern hundert schreckliche Drucke. Je schneller Sie die beiseiteschaffen, desto schneller bringen Sie etwas Besonderes zustande. Der andere Ratschlag ist praktischer Natur: Halten Sie Ihre Werkzeuge und Ihre Umgebung die ganze Zeit sauber. Jeder Versuch, in einer schmutzigen Werkstatt saubere Drucke herzustellen, endet als Alptraum. Bevor ich mit dem Drucken beginne, säubere ich all meine Palettmesser, Walzen, Paletten und Pressen, und vor allem wasche ich mir die Hände.

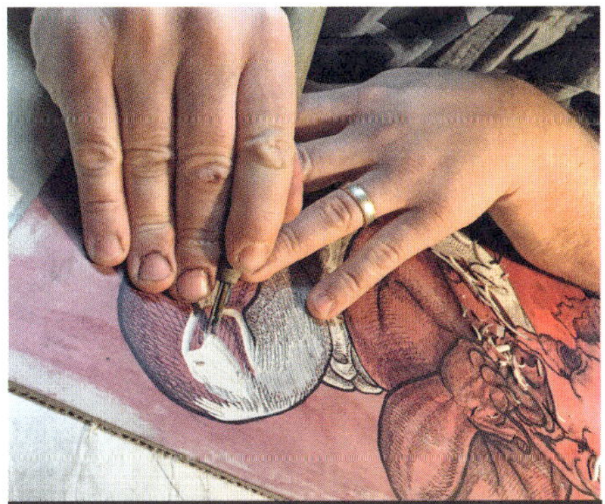

Derrick Riley in seiner Werkstatt

Besuchen Sie Derrick im Internet unter www.drockpress.com

Hier sind seine Werke ausgestellt: Revelry Gallery (Louisville, Kentucky); Brickaloge Art Collective (Paducah, Kentucky); City Gallery (Lexington, Kentucky); Gather (Bloomington, Indiana); Conspire (Greencastle, Indiana)

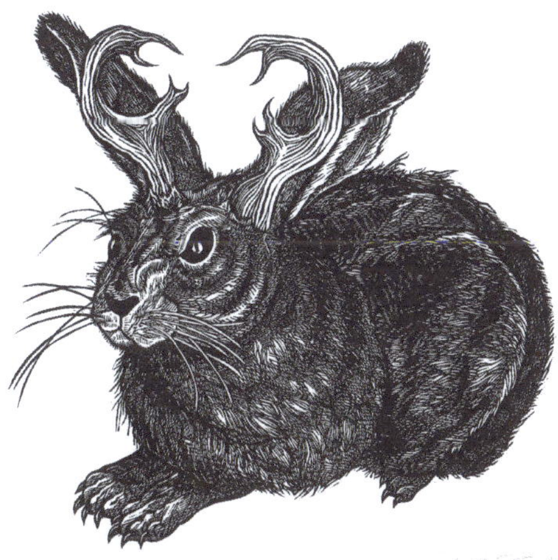

Jackalope

PROJEKT:
SCHÄDEL

Werkzeuge und Materialien

- Lose Linolplatte, 20,5 × 20,5 cm
- Druckpapier, 25 × 25 cm
- Bleistift
- Permanentmarker mit feiner Spitze
- Transparentpapier
- Washi-Tape oder Malerkrepp
- Schnittbesteck
- Palette
- Schwarze Druckfarbe
- Palettmesser
- Farbwalze
- Baren

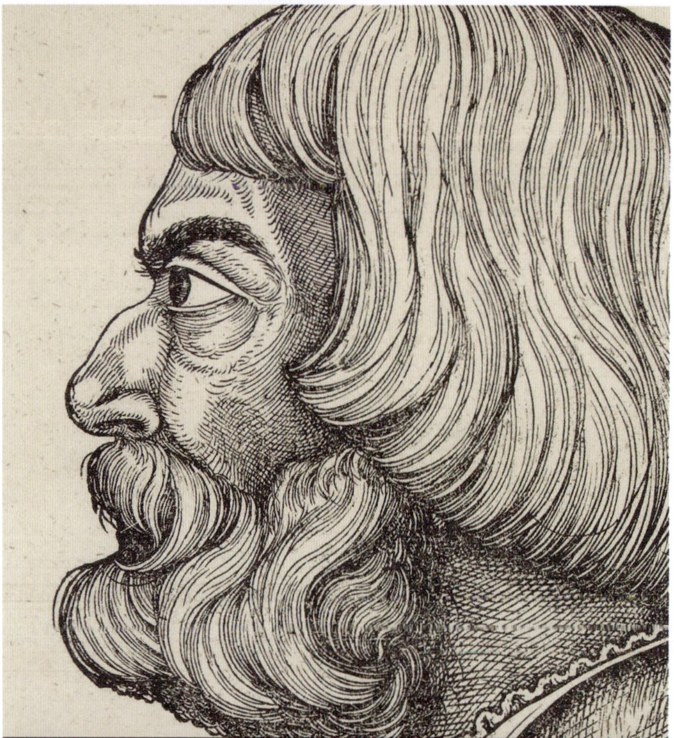

Albrecht Dürer mit 56 Jahren, Erhard Schön, 1527

Umrisslinien sind Linien, die die äußere Form eines Gegenstands nachempfinden. Man kann sie einsetzen, um eine plastische Wirkung zu erzielen.

In Abbildung 1 können Sie sehen, wie ein zweidimensionaler Kreis sich durch die Zufügung von geraden und gebogenen Linien (eine Linienschraffur) optisch immer mehr in eine Kugel verwandelt.

Abbildung 2 zeigt das Konstruktionsprinzip mit Breiten- und Längenkreisen. Hier wird mit Umrisslinien Volumen suggeriert. Vierteln Sie zunächst einen Kreis, und zeichnen Sie dann die Linien ein. Sie biegen sich umso stärker, je weiter sie sich von der Mittellinie entfernen.

Welche lebendige, plastische Wirkung sich mit Linien- und Kreuzschraffuren erreichen lässt, zeigt dieser Holzschnitt von 1527, ein Porträt Albrecht Dürers.

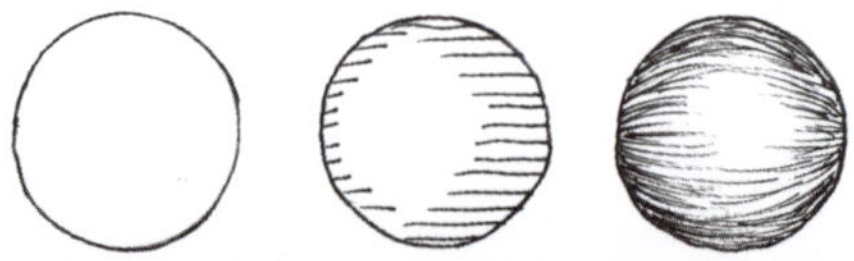

Abbildung 1

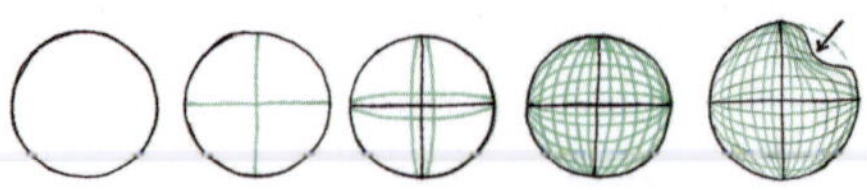

Abbildung 2

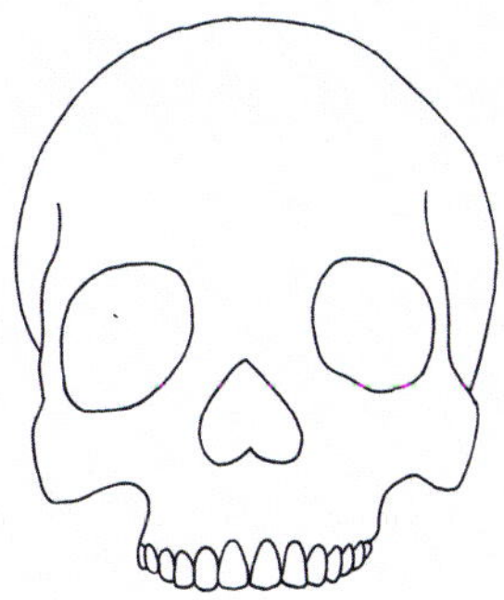

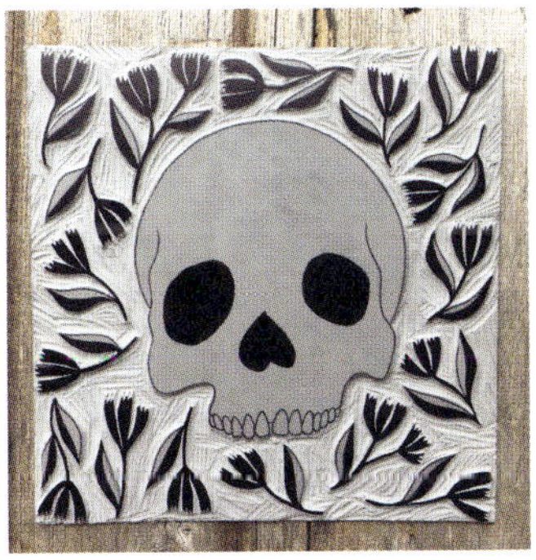

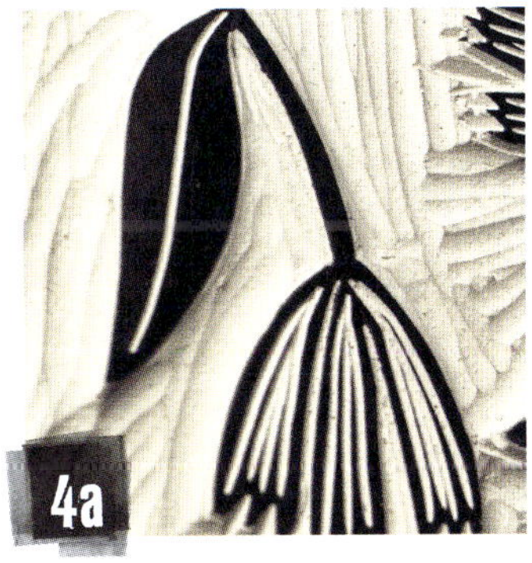

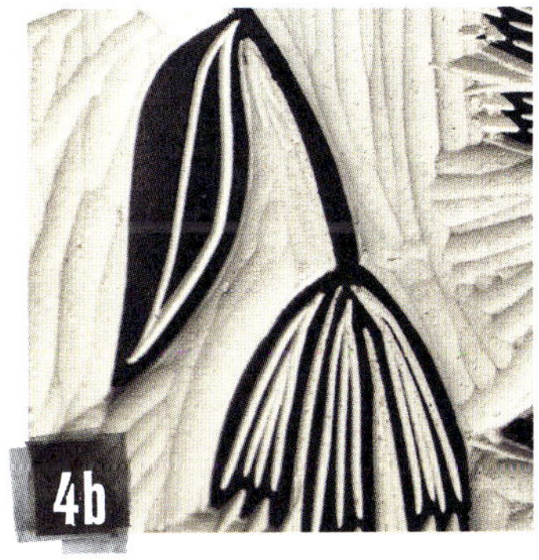

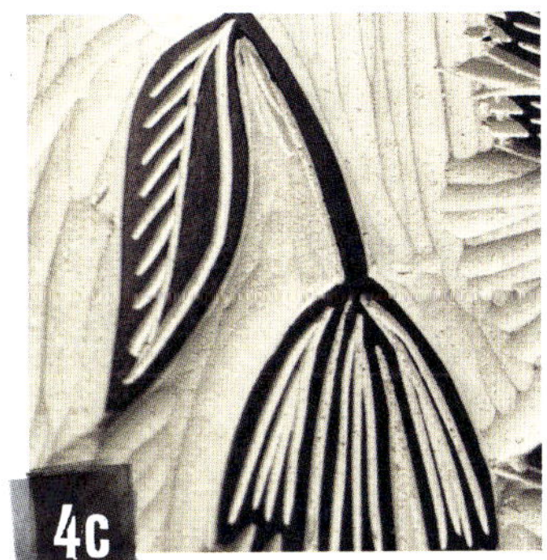

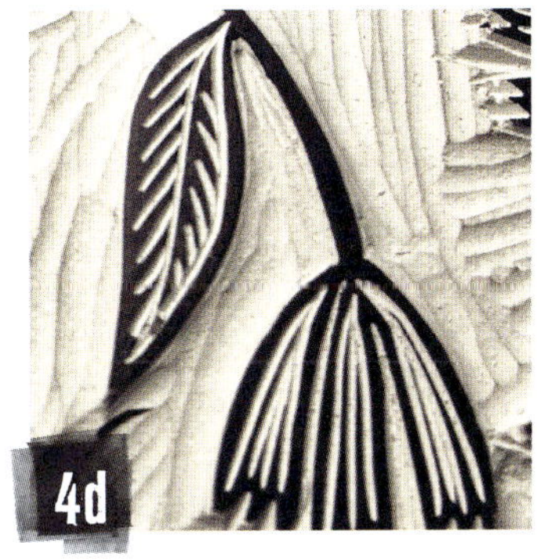

1 Übertragen Sie ein eigenes Motiv mit einer Transfermethode Ihrer Wahl, zum Beispiel mithilfe von Transparentpapier, Bleistift und Washi-Tape (siehe S. 32), auf die Linolplatte.

2 Ziehen Sie die Linien mit einem Permanentmarker nach.

3 Schneiden Sie alles weg, was später weiß (bzw. in der Farbe des Druckpapiers) erscheinen soll.

4 Wenn Sie das Schädelmotiv gewählt haben, bearbeiten Sie die floralen Details.

a. Entfernen Sie die Mittelrippe des Blattes.
b. Schneiden Sie an einer Seite des Blatts eine Innenkontur.
c. Schneiden Sie die Blattadern auf der linken Blattseite von oben nach unten. Setzen Sie das Messer dabei stets an der Mittellinie an, und enden Sie knapp vor dem Blattrand.
d. Entfernen Sie die Blattadern auf der rechten Blattseite. Setzen Sie das Messer dabei immer an der Innenkontur an, und schneiden Sie aufwärts zur Mittelrippe.

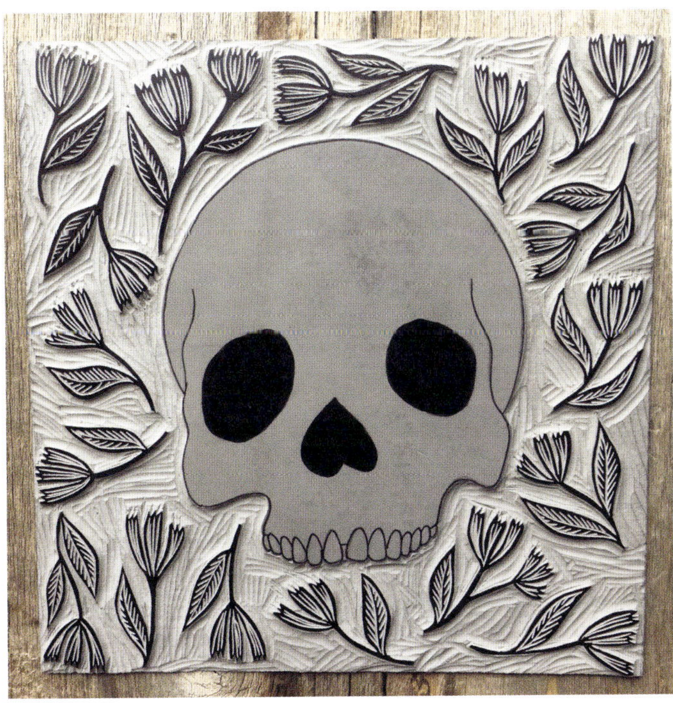

Die vollständig ausgearbeiteten Blüten im Bildhintergrund.

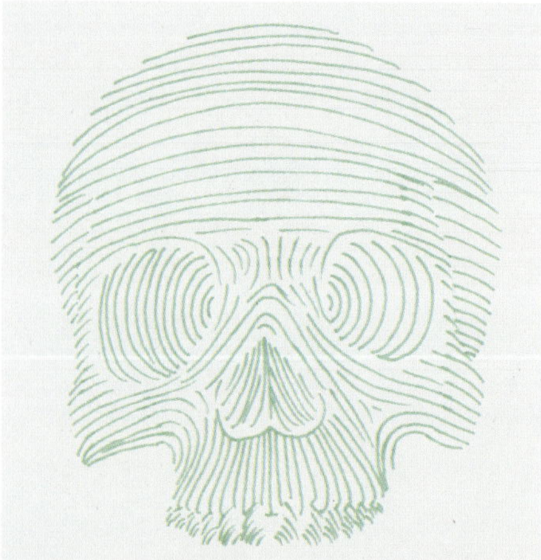

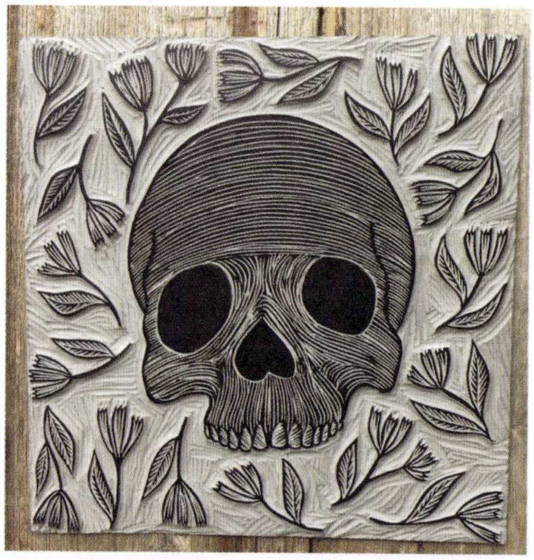

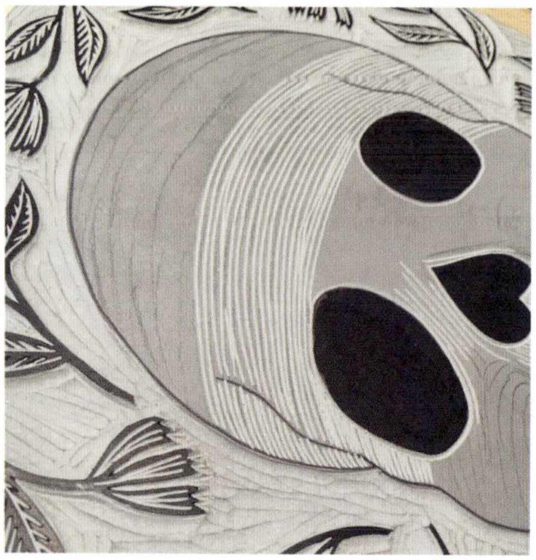

5 Deuten Sie mit Bleistiftlinien grob die Binnenstruktur des Schädels an (siehe Foto oben), und beginnen Sie mit dem Schneiden der Umrisslinien. Verwenden Sie dazu zunächst ein Messer mit schmaler Klinge – zum Beispiel einen 1-mm-Geißfuß.

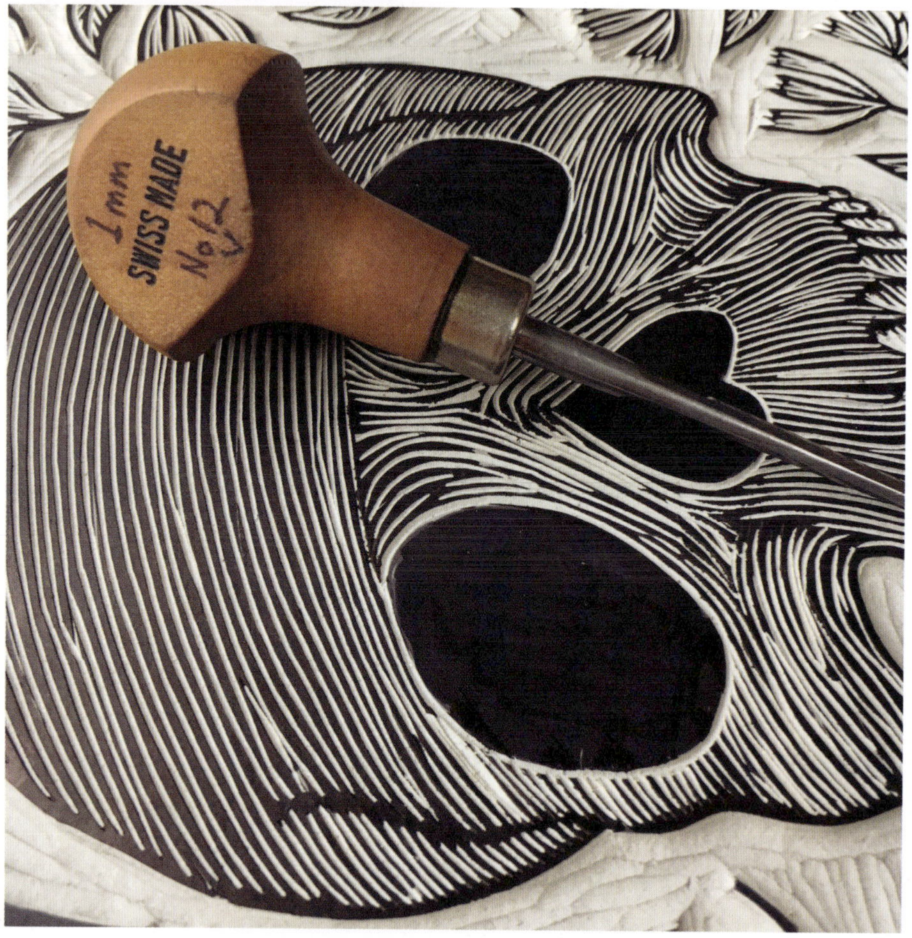

6 Fahren Sie fort, bis der gesamte Schädel mit einer Linienschraffur bedeckt ist.

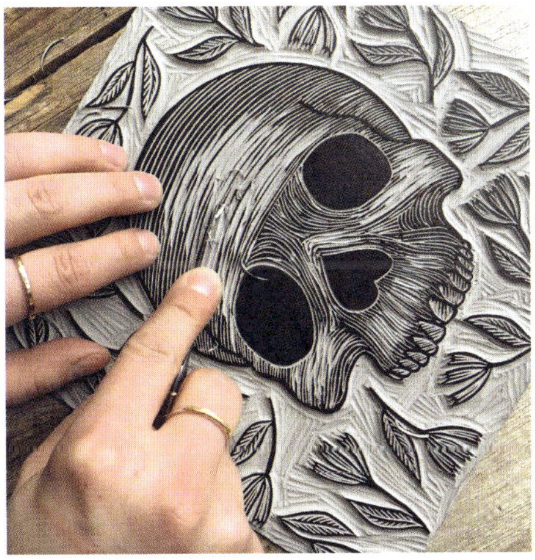

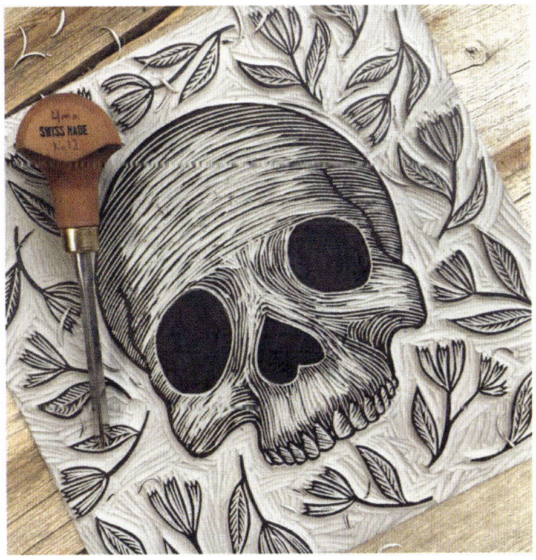

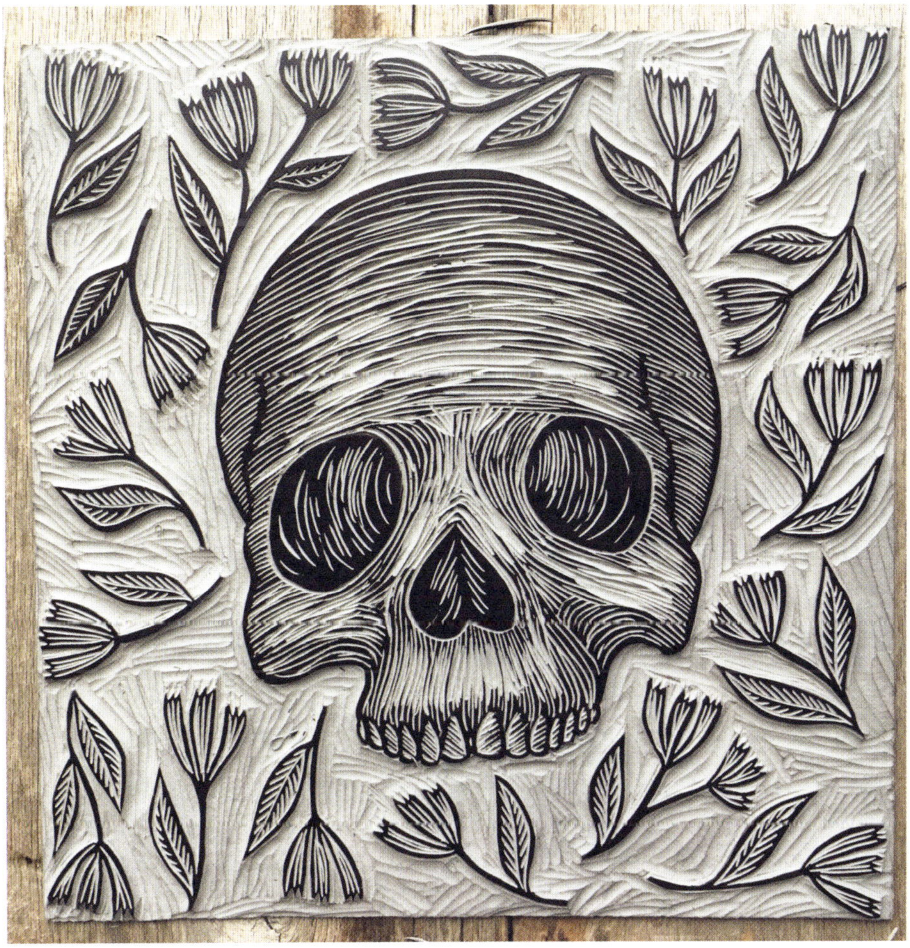

7 Überarbeiten Sie die Schraffur mit einem breiteren Messer. Auf dem Foto oben arbeite ich mit einem 4-mm-Hohleisen. Konzentrieren Sie sich beim Schneiden auf die Scheitelpunkte der Binnenformen, also die Bereiche der gewölbten Oberflächen, die am stärksten hervortreten (zum Beispiel Stirn und Wangenknochen). Auf dem Druck erscheinen diese Bereiche später heller und rücken optisch nach vorne, sprich: näher zum Betrachter.

8 Bearbeiten Sie die Platte so lange, bis Sie eine ausreichende Bandbreite an Tonwerten erreicht haben (schwarz, mittelgrau und weiß).

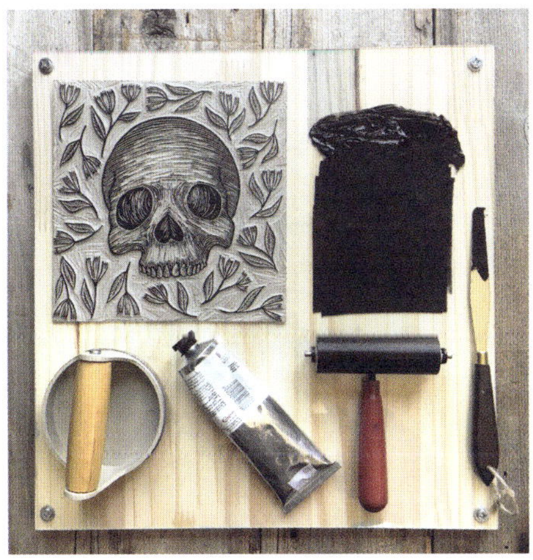

9 Legen Sie alles bereit, was Sie zum Drucken brauchen, und walzen Sie die Farbe aus.

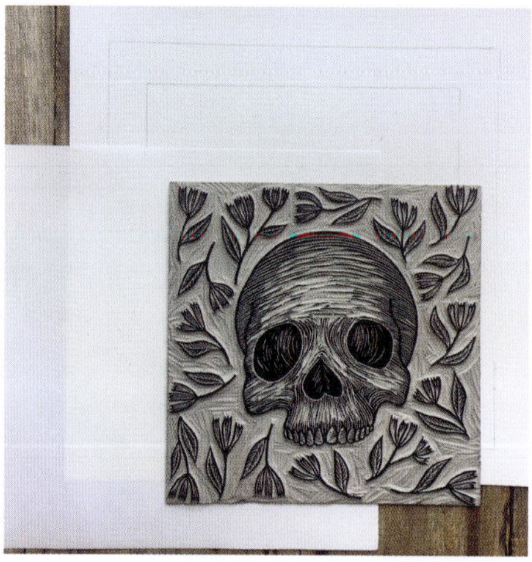

10 Legen Sie den Druckstock und einen Bogen Druckpapier (25 × 25 cm) jeweils mittig auf ein größeres Blatt Papier, und fahren Sie mit einem Stift die Konturen nach. Nun können Sie Druckplatte und Papier immer korrekt positionieren.

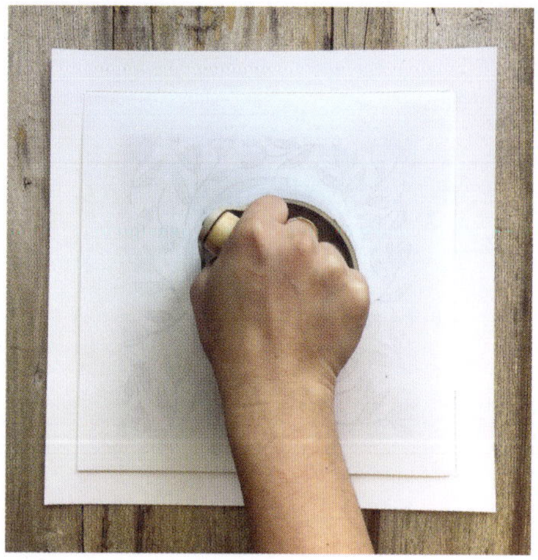

11 Färben Sie den Block ein, legen Sie einen Bogen Druckpapier darauf, und reiben Sie ihn fest mit dem Baren an. Bei Bedarf mit einem Löffel nacharbeiten.

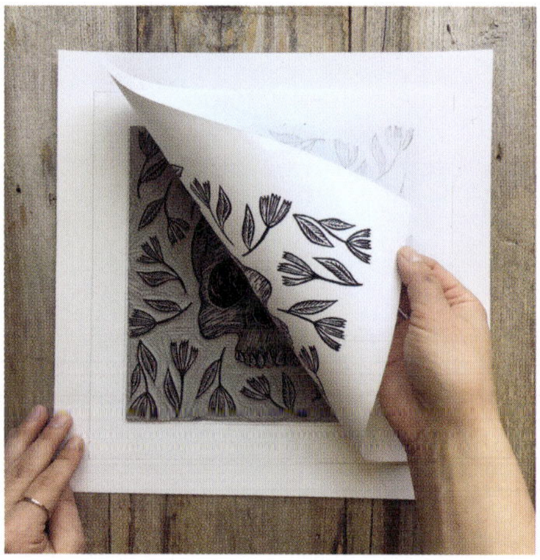

12 Das Papier vorsichtig abziehen.

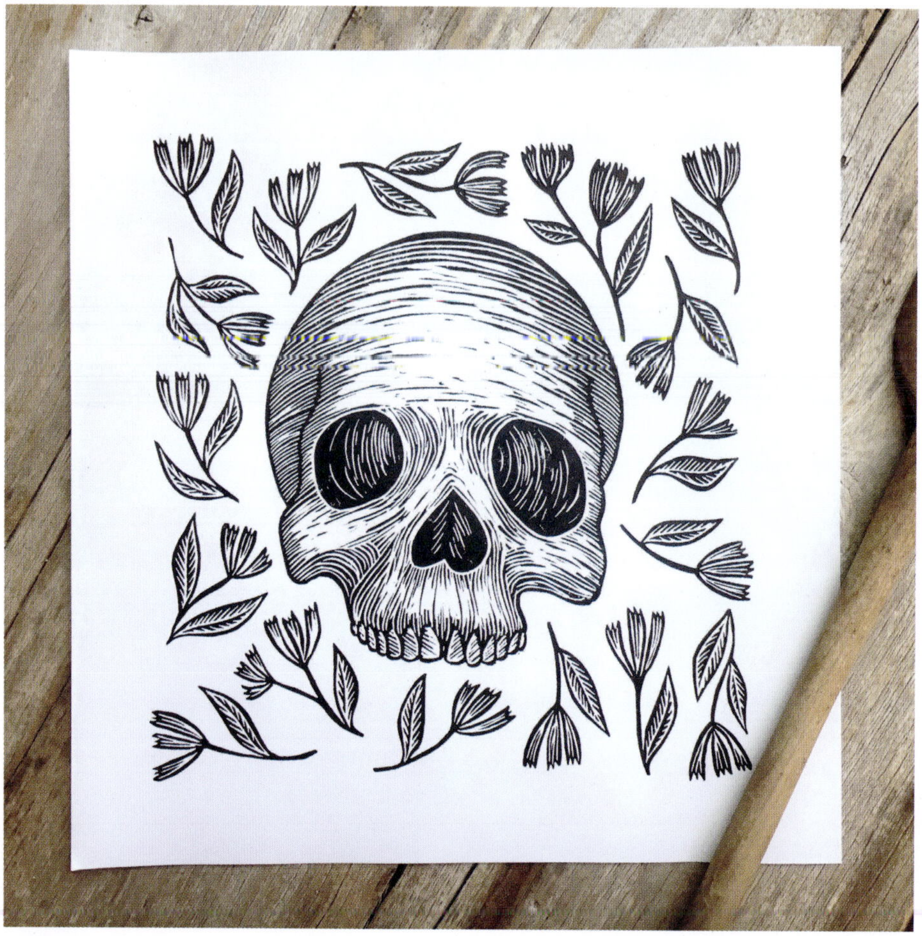

13 Den Abzug zum Trocknen beiseitelegen.

KÜNSTLERPORTRÄT

KELLI MACCONNELL

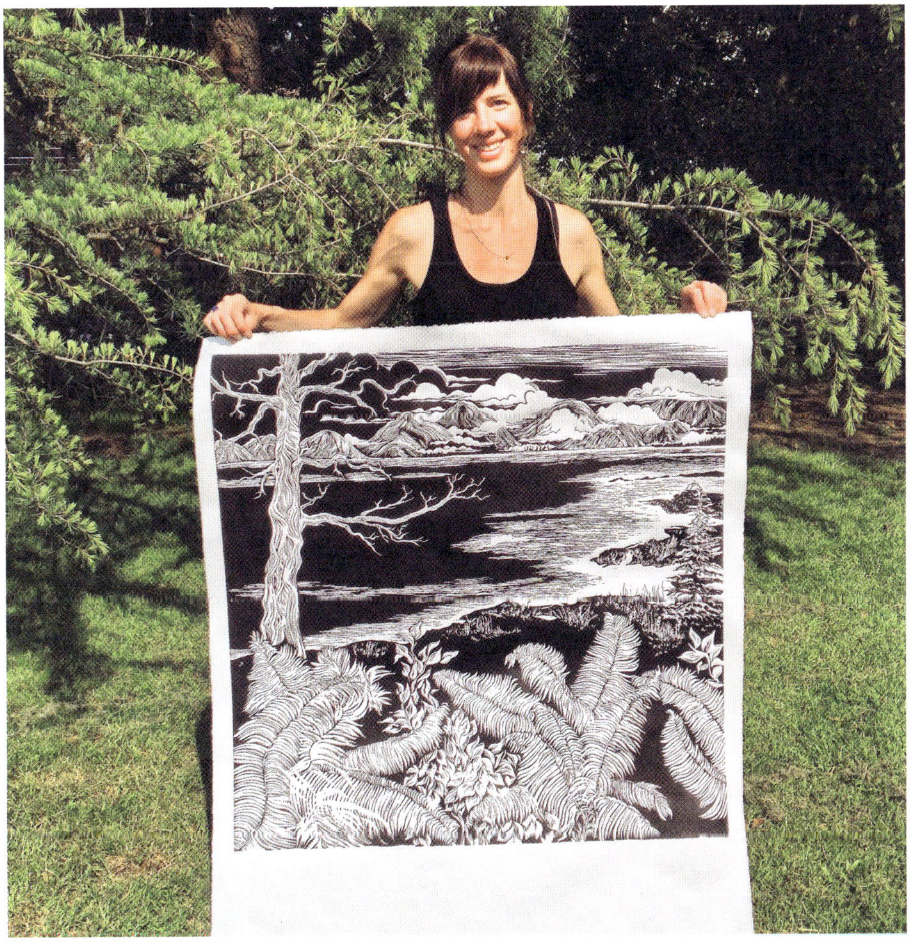

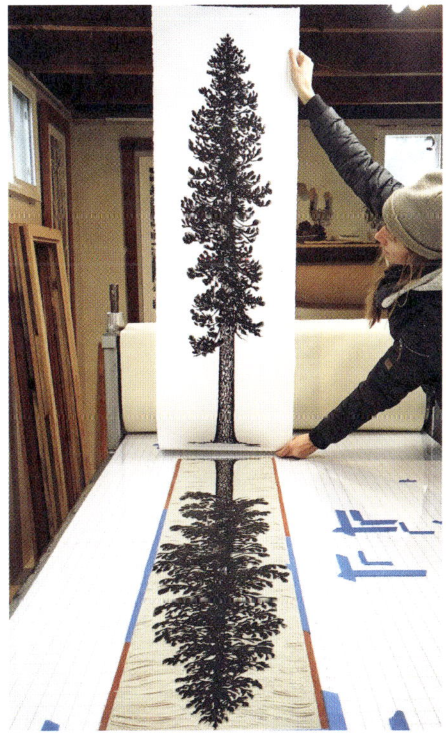

Die talentierte Druckgrafikerin Kelli MacConnell aus Portland in Oregon experimentiert, was das Zeug hält. Auch beschäftigt sie sich intensiv mit der Natur – die Basis für ihre detailreichen Pflanzenporträts. Ihre meisterhaft dargestellten Bäume stehen für sich selbst: majestätische, imposante Gestalten, denen man auch außerhalb des Waldes mit Ehrfurcht begegnet. MacConnells Drucke beschwören den Frieden der Natur und lassen auf eine bedachte, wohlüberlegte Herangehensweise schließen, die daran erinnert, dass man aus der direkten Beobachtung mit am meisten lernen kann.

EH: Wie wurde Ihr Interesse an der Druckgrafik geweckt?

KM: Ich habe mich für Kunst begeistert, solange ich denken kann. Viele Jahre lang habe ich mich vor allem mit Landschaftszeichnungen und -malerei beschäftigt, und tatsächlich habe ich die Druckgrafik erst im dritten Jahr an der Uni entdeckt. Ich besuchte einen Radierkurs und stellte überraschenderweise fest, dass die Druckgrafik sich als perfekte Mischung aus Zeichnen, Malen und Bildhauerei entpuppte, was ich sehr aufregend fand. Es war, als hätte sich eine Tür zu einer neuen Welt geöffnet, die Raum für Spontaneität eröffnete. Die Druckgrafik erfordert in vielerlei Hinsicht sehr viel Planung, doch eine gewisse Unsicherheit ist immer da, weil Farbe auf Papier übertragen werden muss. Ich weiß nie genau, wie ein Blatt aussehen wird, solange es nicht gedruckt ist. Ich liebe das Geheimnisvolle, die Spannung und die Überraschung, die mich nach dem Schneiden eines Druckstocks erwarten.

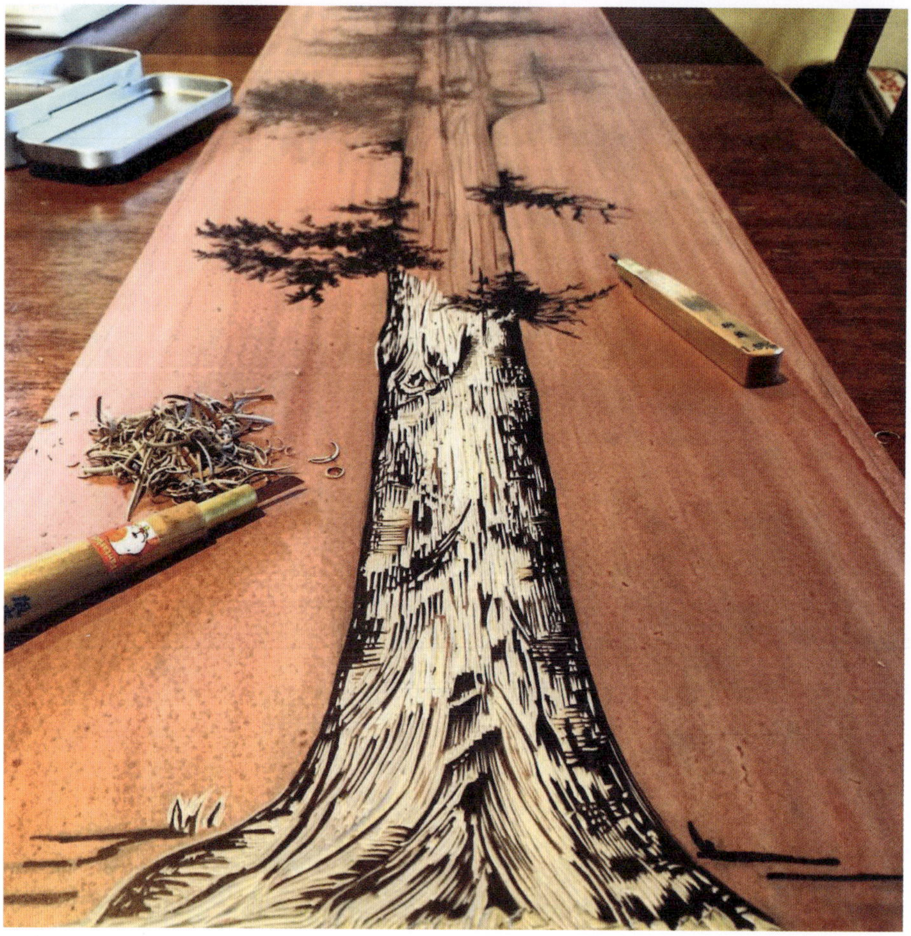

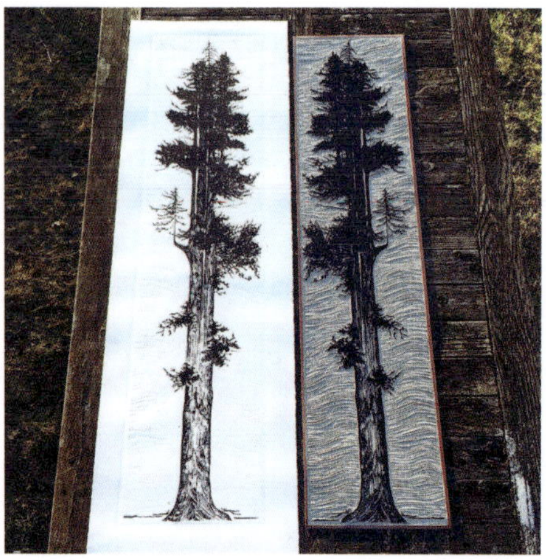

EH: Was reizt Sie am Hochdruck besonders?

KM: Ich habe festgestellt, dass sich der Linolschnitt für die Grafiken, die mir vorschweben, besonders gut eignet. Die Farbflächen von Linoldrucken sind satt und ohne (Holz-)Maserung. Das knackige, samtige Druckbild reizt mich am Hochdruck.

Außerdem wohnt dieser Art des „Zeichnens mit Licht" von Natur aus eine grafische Kraft inne, die ich absolut liebe. Der Gedanke, dass ich anstatt durch Hinzufügen durch Wegnehmen etwas schaffe, hat mich von Anfang an fasziniert. Bei dieser Art von Druckgrafik werden die Formen durch das Hervorbringen von Weiß oder Licht mithilfe von Schneidewerkzeugen geschaffen. Das Bild nimmt Gestalt an, indem man Material wegnimmt. Dieser Prozess zwingt mich dazu, die Landschaft, von der ich ausgehe, zu dekonstruieren und zu abstrahieren. Ich finde das viel anspruchsvoller, als zum Beispiel ein Bild mit Grafit zu zeichnen. Es gefällt mir, dass ich sorgfältig darüber nachdenken muss, wie ich Textur, Tiefe, Schatten, Fließen und Weichheit mit einer harten Linie darstellen und gleichzeitig die Balance von Licht und Dunkel wahren kann, denn ich arbeite hauptsächlich in Schwarz-Weiß. Für mich ist das zweidimensionale Bildhauerei. Es ist meditativ und so befriedigend, dem Bild dabei zuzuschauen, wie es in dreidimensionaler Form auf der Linolplatte lebendig wird. Manche Leute finden es vielleicht banal und langweilig, mit winzigen Messern und Meißeln zu arbeiten, aber für mich ist es extrem beruhigend und von geradezu therapeutischer Wirkung. Ich habe das Gefühl, dass es mich fast unbewusst zu dieser Tätigkeit hinzieht. Das vertraute Gefühl, das sich einstellt, wenn ich die Werkzeuge zur Hand nehme, ist zugleich beruhigend und tröstlich. Diese Werkzeuge zu verwenden, um etwas zu formen und zu schaffen, gibt mir das Gefühl, als befände ich mich in einer versteckten Oase, in der ich in einen Flow gerate und mich konzentrieren kann, an einem Ort, der meine Sinne schärft und meinen Geist klärt. Die Werkzeuge werden zu einer unbewussten Verlängerung meiner selbst. Wenn ich tief in diesem schöpferischen Ort versinke, verliere ich mich selbst in der intuitiven Energie, die von innen, aus dem Gefühl und der Kreativität, kommt. Außerdem genieße ich den Schaffensprozess und die sich wiederholenden Bewegungsmuster beim Herstellen von Auflagen. Dieser Arbeitsschritt hat etwas Beruhigendes und Kontemplatives. Es ist dieser Rhythmus, in dem ich die Schönheit und Feinheiten jedes Drucks erkenne. Jeden einzelnen zu etwas Eigenständigem zu machen und ihm seine eigene Persönlichkeit zu verleihen.

EH: Wie würden Sie Ihre Arbeit und Ihre Arbeitsweise beschreiben?

KM: Ich würde meine Arbeit als grafische Imitation der ungezähmten Natur beschreiben. Diese Werke zu schaffen macht mir Freude und trägt hoffentlich dazu bei, dass auch andere Zugang zur Natur finden. Ich hoffe, dass diese Drucke ein wenig in Erinnerung rufen, was es jenseits unserer Gebäude, Fenster, Telefone und Computer noch gibt. Ich habe den Eindruck, dass sehr viele Menschen die Verbindung zur Natur verloren haben und vergessen, dass sich das auf unsere Gesundheit auswirkt. Ich glaube, dass der Kontakt mit der Natur unser körperliches, seelisches und emotionales Wohlbefinden verbessert. Die Menschen müssen sich wieder mit der Natur verbinden, dann werden sie sich erfüllt fühlen. Dann werden sie zufrieden sein, und das wird hoffentlich umgekehrt dazu führen, dass sie Verantwortung für ihr Land und die Naturräume der Erde übernehmen.

Zurzeit arbeite ich an Drucken zur Beziehung von Menschen und Bäumen. Ich habe die verschiedenen Baumarten druckgrafisch interpretiert, und ich hoffe, dass die Grafiken die Betrachter bezaubern und Gefühle der Sehnsucht, des Staunens und Friedens wecken. Dieses Medium erlaubt mir, Überflüssiges wegzuschneiden und die kreative Subtraktion in einen subtilen Tanz zwischen negativem und positivem Raum zu überführen, sodass ein Bild und zugleich Raum für Kontemplation und Reflexion entstehen. Mit dem schlichten Mittel des Kontrasts und der gestalteten Linie versuche ich, fesselnde Bildkompositionen zu schaffen, die von den Wäldern der Westküste inspiriert sind.

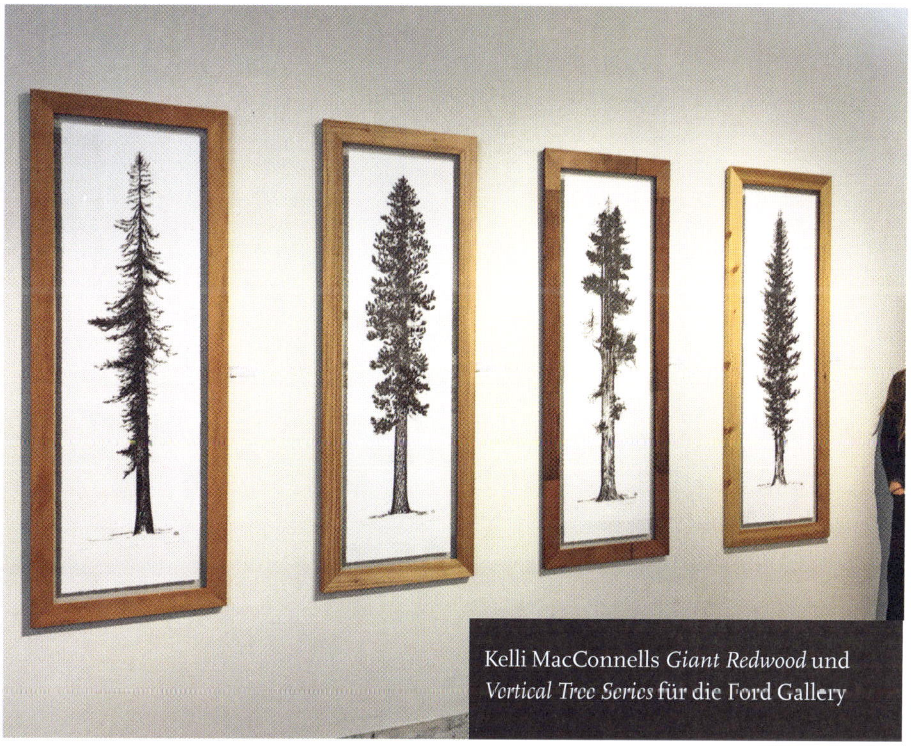

Kelli MacConnells *Giant Redwood* und *Vertical Tree Series* für die Ford Gallery

Um meine Eindrücke in einen Druck zu verwandeln, muss ich das Motiv von meinen Skizzen auf die Platte übertragen und den negativen Raum bzw. die Bereiche, die weiß bleiben sollen, entfernen. Wenn die Platte fertig ist, trage ich mit der Walze eine dünne Schicht Farbe auf, lege vorsichtig feuchtes Hadernpapier auf die eingefärbte Oberfläche und lasse das Ganze durch eine Presse laufen, um das Bild auf das Papier zu übertragen bzw. zu pressen. Normalerweise veröffentliche ich Auflagen von 20 bis 100 Drucken.

EH: Manchmal sind wir unseren Leidenschaften in einer Art Hassliebe verbunden. Nennen Sie einen Umstand, den Sie am Drucken hassen, und einen, den Sie lieben.

KM: Was ich beim Drucken frustrierend finde, ist das gelegentliche Gefühl, dass ich zwar die gleichen Arbeitsschritte ausführe wie immer, aber nicht das herauskommt, was ich mir vorgestellt hatte. Aber genau das liebe ich am Drucken auch so sehr! Genauso wie das Unerwartete, die Überraschungen, aus denen ich lernen kann. Ich denke, es hängt davon ab, ob diese überraschenden Ergebnisse mich begeistern oder nicht.

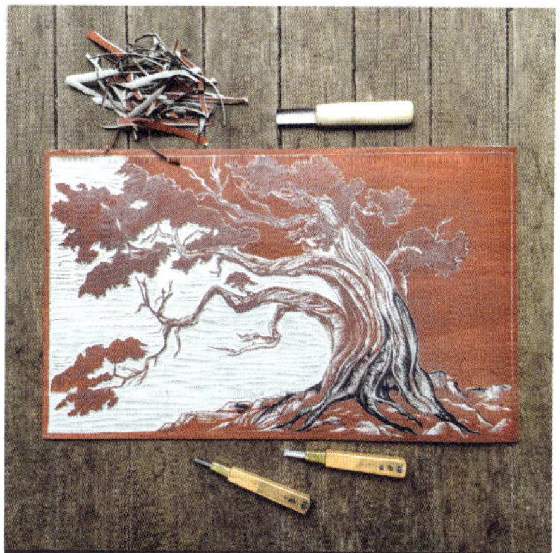

MacConnells Druckstock für *Juniper*.

Besuchen Sie Kelli im Internet unter www.kellimacconnell.com.

PROJEKT:

KOLORIERTER DRUCK

Werkzeuge und Materialien

- Lose Linolplatte, 25 × 25 cm
- Druckpapier, 30,5 × 30,5 cm
- Dünneres farbiges Papier
- Papier oder Pappe
- Transparentpapier
- Bleistift
- Washi-Tape oder Malerkrepp
- Permanentmarker mit feiner Spitze
- Schnittbesteck
- Palette
- Palettmesser
- Farbwalze(n)
- Baren
- Kleber
- Gouache- oder Aquarellfarbe, Wasserbecher und kleiner Pinsel
- Bastelmesser
- Selbstheilende Schneidematte

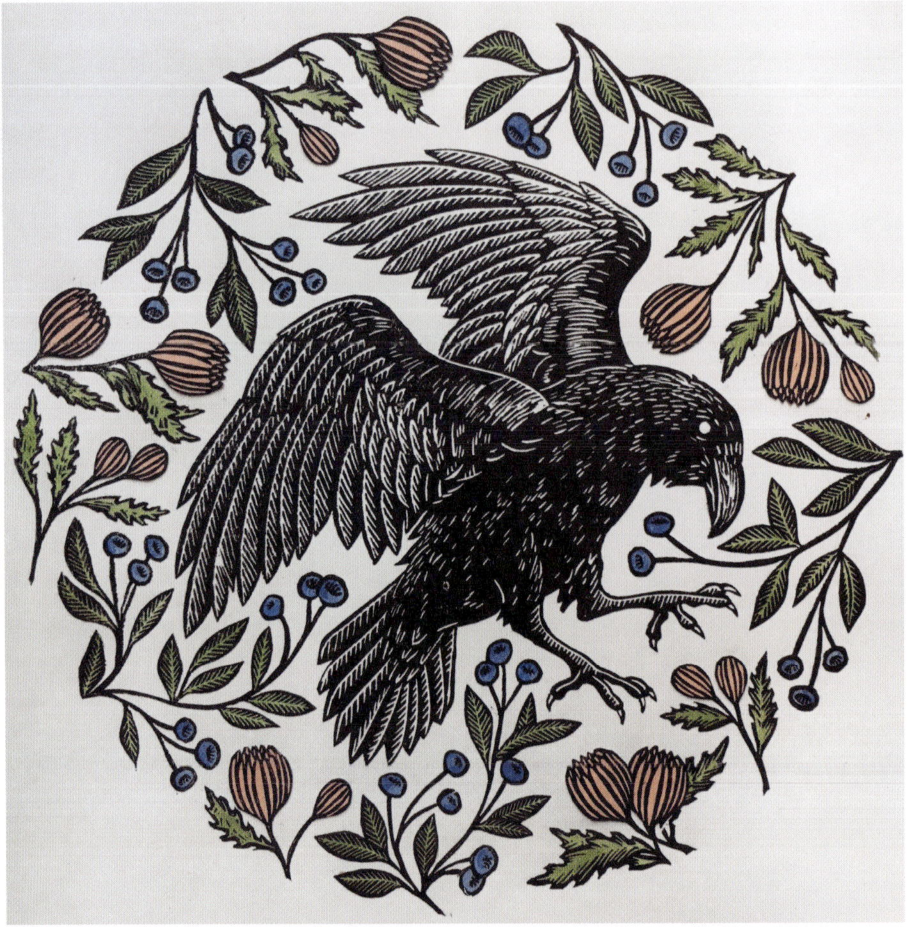

Beim Entwerfen eines neuen Druckmotivs habe ich manchmal das Gefühl, ein wenig Farbe könne nicht schaden. Um kleinere Bereiche einzufärben, lohnt sich nur selten ein eigener Druckstock – ich koloriere die Drucke dann einfach von Hand. Bei diesem Projekt lernen Sie, einen simplen Schwarz-Weiß-Druck mit Farbe, Pinsel und Collage aufzuwerten.

1 Entwerfen Sie Ihr Motiv, und notieren Sie, welche Elemente koloriert und/oder collagiert werden sollen. Dieser Entwurf zeigt einen schwarzen Raben inmitten von Beeren und Blüten, die ich farbig hervorheben möchte: die Blaubeeren mit Aquarellfarbe und die Blütenknospen mit Papierschnipseln.

TIPP: Am besten verwenden Sie als „Trägerpapier" ein festeres, dickeres Papier, auf das dünnere Papiere aufgeklebt werden. Ich habe für den Druck des Hauptmotivs festen Karton verwendet; die Collageelemente sind auf ein leichteres korallenfarbiges Scrapbook-Papier gedruckt.

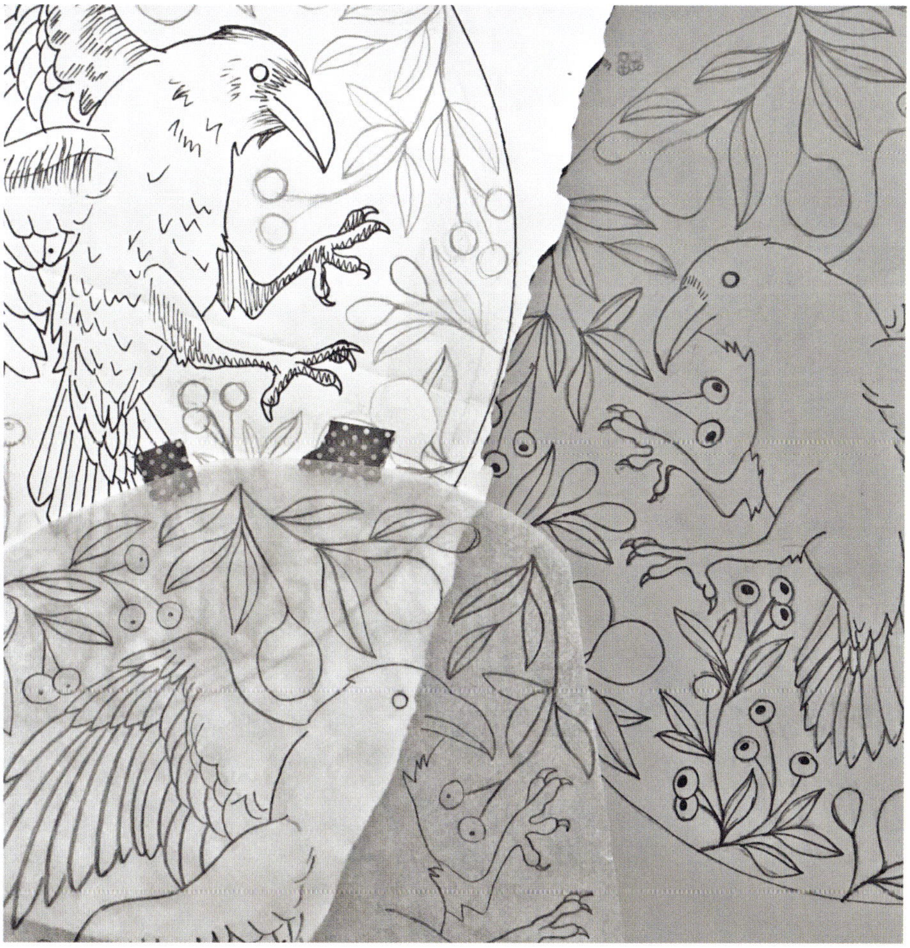

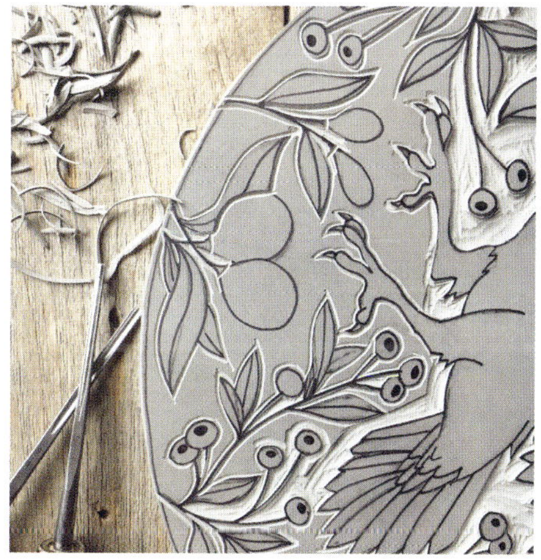

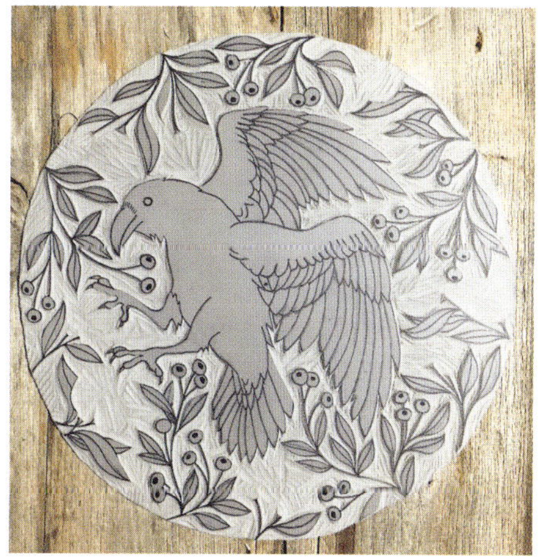

2 Übertragen Sie Ihren Entwurf mit einer Transfermethode Ihrer Wahl, zum Beispiel mithilfe von Transparentpapier, Bleistift und Washi-Tape (siehe S. 32), auf den Druckstock. Ziehen Sie die Linien mit dem Permanentmarker nach.

3 Schneiden Sie zuerst den Hintergrund. Feine Details mit einem tiefen Hohleisen umfahren (ich habe dazu den 1-mm-Geißfuß von Pfeil verwendet) und anschließend die Zwischenräume entfernen.

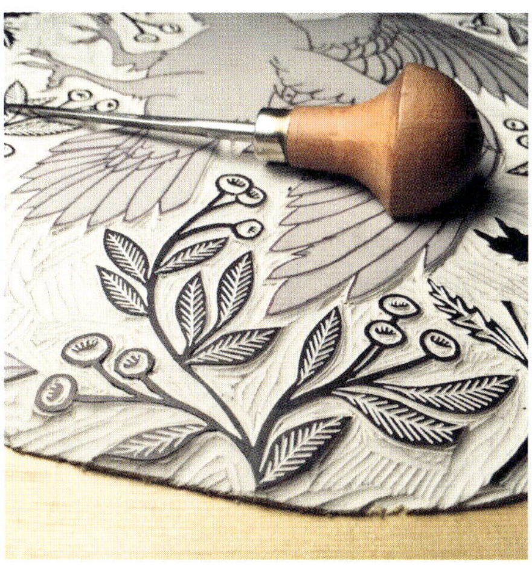

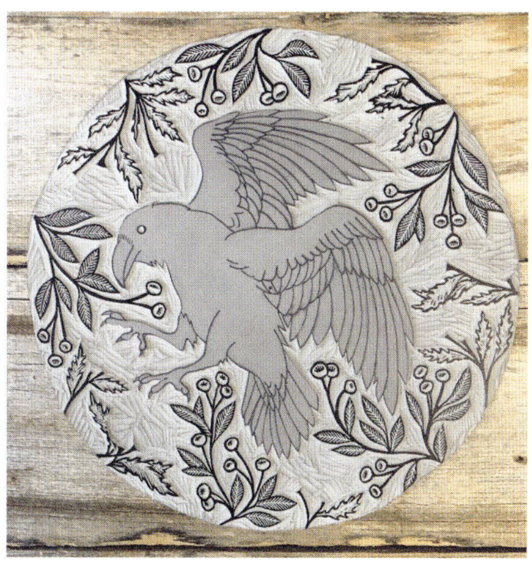

4 Nach dem Entfernen der Zwischenräume beginnen Sie mit der Bearbeitung der Pflanzen. Wie Sie sehen, enthält mein Entwurf keine Blütenknospen. Sie werden separat auf ein anderes Papier gedruckt.

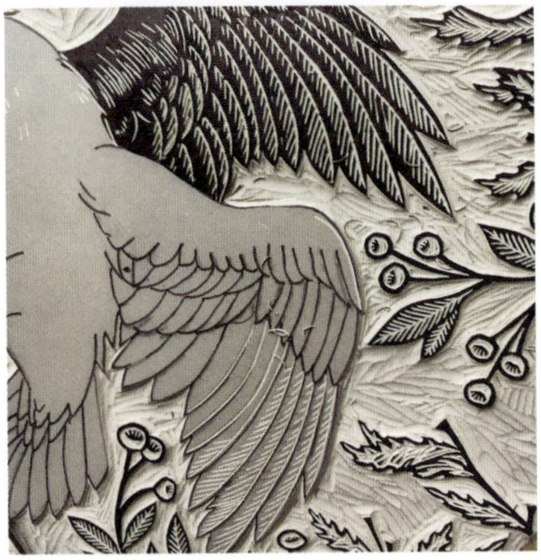

5 Gestalten Sie die Federn des Raben mit dicht nebeneinandergesetzten parallelen Linien. Mit geraden Linien können Sie eine flache, mit gebogenen Linien eine gewölbte Oberfläche bzw. Volumen andeuten (siehe Projekt S. 74). Um das Ergebnis zu überprüfen und einen Eindruck davon zu gewinnen, wie der Block beim Drucken aussehen wird, können Sie bereits bearbeitete Bereiche mit einem Permanentmarker einfärben.

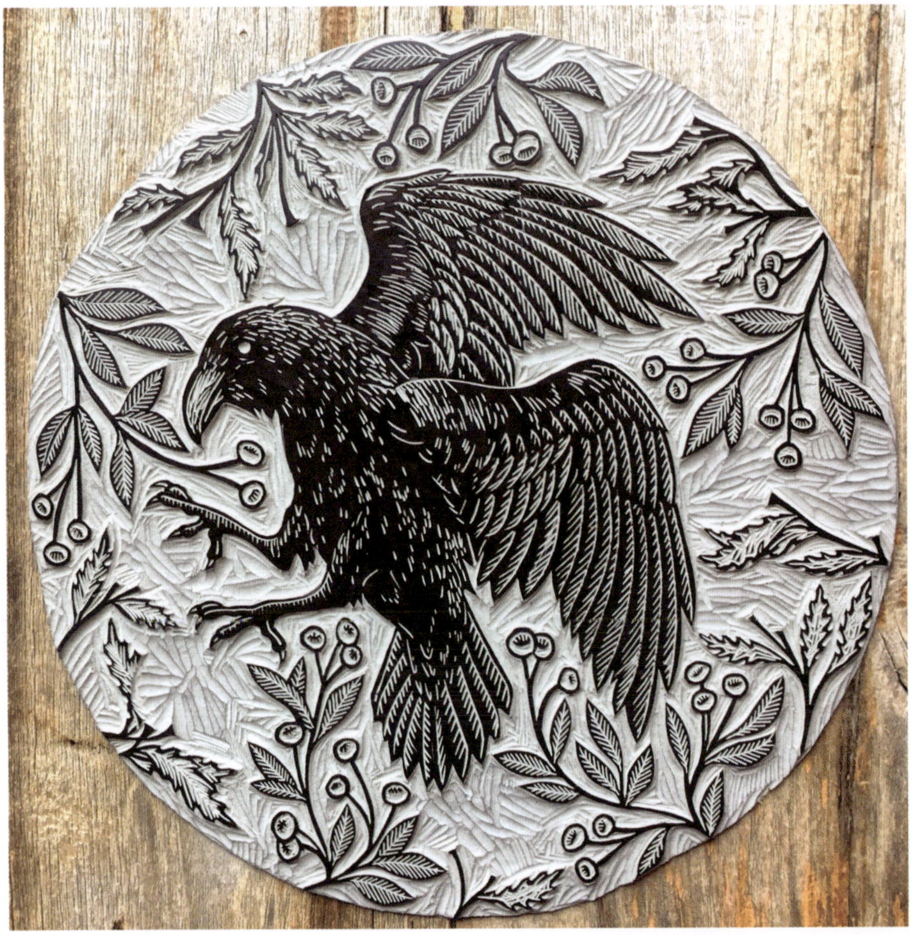

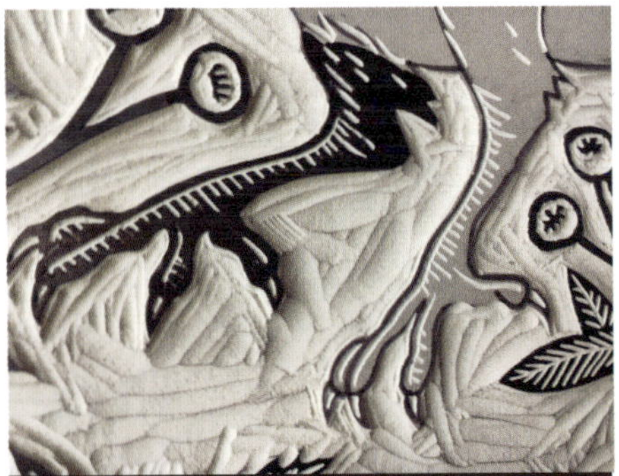

Schneiden Sie die Klauen des Raben.

6 Schneiden Sie nun mit einem 1-mm-Geißfuß das Körpergefieder des Raben. Mit schmalen, kurzen Linien lässt sich der Eindruck erwecken, als finge das Gefieder das Licht ein. So erhält der Körper Volumen. Wenn Sie mit dem Schneiden fertig sind, legen Sie den Block zur Seite.

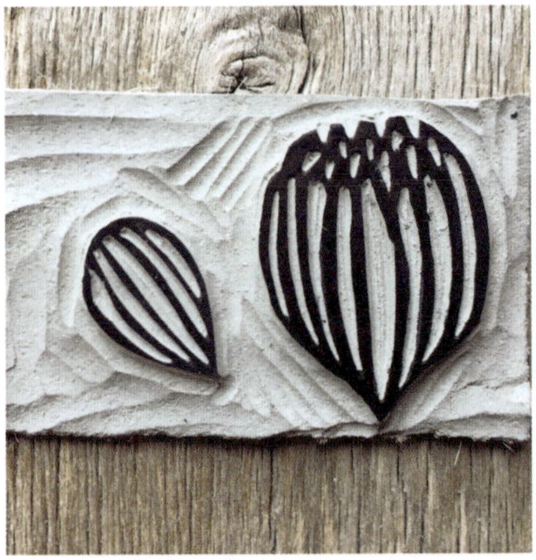

7 Nun fehlen noch acht größere Blumen und sieben kleine Knospen. Übertragen Sie beide Motive auf den Rest einer losen Linolplatte, und schneiden Sie die Motive. Da sie sich im Bild wiederholen, benötigen Sie jeweils nur eine Vorlage. Jetzt geht es ans Drucken.

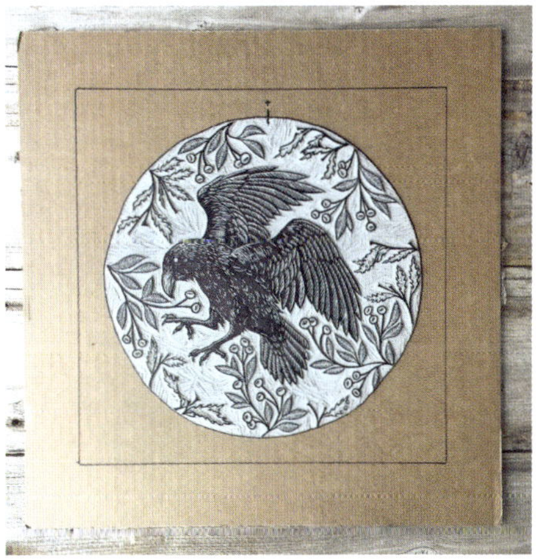

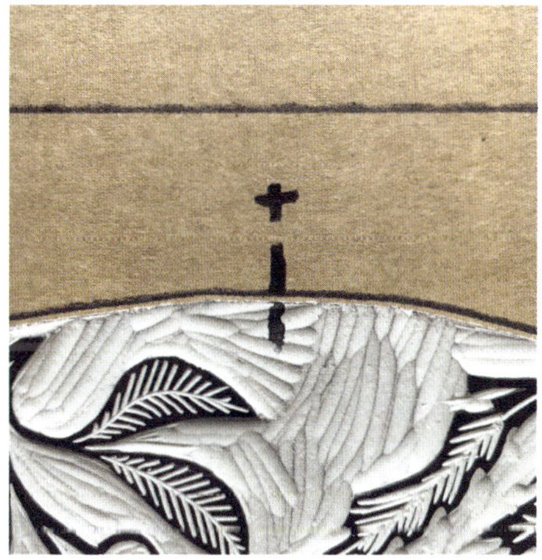

8 Fertigen Sie aus einem großen Bogen Papier oder einem Stück Pappe einen einfachen Druckrahmen. Zeichnen Sie die Konturen Ihres Druckpapiers (30,5 × 30,5 cm) ein, legen Sie den Druckstock in die Mitte, und ziehen Sie dessen Konturen nach.

9 Damit Sie den runden Druckstock später genau ausrichten können, markieren Sie die obere Mitte Ihres Rahmens zunächst mit einem Kreuz. Anschließend mit einem Permanentmarker die obere Mitte des Druckstocks markieren und die Markierungslinie direkt unterhalb des Kreuzes auf dem Rahmen fortsetzen (siehe Foto oben). Beim Auflegen des Blocks achten Sie darauf, dass die beiden Passzeichen aufeinandertreffen.

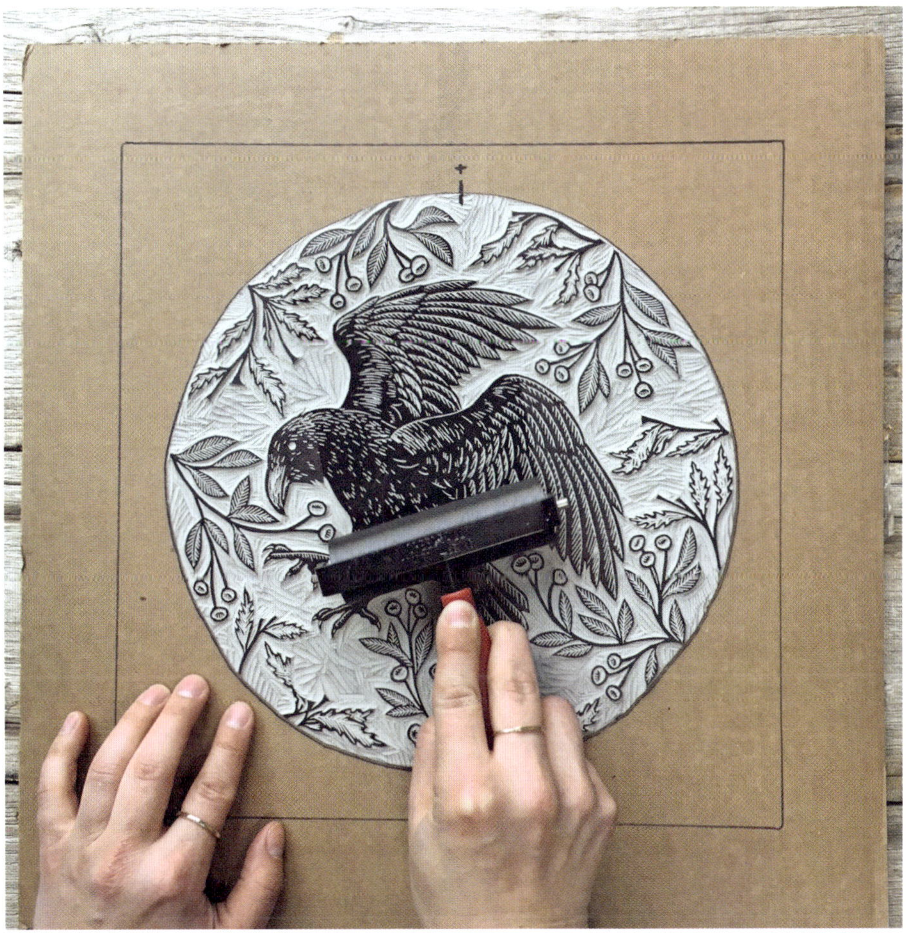

10 Verteilen Sie etwas schwarze Farbe auf der Palette, und walzen Sie sie aus. Den Block einfärben.

11 Einen Bogen Druckpapier auf den Druckstock legen und mit dem Baren anreiben. Um feinere Details herauszuarbeiten, bei Bedarf fester drücken oder einen Holzlöffel verwenden.

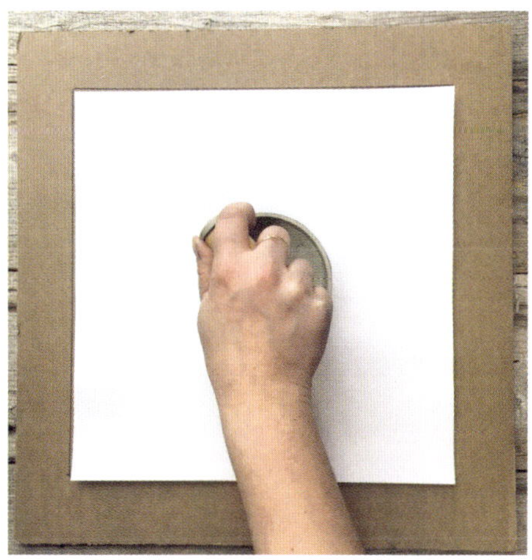

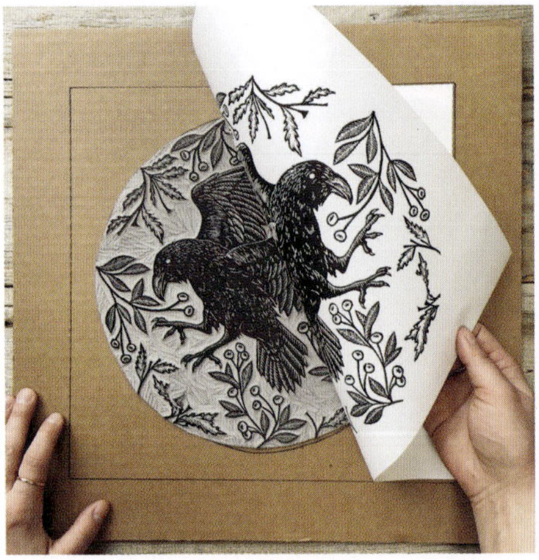

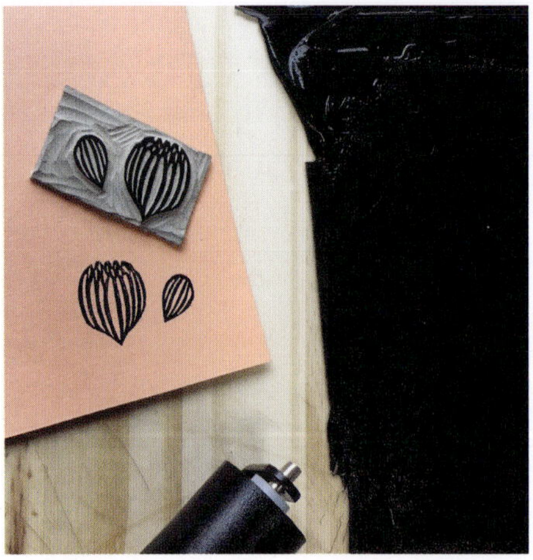

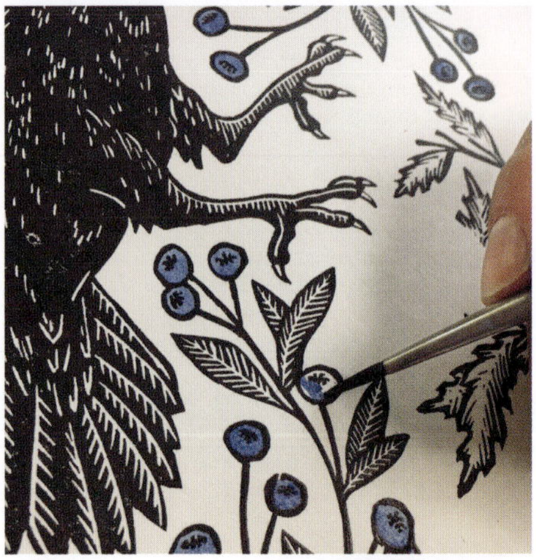

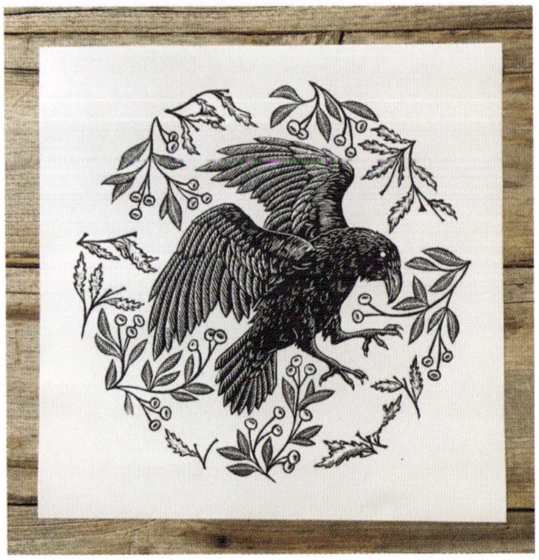

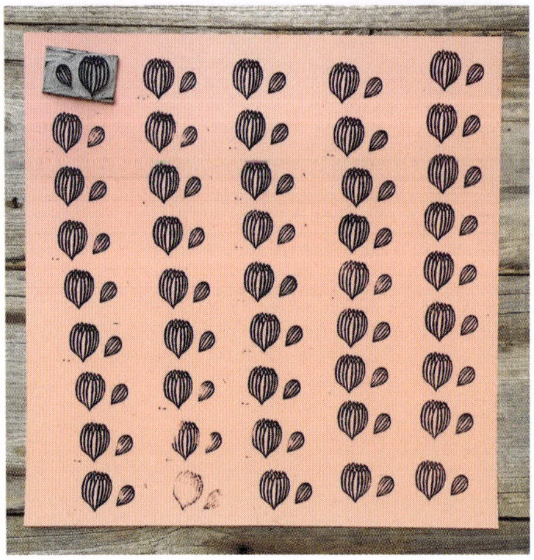

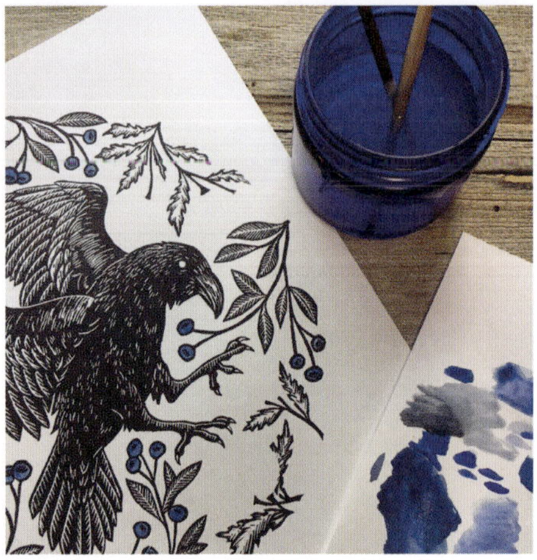

12 Das Papier vorsichtig abziehen und das Druckbild überprüfen. Sind Sie zufrieden, legen Sie den Abzug zum Trocknen beiseite.

13 Färben Sie nun den kleinen Druckstock für die Blüten und Knospen ein. Sie brauchen hierfür eine schmalere Walze, es sei denn, ein bisschen Sauerei stört Sie nicht.

14 Drucken Sie alle Blüten und Knospen, die Sie benötigen (zur Sicherheit vielleicht auch ein paar mehr), auf das dünnere Papier. Farbreste von den Druckplatten entfernen und alle Werkzeuge und Oberflächen reinigen. Lassen Sie alle Drucke trocknen, bevor Sie mit dem nächsten Schritt fortfahren.

15 Nun können Sie mit dem Kolorieren und Collagieren beginnen. Mischen Sie zunächst mit einem Pinsel die gewünschte Farbe auf einer Palette an. Ich empfehle die Verwendung von Aquarell- oder Gouachefarben und rate Ihnen, einen Farbton immer zuerst auf einem Papierrest auszuprobieren, ehe Sie einen Ihrer Drucke damit anmalen. Achten Sie darauf, dass weder zu viel Farbe noch zu viel Wasser am Pinsel haftet, und malen Sie alle Blaubeeren sorgfältig aus. Wenn Sie mit Ölfarbe arbeiten, werden Sie feststellen, dass sie von sich aus von der Druckfarbe abperlt, was das Ausmalen etwas erleichtert. Wenn Sie fertig sind, reinigen Sie Ihre Malutensilien, und legen Sie den Druck zum Trocknen zur Seite.

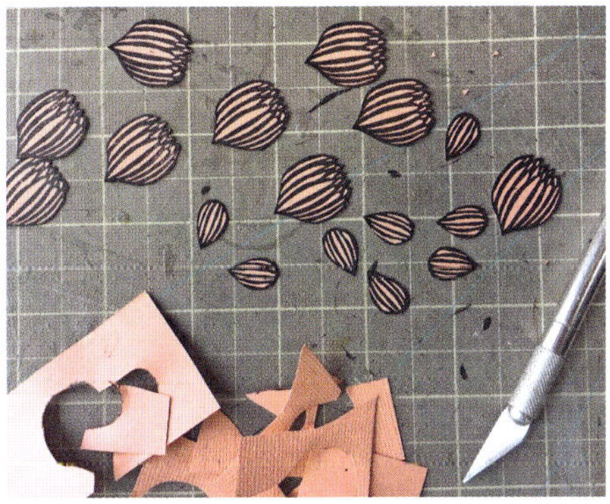

16 Schneiden Sie mit einem Bastelmesser auf einer selbstheilenden Schneidematte oder einer anderen unempfindlichen Arbeitsfläche vorsichtig die benötigten Blüten und Knospen aus. Konzentrieren Sie sich, und ziehen Sie das Messer beim Schneiden niemals direkt auf sich zu. Wenn es nicht gebraucht wird, setzen Sie die Kappe auf.

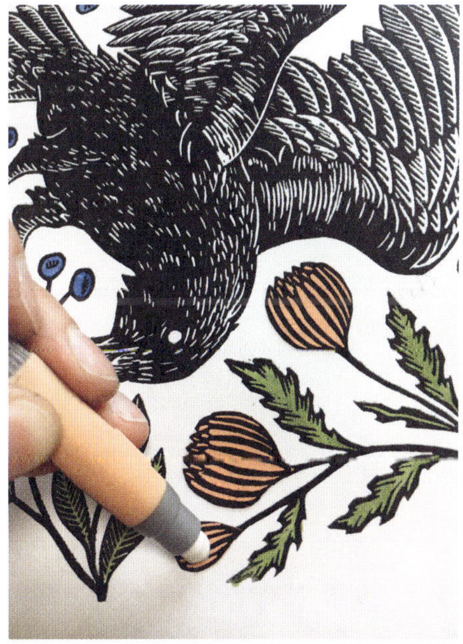

17 Schauen Sie sich auf Ihrer Originalzeichnung an, wo die Blüten platziert werden müssen. Bestreichen Sie die Rückseite einer Blüte mit Kleber, positionieren Sie die Blüte, und drücken Sie sie mit einem (sauberen) Finger oder dem (sauberen) Radierer Ihres Bleistifts an. Alle weiteren Blüten und Knospen auf die gleiche Weise aufkleben. Wenn alles fertig ist, beschweren Sie den Druck mit einem Stapel schwerer Bücher, damit er sich nicht wellt, wenn der Kleber trocknet.

18 Die restlichen Exemplare der Auflage auf die gleiche Weise verschönern.

Der aufgepeppte Druck

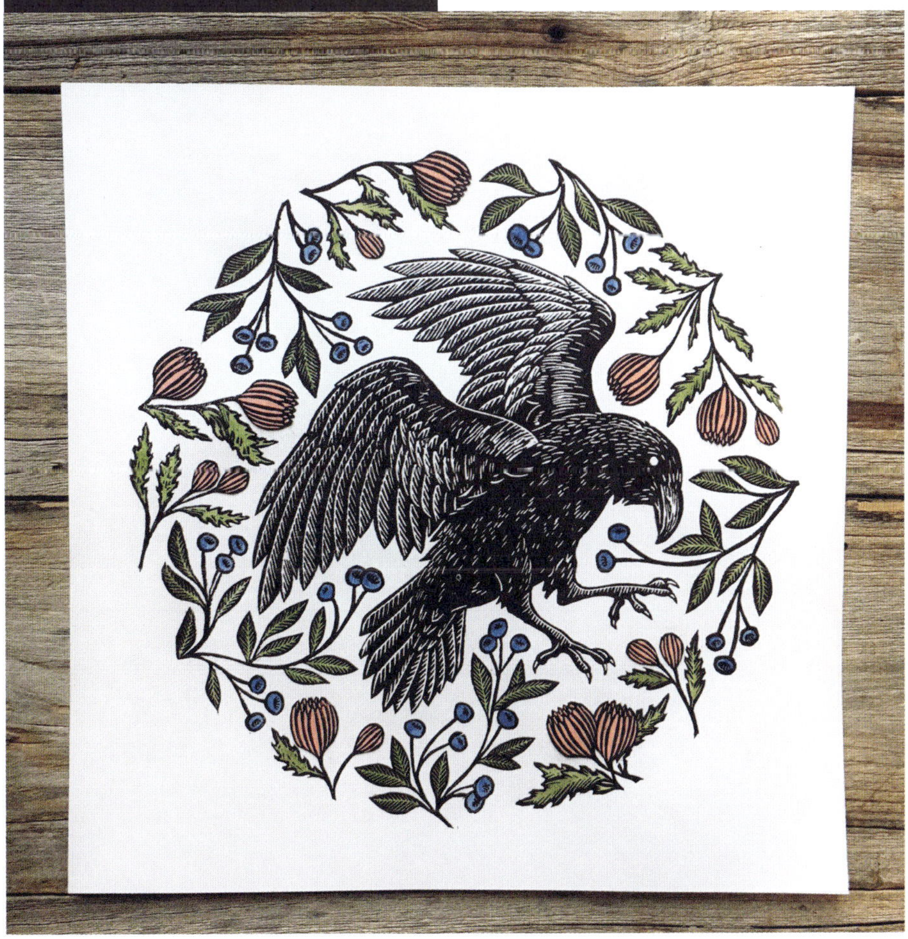

PROJEKT:

EIN-BLATT-ZINE

Werkzeuge und Materialien

- Lose Linolplatte, 21,0 × 29,7 cm
- Zeichenpapier, 21,0 × 29,7 cm
- Druckpapier, 21,0 × 29,7 cm
- Transparentpapier
- Washi-Tape oder Malerkrepp
- Bleistift
- Permanentmarker mit feiner Spitze
- Schnittbesteck
- Druckfarbe
- Farbwalze
- Palette
- Palettmesser
- Baren
- Schere
- Optional: Trocknungsverzögerer

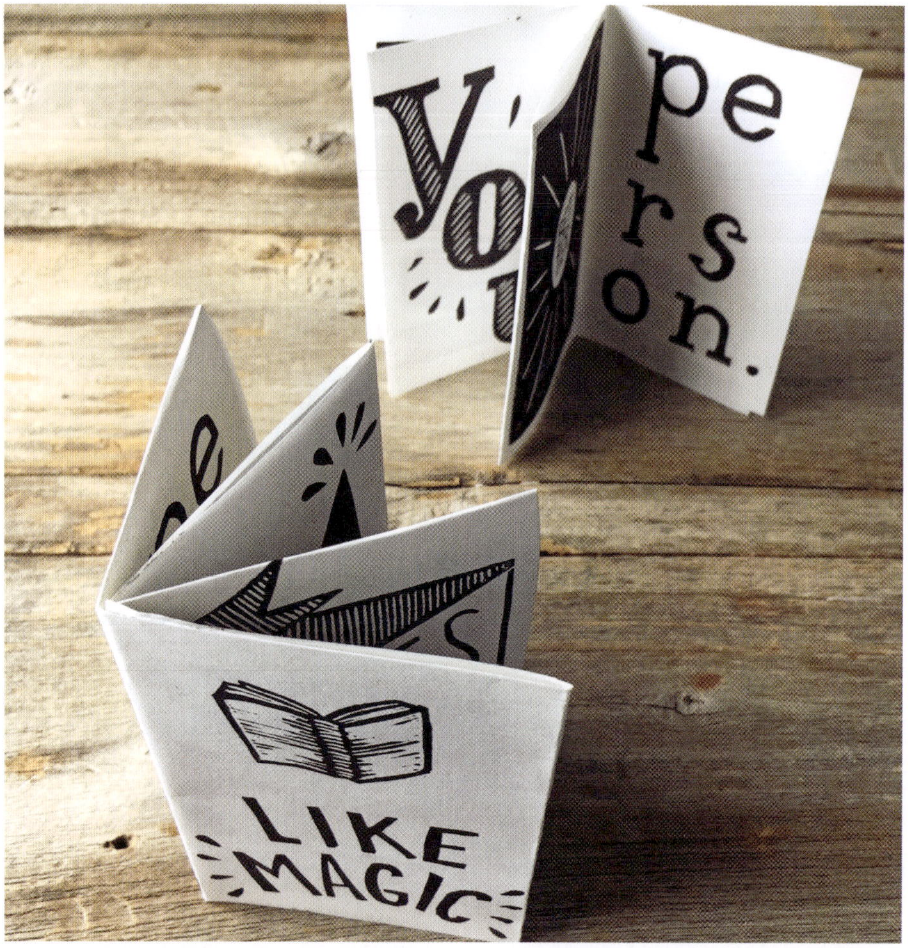

Das größte Verdienst des Buchdrucks ist wohl seine Bedeutung für die Demokratisierung des Wissens. Als Johannes Gutenberg 1436 ein Drucksystem mit beweglichen Lettern erfand, konnten Druckerzeugnisse in Europa auf einmal wesentlich schneller produziert werden, wurden leichter zugänglich, und die arbeitende Bevölkerung lernte lesen und schreiben. Angesichts dessen sollten wir hier keinesfalls auf das Drucken von Text verzichten.

Was Buchdruck und Druckgrafik so attraktiv macht, ist nicht zuletzt die Möglichkeit, Druckerzeugnisse in schier unbegrenzter Auflage herzustellen. Sie sind also das perfekte Medium für ein eigenes kleines „Taschenbuch“ nach dem Muster der *Fanzines*, kurz *Zines* genannt. Als Zines (von engl. *magazines*) bezeichnet man selbst publizierte Büchlein oder Magazine, die normalerweise in kleiner Auflage fotokopiert und von Hand gebunden werden.

Die ersten Zines entstanden in den 1930er-Jahren im Umfeld der im Entstehen begriffenen Science-Fiction-Fangemeinde. Als die Filme der *Star-Trek*-Reihe Kinos und Fernsehschirme eroberten, gewann das Format erneut an Popularität und wurde schnell von der Musikszene übernommen. Im Zuge der Ausbreitung von Copyshops und des Punk mit seiner Do-it-yourself-Ästhetik in den 1970er- und 1980er-Jahren feierten die Zines, die schnell und billig produziert werden konnten, ein weiteres Comeback. Heute gibt es Zines zu allen möglichen Themen in den unterschiedlichsten Formaten und Stilen.

Planen Sie Ihr Büchlein

Überlegen Sie sich einen Text für Ihr Zine und beginnen Sie, die einzelnen Seiten zu planen und zu gestalten. Beachten Sie, dass nur sechs Seiten mit Inhalt gefüllt werden können – zwei der insgesamt acht Seiten sind für Vorderseite und Rückseite reserviert. Jede Seite misst am Ende 10,5 × 7,5 cm im Hochformat.

Ihnen fehlt eine zündende Idee für den Inhalt? Vielleicht kann einer der folgenden Vorschläge Sie inspirieren.

- Dinge, die ich sicher weiß
- Ein einfaches Rezept
- Ein Sechszeiler über die Hoffnung
- Ein Sechszeiler über Trennung
- Ein Ratschlag
- Ein Brief an meine Neider
- Dinge, die ich an dir liebe
- Was ich noch sagen wollte
- Wie man Freundschaft mit einem Baby schließt
- Lügen aus meinem Mund
- Meine Lieblingsgerichte
- Eine öffentliche Bekanntmachung
- Was mein Hund sagen würde

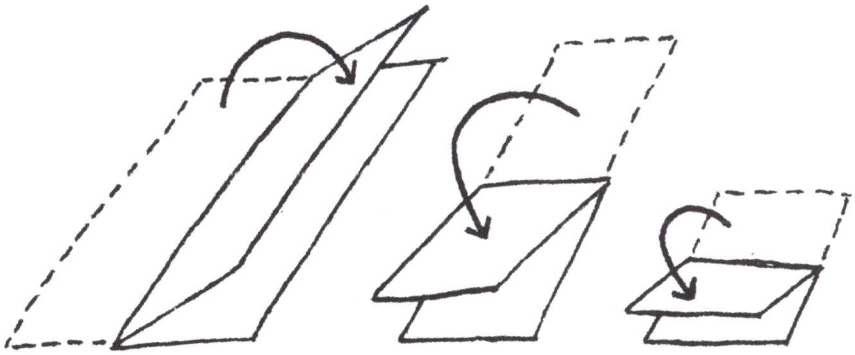

Abbildung 1

1 Falten Sie einen DIN-A4-Bogen Zeichenpapier (21,0 × 29,7 cm) einmal in der Länge und zweimal in der Breite (siehe Abbildung 1).

Falten Sie den Bogen wieder auf. Durch die Faltung sollten acht Rechtecke à 10,5 × 7,5 cm entstanden sein.

Beschriften Sie Vorderseite, Rückseite und Seiten nach dem Schema in Abbildung 2 mit Bleistift. Achtung: Der Text in der oberen Hälfte des Bogens steht auf dem Kopf!

2 Übertragen Sie Ihre Schrift bzw. Zeichnung mit einer Transfermethode Ihrer Wahl, zum Beispiel mithilfe von Transparentpapier, Bleistift und Washi-Tape (siehe S. 32), auf die Linolplatte.

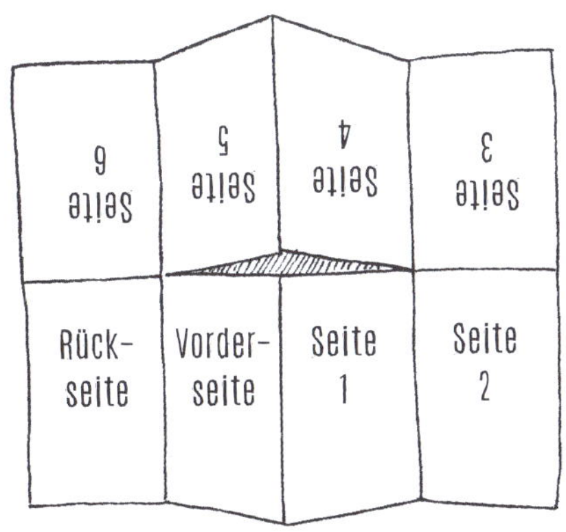

Abbildung 2

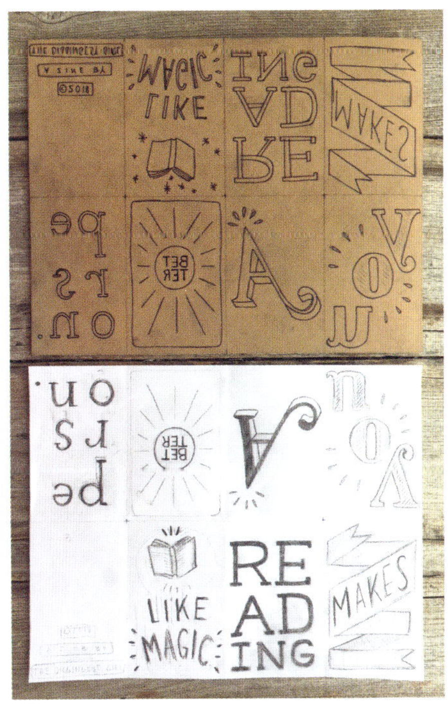

3 Wurde der Text korrekt, nämlich seitenverkehrt, übertragen? Wenn ja, ziehen Sie ihn mit einem Permanentmarker nach.

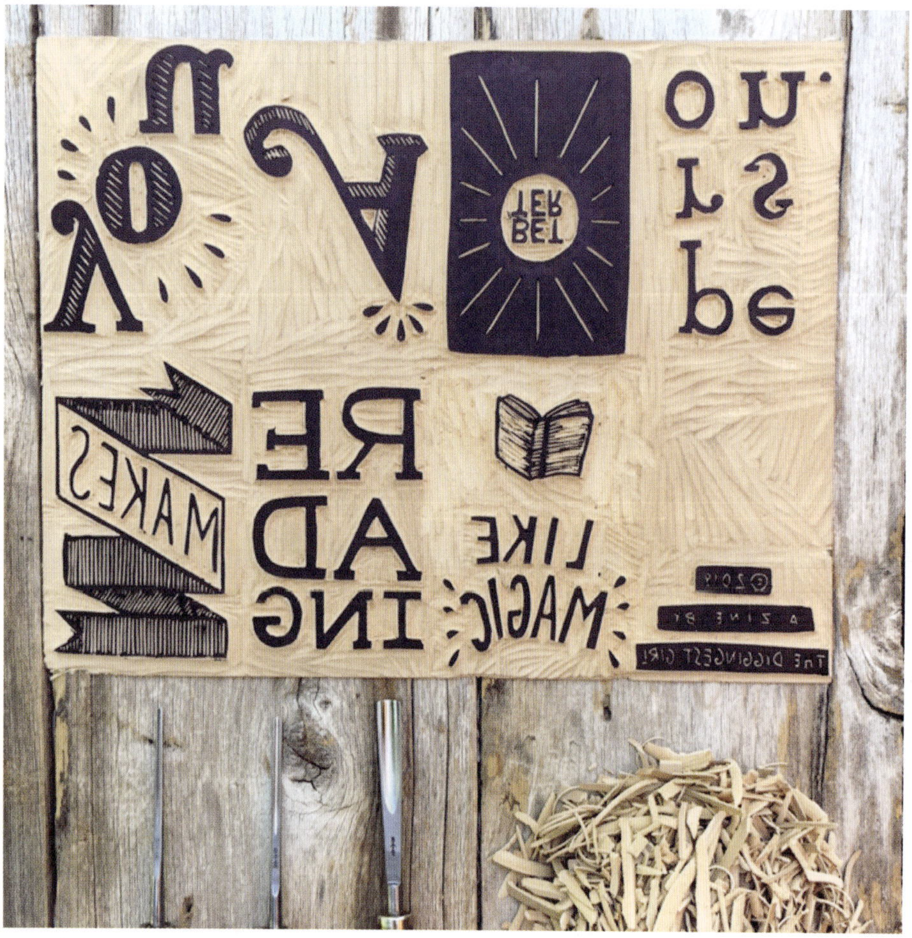

4 Schneiden Sie alles weg, was nicht gedruckt werden soll.

5 Geben Sie einen etwa 2,5 cm großen Klecks Druckfarbe auf Ihre Palette, und fügen Sie, falls gewünscht, einen Tropfen Trocknungsverzögerer hinzu. Die Farbe (und den Trocknungsverzögerer) mit dem Palettmesser verstreichen, um sie zu erwärmen. Walzen Sie die Farbe gleichmäßig aus.

6 Färben Sie den Block vorsichtig ein. Es sollte keine Farbe in die abgetragenen Bereiche gelangen.

7 Richten Sie das Druckpapier bündig zur Kante des Druckstocks aus, und drücken Sie es fest auf den Block. Halten Sie es fest, und reiben Sie es mit dem Baren mit starkem, gleichmäßigem Druck an.

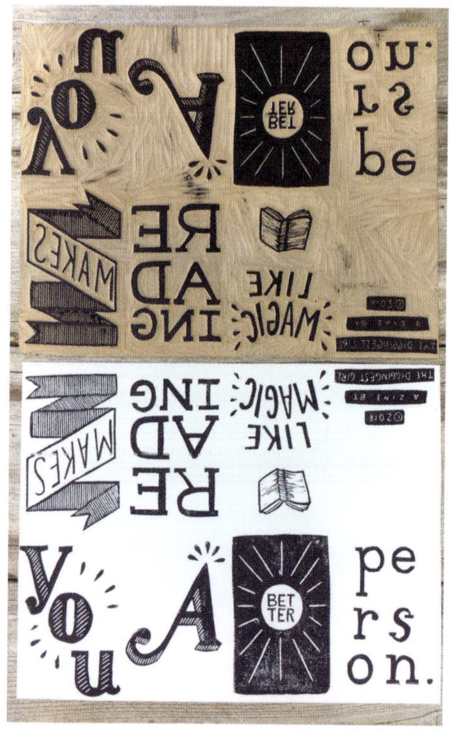

8 Den Bogen vorsichtig vom Block abziehen und zum Trocknen zur Seite legen.

9 Drucken Sie die gewünschte Anzahl an Exemplaren, und legen Sie die Abzüge zum Trocknen beiseite.

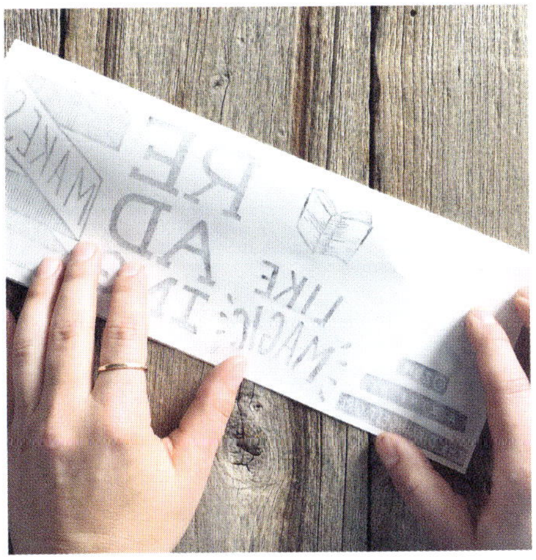

10 Wenn die Farbe vollständig getrocknet ist, können Sie Ihre Büchlein falten – und zwar auf dieselbe Weise wie das Skizzenpapier. Die bedruckte Seite zeigt dabei nach innen. Also: Den Bogen längs falten.

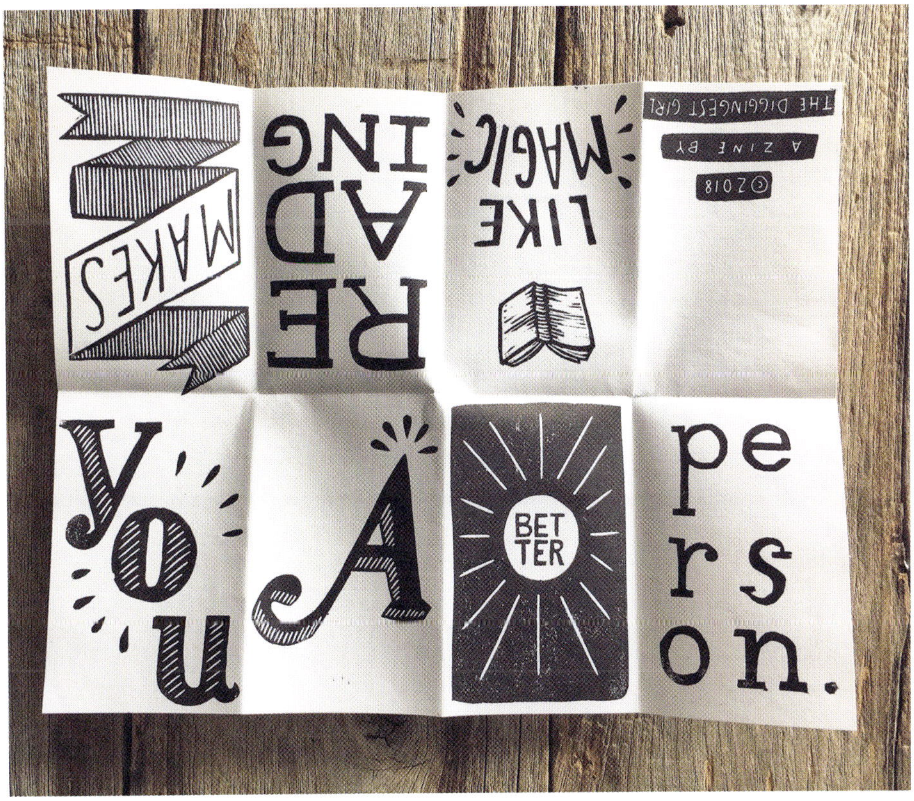

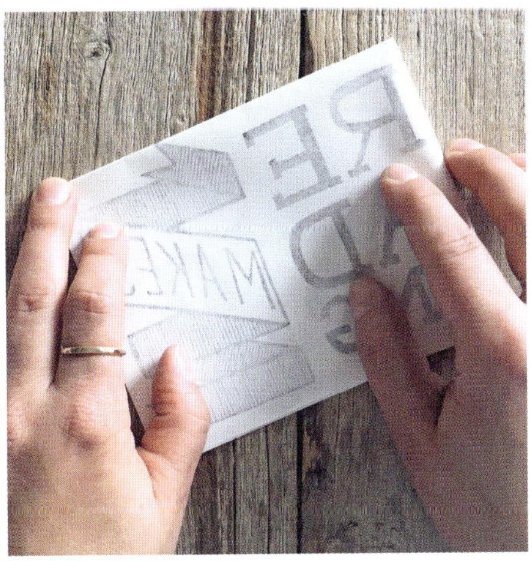

11 Den Bogen der Breite nach falten.

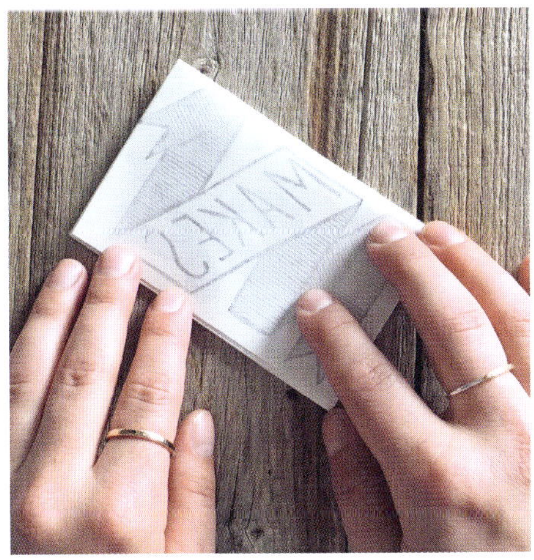

12 Den Bogen noch einmal der Breite nach falten.

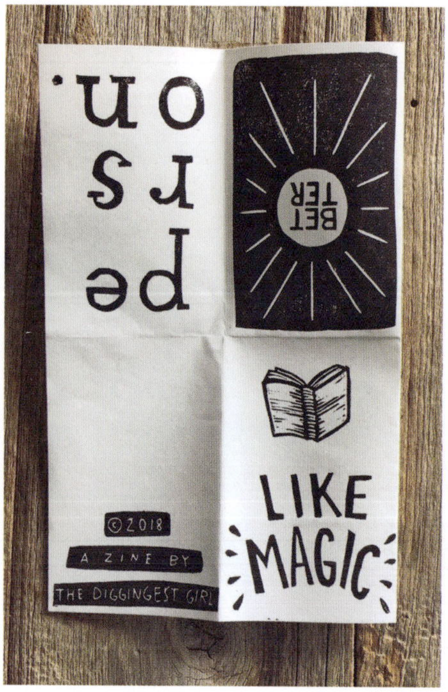

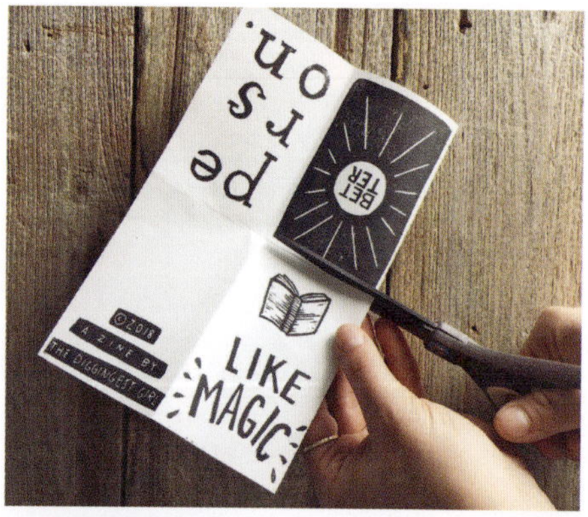

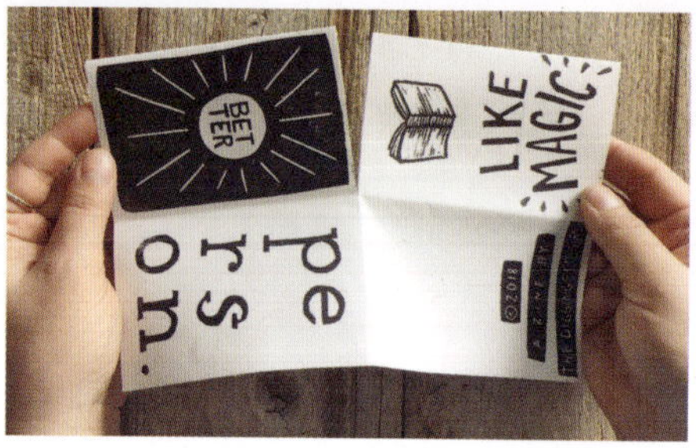

13 Den Bogen zur Hälfte auffalten, sodass die Vorderseite unten rechts liegt (siehe Abbildung links oben). Den Falz zwischen Vorderseite und Seite 5 bis zur Mitte einschneiden. Schneiden Sie den Bogen nicht durch!

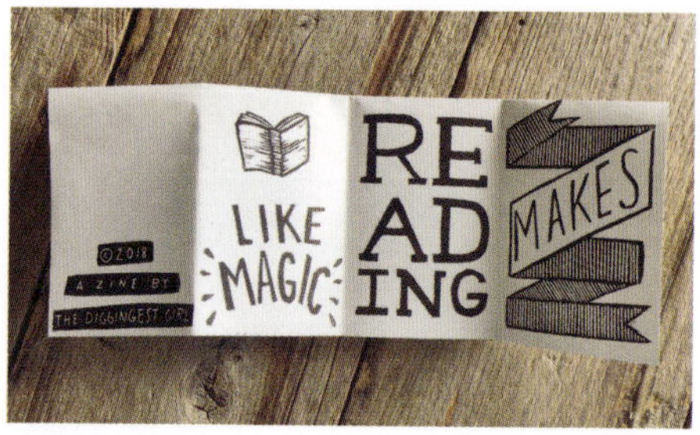

14 Den Bogen auffalten und der Länge nach falten. Die bedruckten Seiten liegen nun außen.

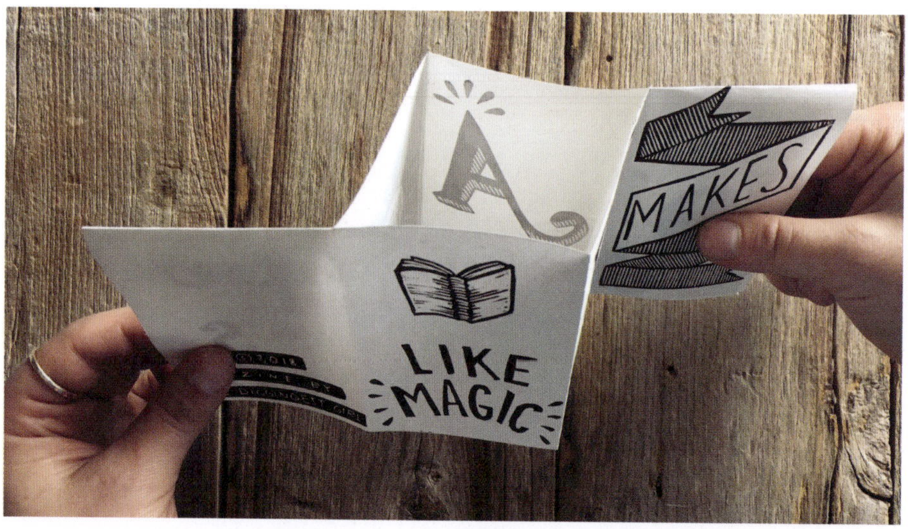

15 Die Enden des Bogens zusammenschieben, sodass sich der Schnitt öffnet und die mittleren Seiten nach vorne springen.

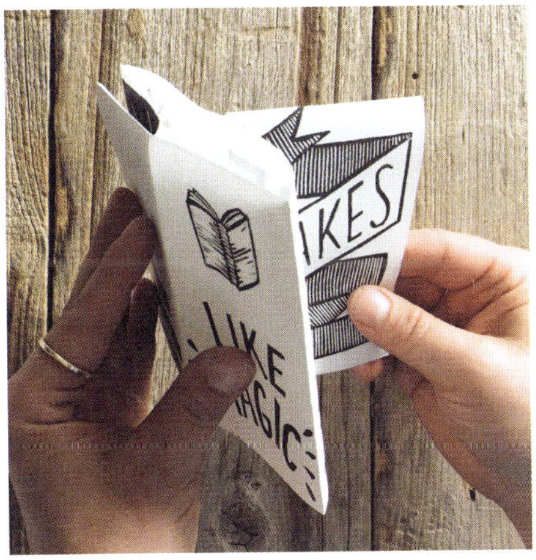

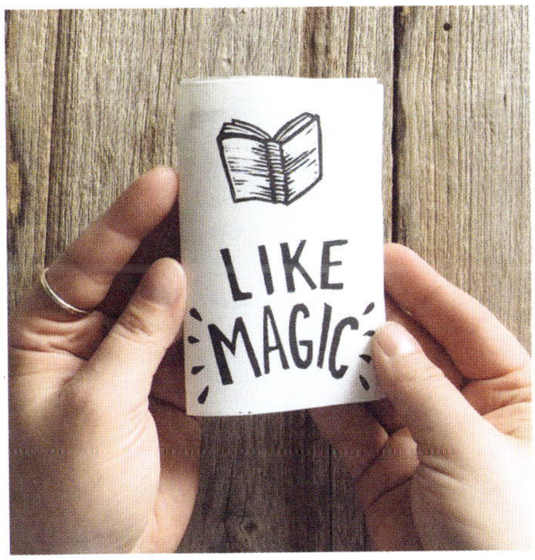

16 Die Enden komplett zusammenschieben, sodass der Schnitt sich wieder schließt und die Buchinnenseiten sich zwischen Vorder- und Rückseite schieben.

17 Das Büchlein schließen. Wenn Sie alles richtig gemacht haben, liegen Vorder- und Rückseite außen.

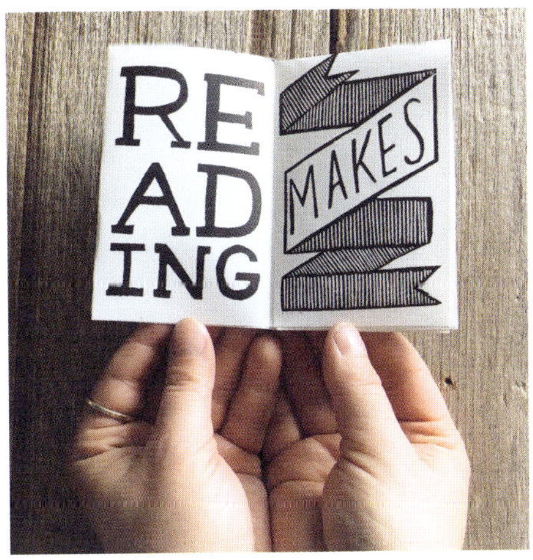

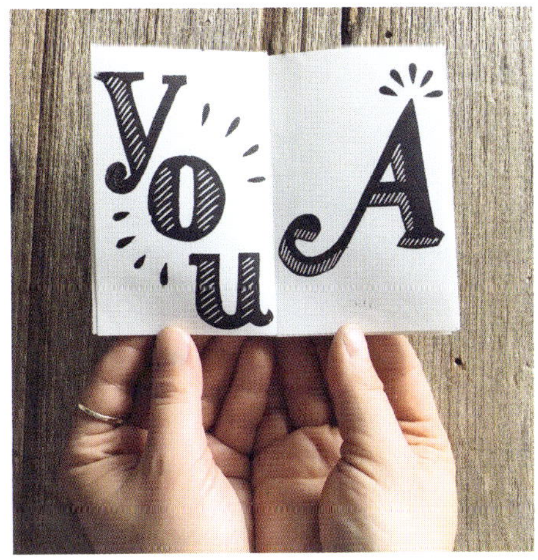

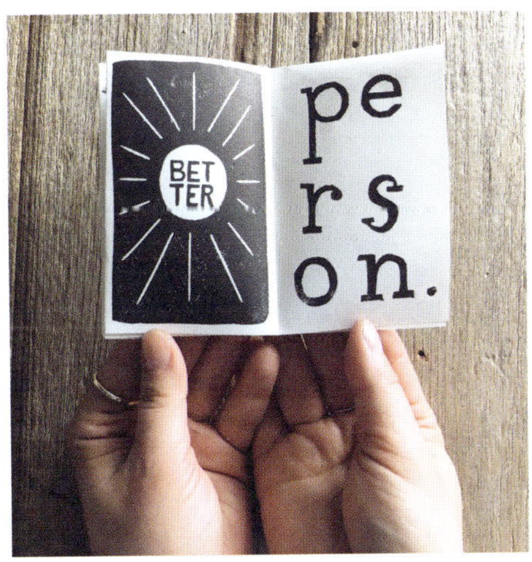

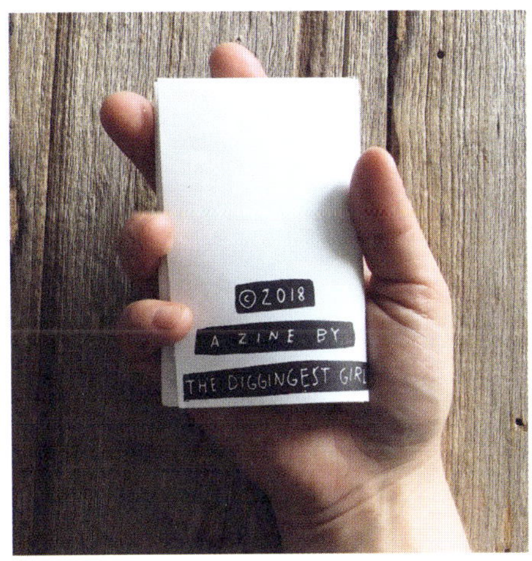

18 Falten Sie die restlichen Exemplare, und beglückwünschen Sie sich zu Ihrem ersten eigenen Zine.

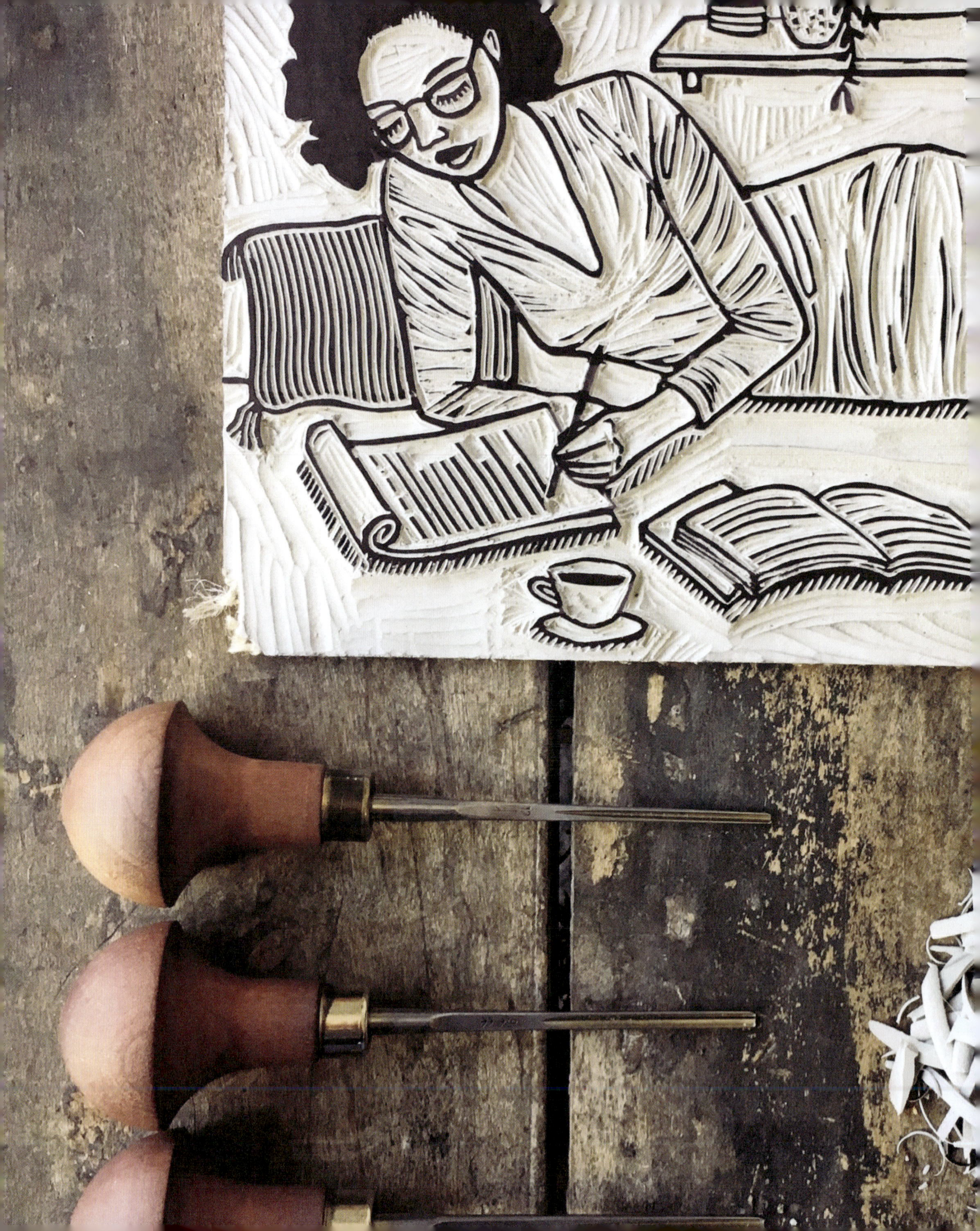

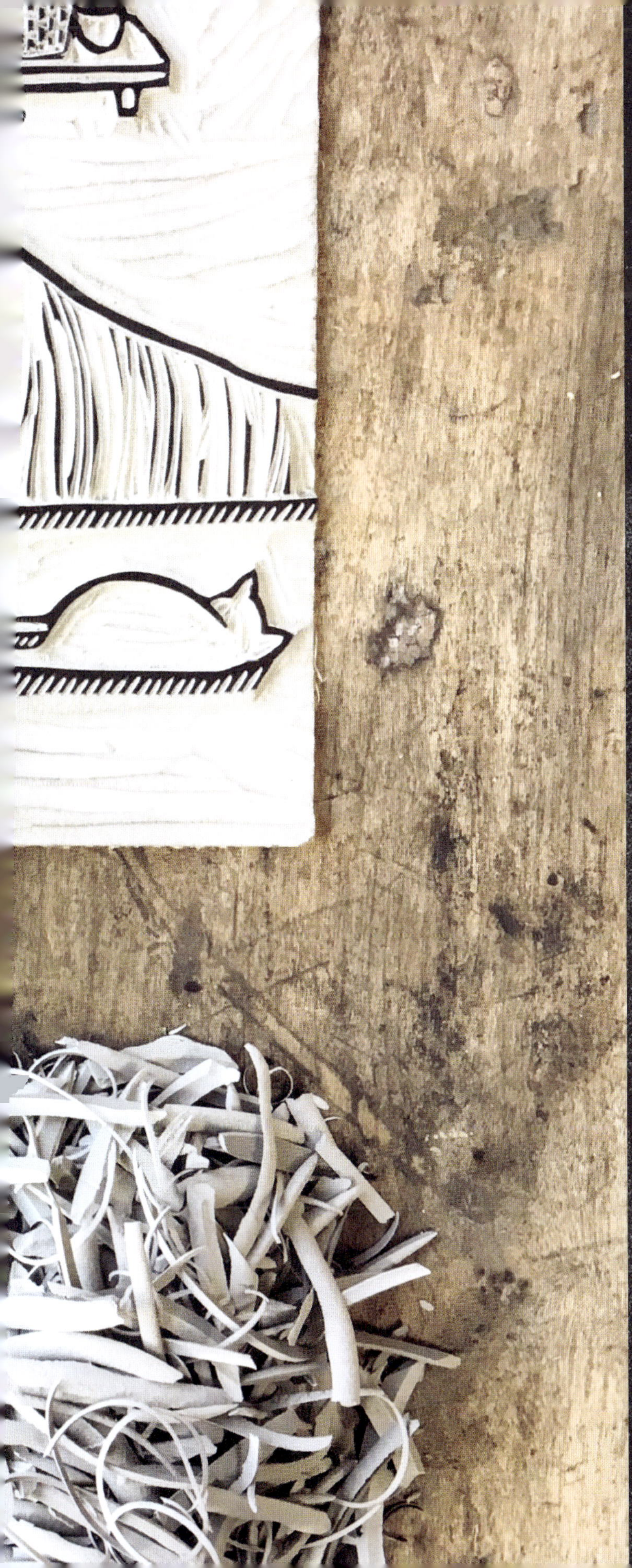

KAPITEL 4

EXPERIMENTELLE TECHNIKEN

Das Erforschen und Erproben neuer Möglichkeiten ist eine Voraussetzung für künstlerisches Wachstum und eine verlässliche Strategie zur Entwicklung einer eigenen künstlerischen Handschrift. Mögen die folgenden Projekte Ihre Kreativität anregen: Sie lernen, Druckpapier auf ungewöhnliche Weise zu verändern, einen Mehrfarbendruck im Puzzleverfahren herzustellen, einen Farbverlauf zu erzeugen und Druckgrafiken mit Stickerei zu verzieren, um nur einige zu nennen. Außerdem berichten drei zeitgenössische Druckgrafikerinnen über ihre Arbeit, unter ihnen auch eine Textildruckerin.

PROJEKT:

GUMMIBLOCK-PUZZLE

Werkzeuge und Materialien

- Reste von Gummiplatten
- Zeichenpapier, 21,0 × 29,7 cm
- Druckpapier, 18 × 23 cm
- Bleistift
- Transparentpapier
- Schnittbesteck
- Washi-Tape oder Malerkrepp
- Palette
- 3 Druckfarben
- Palettmesser
- Farbwalze(n)
- Baren
- Selbstheilende Schneidematte
- Bastelmesser

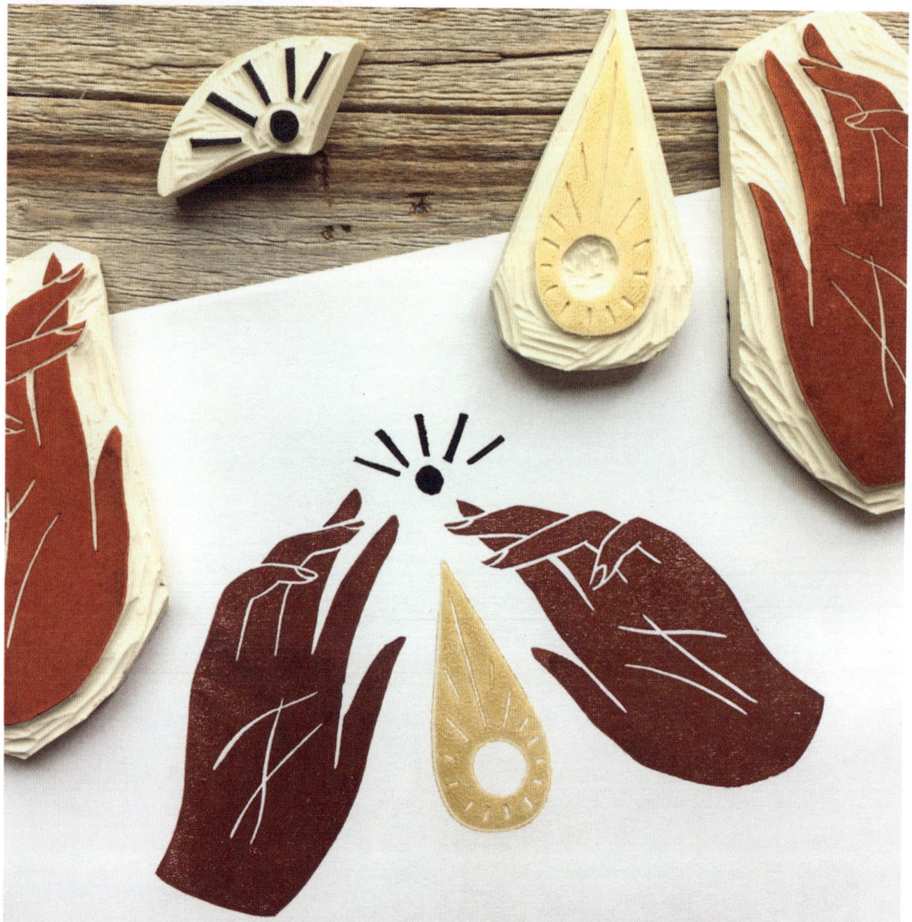

Eine einfache und effiziente Möglichkeit, in einem einzigen Druckvorgang einen Mehrfarbendruck herzustellen, ist das Puzzleverfahren: Eine Platte wird in Segmente zerschnitten, die separat eingefärbt und dann wie ein Puzzle wieder zusammengesetzt werden. Sie können, wenn Sie mögen, mit einem einfachen Motiv wie hier beginnen oder sich gleich an ein komplizierteres Puzzle mit vielen Segmenten und Farben wagen. Für solche Projekte verwende ich gerne Gummiplatten. Sie sind weicher als Linoleum und lassen sich mit sehr wenig Kraftaufwand sauber schneiden, sodass auch kleine Blöcke mit komplizierten Motiven problemlos zu bearbeiten sind.

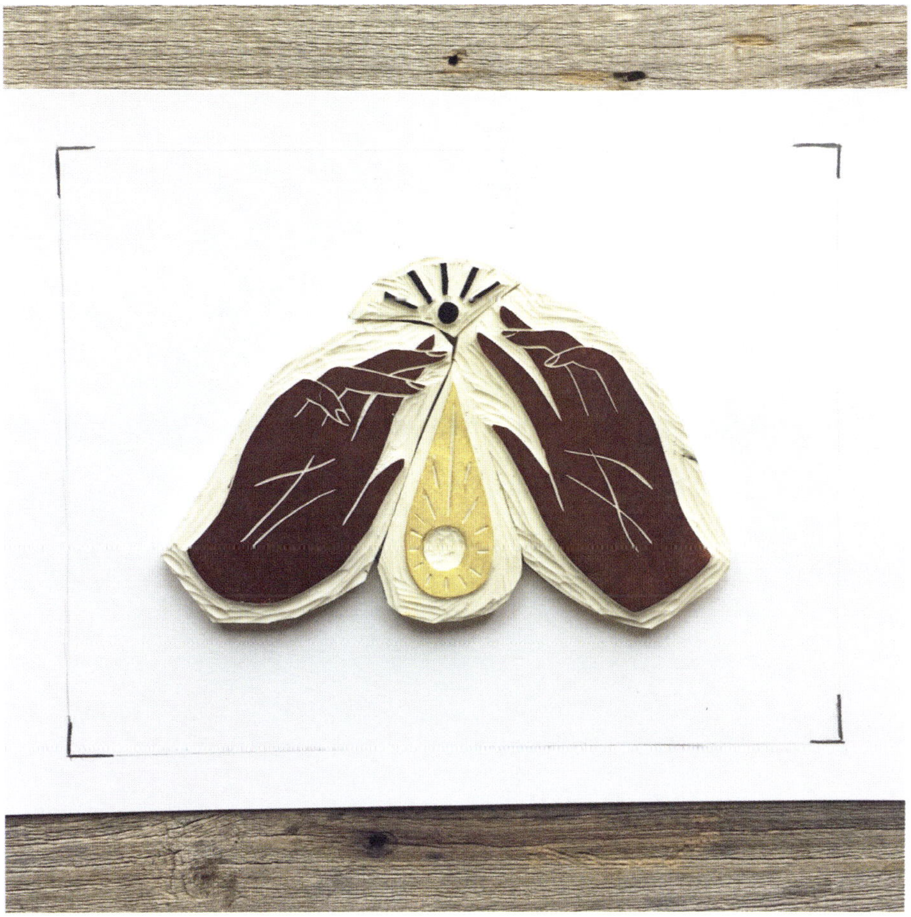

1 Entwerfen Sie ein zwei- oder mehrfarbiges Motiv. Übertragen Sie Ihren Entwurf auf Gummiplatten (zum Beispiel mit Transparentpapier, siehe S. 33).

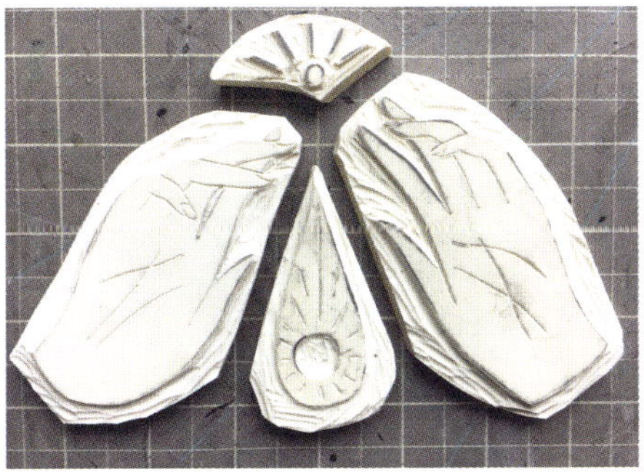

2 Schneiden Sie alles weg, was nicht gedruckt werden soll. Zerschneiden Sie das Motiv mit einem scharfen Bastelmesser vorsichtig in einzelne Segmente – am besten auf einer selbstheilenden Schneidematte.

3 Legen Sie einen Bogen Druckpapier (18 × 23 cm) auf ein größeres Blatt Papier, und ziehen Sie mit einem spitzen Bleistift die Konturen nach. Die Druckblöcke innerhalb dieses Rahmens arrangieren und die Umrisse einzeichnen.

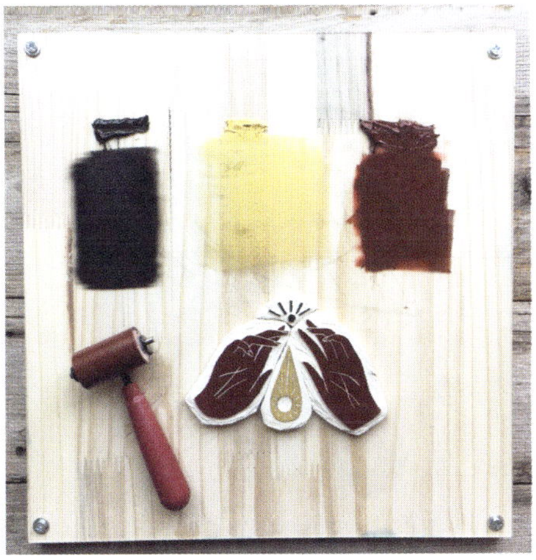

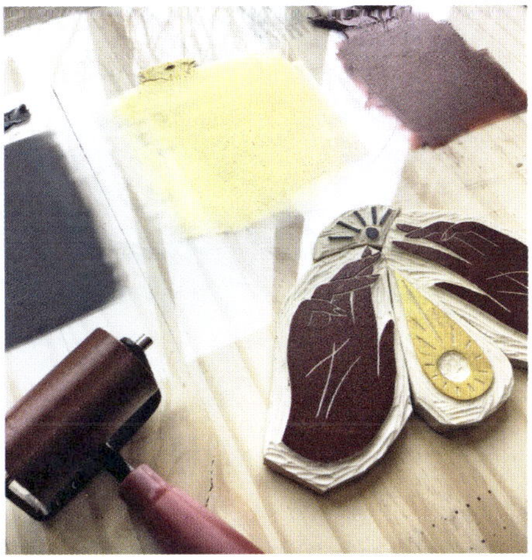

4 Die Farben für die Platten auswählen und anmischen. (Ich habe Caligo Safe-Wash-Hochdruckfarben in Naphtolrot, Umber natur, gebrannter Siena und Schwarz sowie Aqua Linoldruck Linoprint in Gold von Schmincke verwendet.) Die Farben mit dem Palettmesser verteilen, auswalzen und die Blöcke mit schmalen Walzen einfärben.

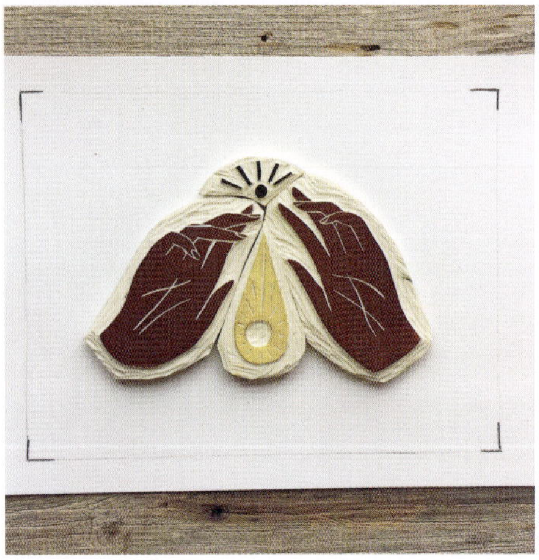

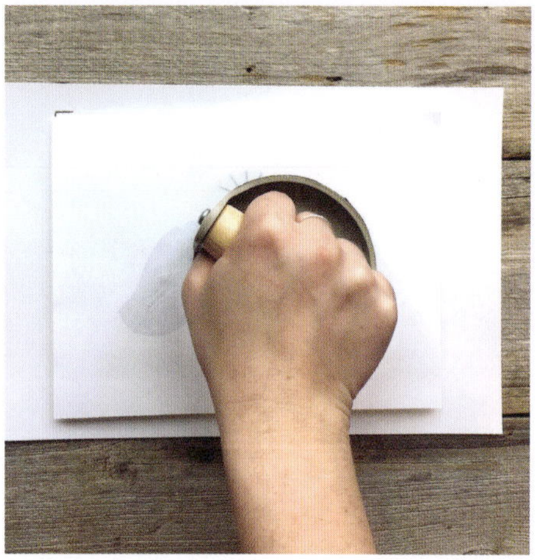

5 Die Blöcke auf dem Druckrahmen wie gewünscht anordnen.

6 Einen Bogen Druckpapier auflegen und mit einem gepolsterten Baren nur leicht andrücken. Gummiplatten sind sehr weich und biegsam – wenn beim Drucken zu viel Druck ausgeübt wird, droht die Farbe zu verschmieren.

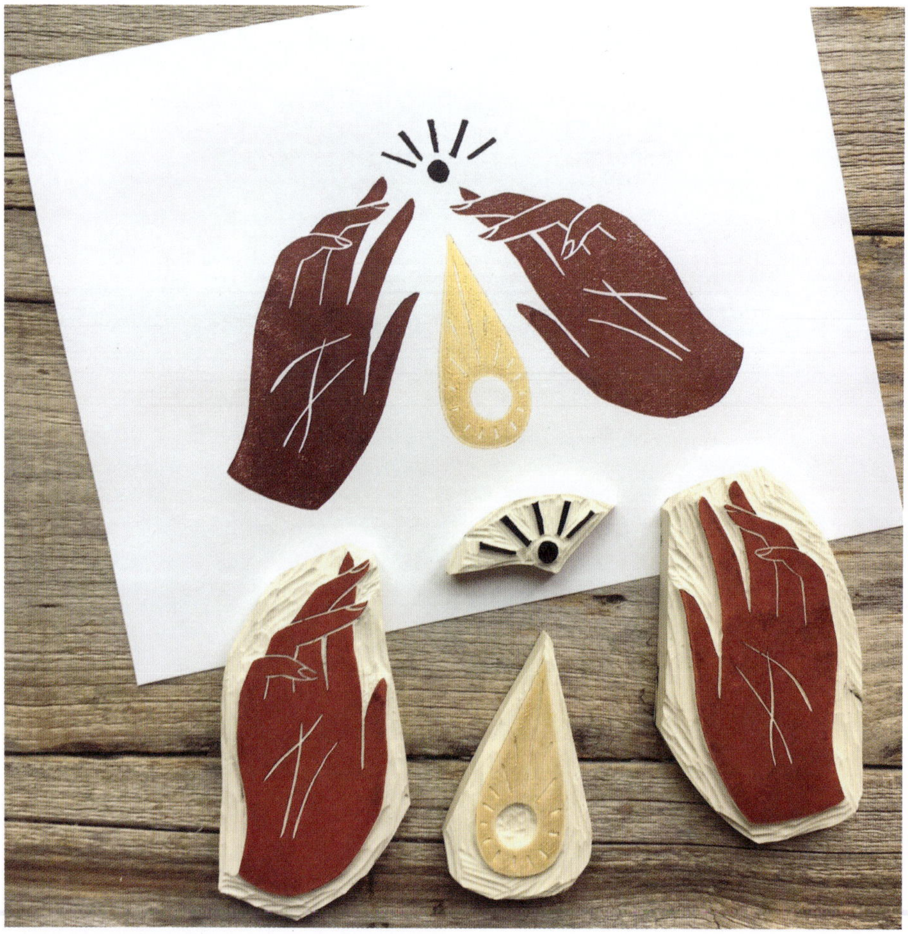

7 Das Papier vorsichtig abziehen und zum Trocknen zur Seite legen.

PROJEKT:

VERSCHIEDENE BILDTRÄGER

Werkzeuge und Materialien für den Druck

- Gummiplatte, 10 × 15 cm
- Zeichenpapier, 21,0 × 29,7 cm
- Permanentmarker mit feiner Spitze
- Bleistift
- Transparentpapier
- Washi-Tape oder Malerkrepp
- Schnittbesteck
- Palette
- Schwarze Druckfarbe
- Palettmesser
- Farbwalze
- Baren

Werkzeuge und Materialien für den Bildträger

- Druckpapier (12,5 × 18 cm; mittlere bis schwere Qualität)
- Seidenpapier
- Leim (zum Beispiel Mod Podge® matt)
- Leimpinsel
- Aquarell-/Gouachefarbe, Pinsel und Wasserbecher
- Salz
- Ein altes Buch, Zeitung oder Magazin
- Beutel Schwarztee
- Nadel und Faden oder Nähmaschine
- Buntes Papier
- Klebeband
- Buntstift in gedämpfter Farbe
- Baren
- Transparentpapier
- Bastelmesser oder Locher
- Selbstheilende Schneidematte
- Weiche Bürste oder Zeichenbesen

Für Druckgrafiken wird meist schlichtes, weißes Papier als Bildträger verwendet. Manchmal jedoch lassen sich interessante Ergebnisse erzielen, wenn man den Bildträger vorher bearbeitet. Die Gesamtwirkung eines Werks kann auf diese Weise stark verändert werden.

Mit dem Bildhintergrund herumzuexperimentieren macht Spaß und bietet sich an, wenn Sie das Gefühl haben, in Ihrer künstlerischen Praxis auf der Stelle zu treten. Lassen Sie es also nicht bei den wenigen hier vorgestellten Vorschlägen bewenden: Fordern Sie sich selbst, überlegen Sie, auf welche Weise Sie Ihr Druckpapier noch bearbeiten können, erweitern Sie Ihren kreativen Horizont. Bei diesem Projekt steht der Bildträger im Vordergrund. Der Entwurf des Motivs und die Ausarbeitung des Blocks bleiben Ihnen überlassen. Sie wissen ja, wie es geht.

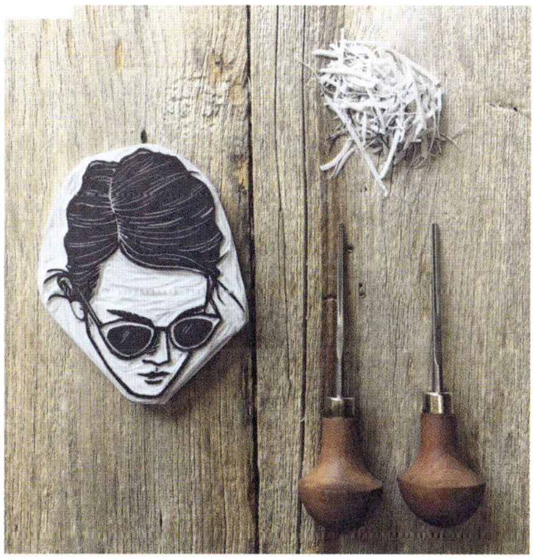

1 Zeichnen Sie Ihr Motiv, übertragen Sie es auf die Gummiplatte, und schneiden Sie es.

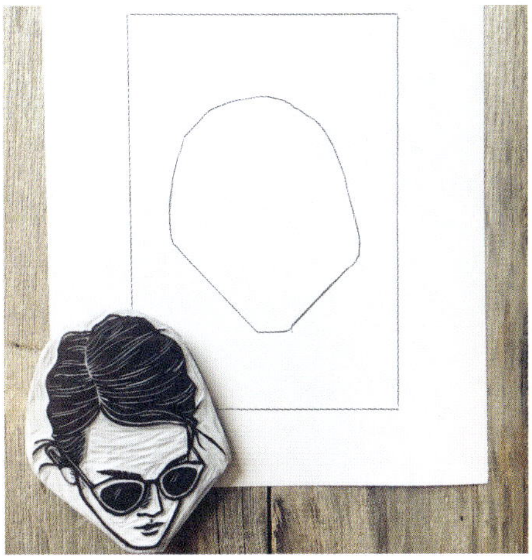

2 Zeichnen Sie die Konturen Ihres Druckpapiers und Ihres Druckstocks auf einen größeren Bogen Papier.

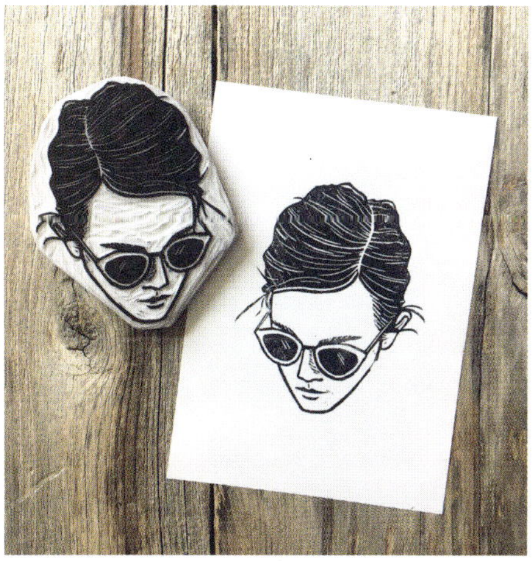

3 Drucken Sie Ihr Motiv. Bei weicheren Druckplatten reicht es, nur leichten Druck auszuüben.

Wenn Sie das Druckpapier auf irgendeine Weise einfärben möchten, lassen Sie es vor dem Drucken immer vollständig trocknen. Sobald es mit Feuchtigkeit in Berührung kommt, wird es sich wellen oder verziehen. Damit es wieder halbwegs plan wird, können Sie die getrockneten Papierbogen unter einem Stapel schwerer Bücher pressen. Ich empfehle für dieses Projekt die Verwendung weicherer Gummiplatten, die sich satter an unebene Oberflächen anschmiegen.

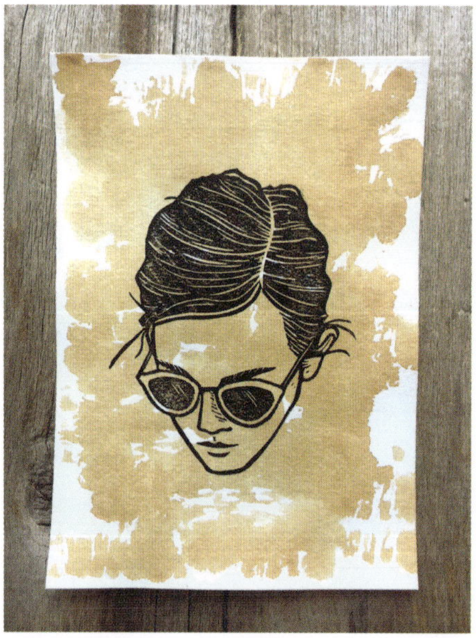

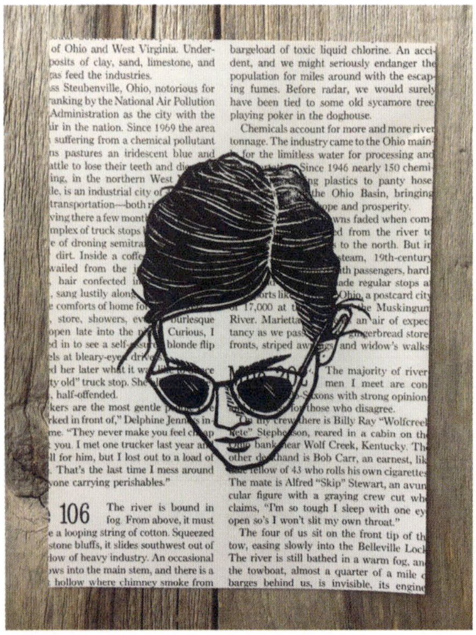

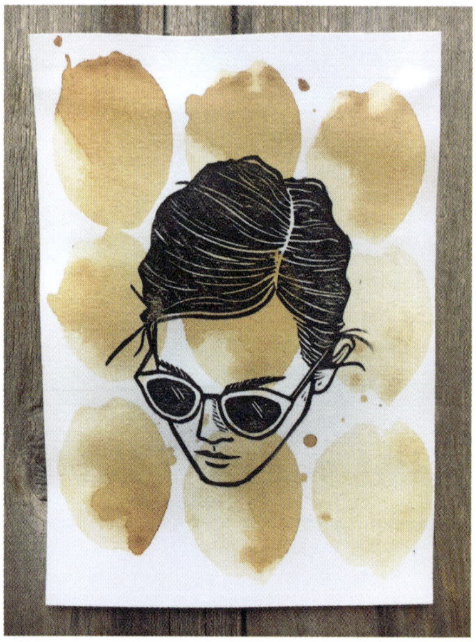

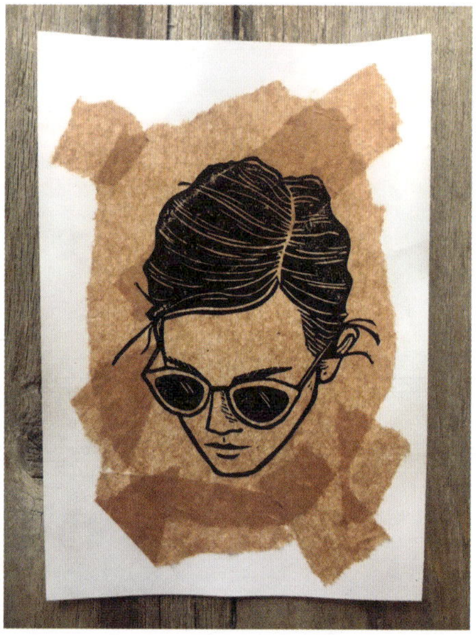

Hintergrund: Buchclub

Ein schlichtes Verfahren: Schneiden (oder reißen) Sie einfach eine Buch- oder Zeitungsseite auf die passende Größe zu, und drucken Sie Ihr Motiv darauf. Durch Verbessern, Einkreisen oder Unterstreichen einzelner Wörter können Sie dem Text eine eigene Botschaft unterlegen.

Hintergrund: Tea Party

Tauchen Sie einen frischen Schwarzteebeutel in Wasser, und tupfen Sie damit auf das Druckpapier. Sie können den Teebeutel auch leicht über das Papier ziehen. Auf beide Arten entstehen interessante Muster und Texturen.

Hintergrund: Seidenpapier-Lagen

Streichen Sie in Form gerissenes Seidenpapier mit matt trocknendem Leim ein, und kleben Sie es auf schweres Druckpapier. Die Oberfläche mit Leim versiegeln.

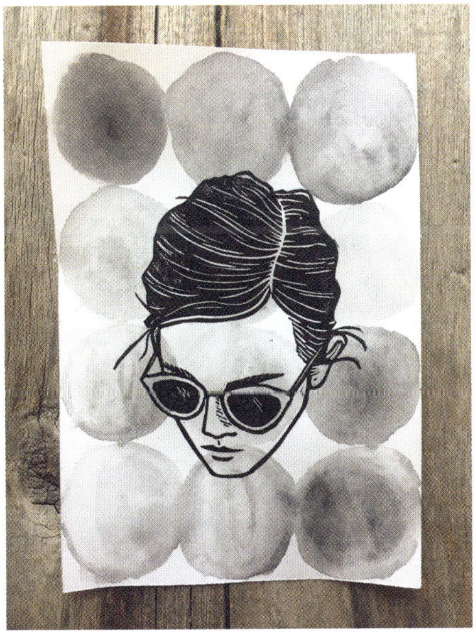

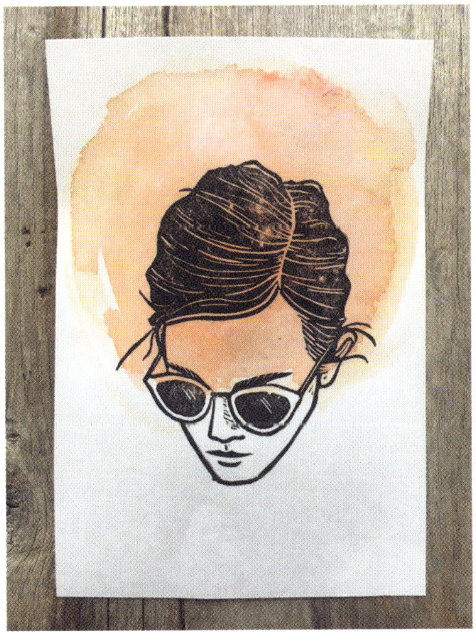

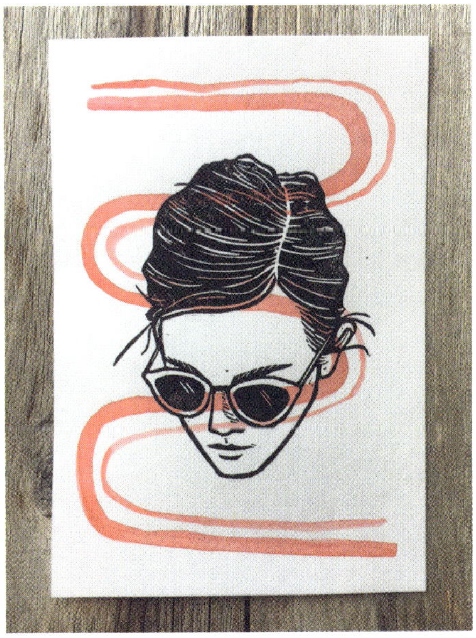

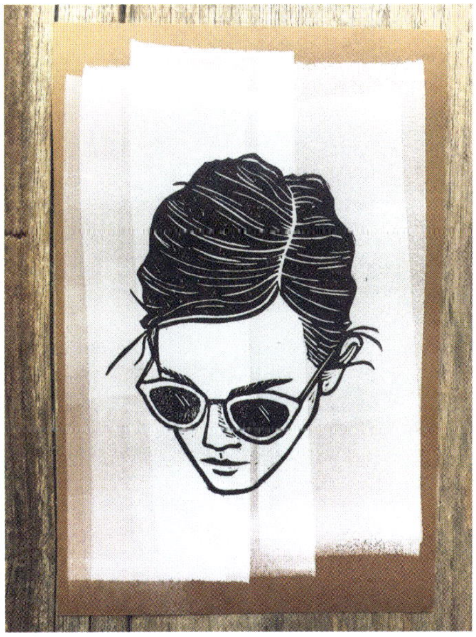

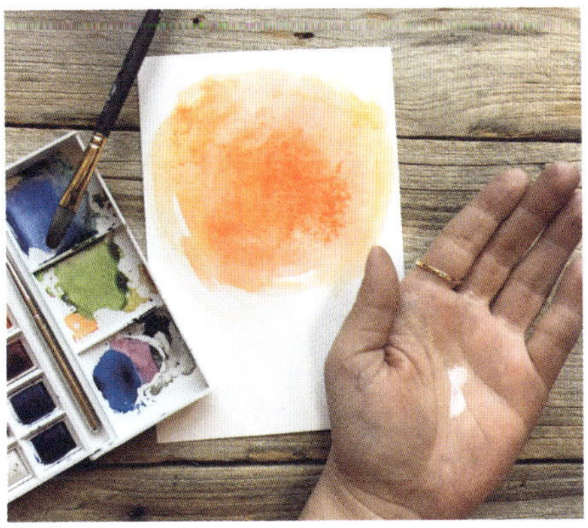

Hintergrund: gemalt

Verleihen Sie einem einfachen Druck mit Farbe und Pinsel interessante optische Akzente. Für unterschiedliche Stimmungen experimentieren Sie mit unterschiedlichen Mustern und Farben: entweder auf trockenem Papier oder Nass in Nass, nachdem Sie das Papier mit einem sauberen Pinsel zunächst mit Wasser angefeuchtet haben. Geben Sie eine Prise Salz hinzu – auf einer feuchten Oberfläche saugt es die Farbe auf, sodass lauter kleine Sprenkel entstehen. Das Salz nach dem Trocknen der Farbe und vor dem Drucken abbürsten.

Hintergrund: aufgewalzt

Bei mir liegen häufig fertig zugeschnittene Papiere von anderen Projekten herum. Beim Saubermachen verwende ich sie oft zum Abrollen meiner Farbwalze. Nicht selten entsteht so ein toller Bildhintergrund mit Schichtoptik, auf den sich wunderbar drucken lässt. Auch buntes Papier eignet sich für solche Experimente.

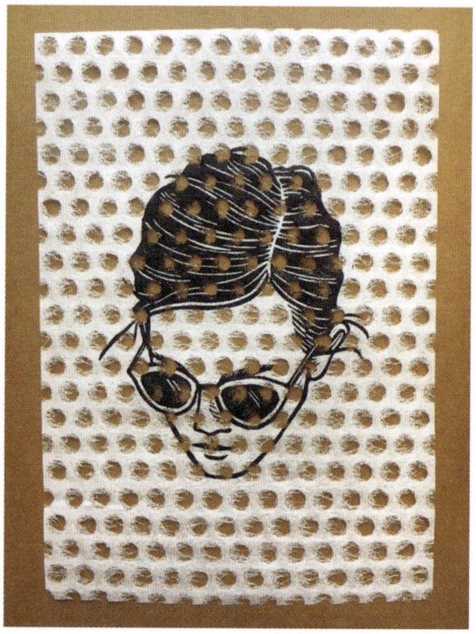

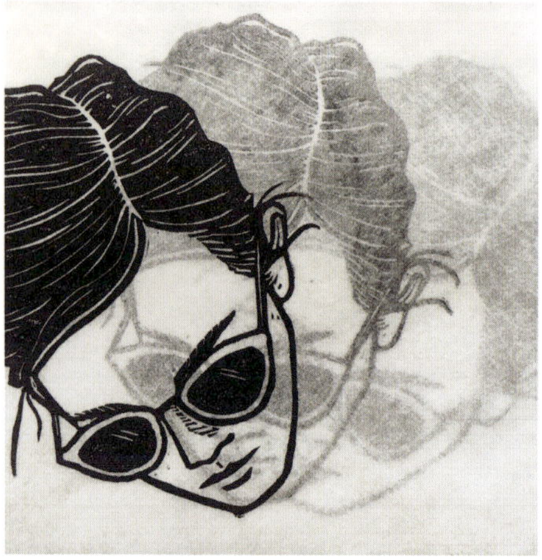

Hintergrund: Schattenspiel

Ein interessantes Verfahren, obwohl der Hintergrund selbst dabei gar nicht bearbeitet wird: Drucken Sie Ihr Motiv auf mehrere Bogen Transparentpapier, und schieben Sie die Bogen anschließend so lange auf dem Druckpapier hin und her, bis Ihnen das Arrangement gefällt.

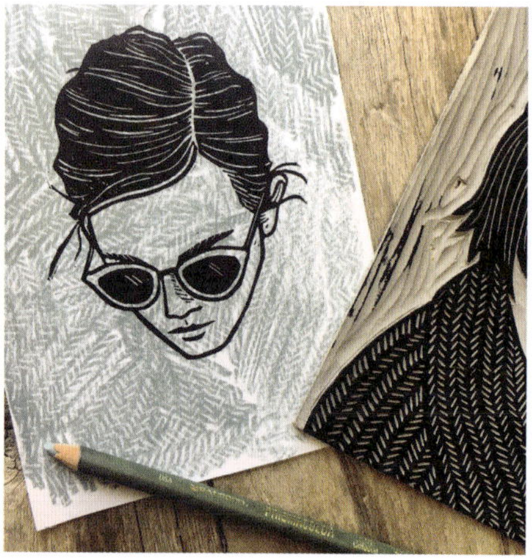

Hintergrund: Frottage

Alte Druckstöcke lassen sich für Frottagen verwenden. Das macht Spaß und ist ganz einfach. Probieren Sie es mit dem Quiltmuster-Block von Ihrem allerersten Projekt (siehe S. 50). Legen Sie das Druckpapier auf den sauberen, trockenen Block, und reiben Sie das Relief mit einem Bleistift oder Buntstift in einem gedämpften Farbton ab. Verschieben Sie das Blatt zwischendurch, um das Muster aufzubrechen.

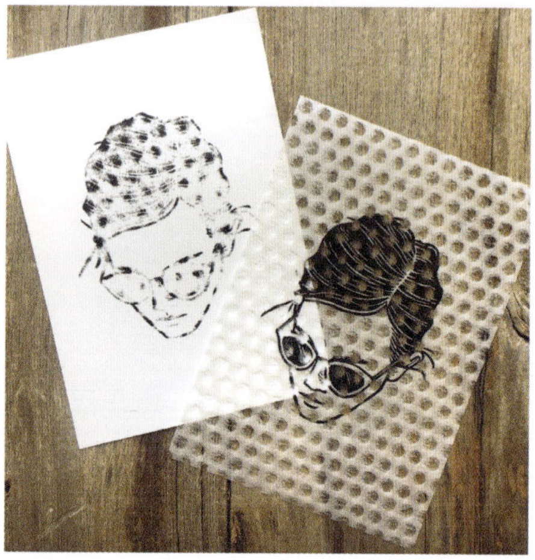

Hintergrund: Lochpapier

Drucken Sie auf Papier, in das Sie vorher Löcher gestanzt oder mit einem Bastelmesser Formen geschnitten haben. Legen Sie beim Drucken einen intakten Bogen Papier als „Puffer“ auf, damit der Baren und damit auch die Rückseite späterer Drucke sauber bleiben. Den Druck auf einen Bogen kontrastfarbenes Papier aufziehen.

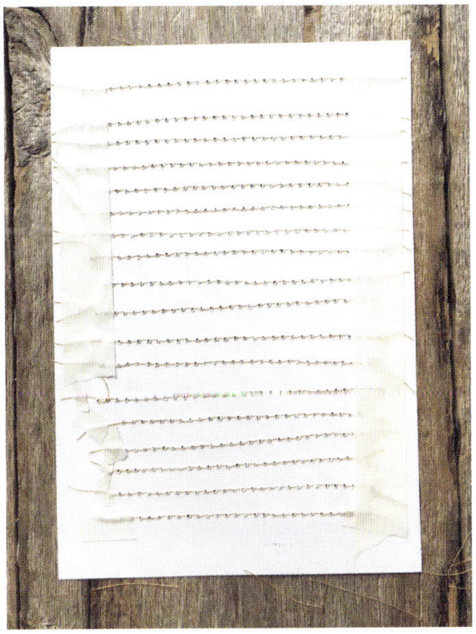

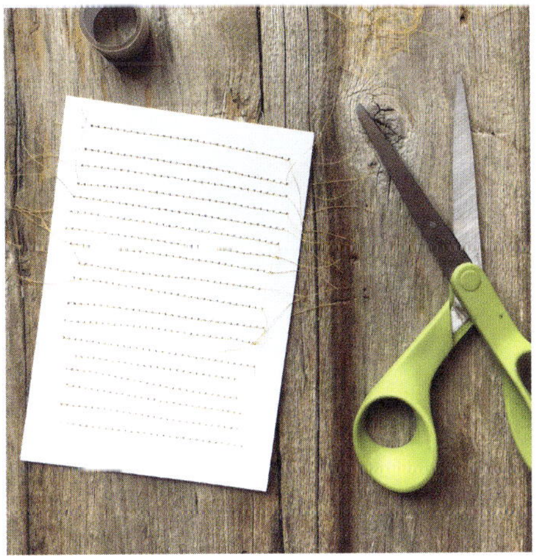

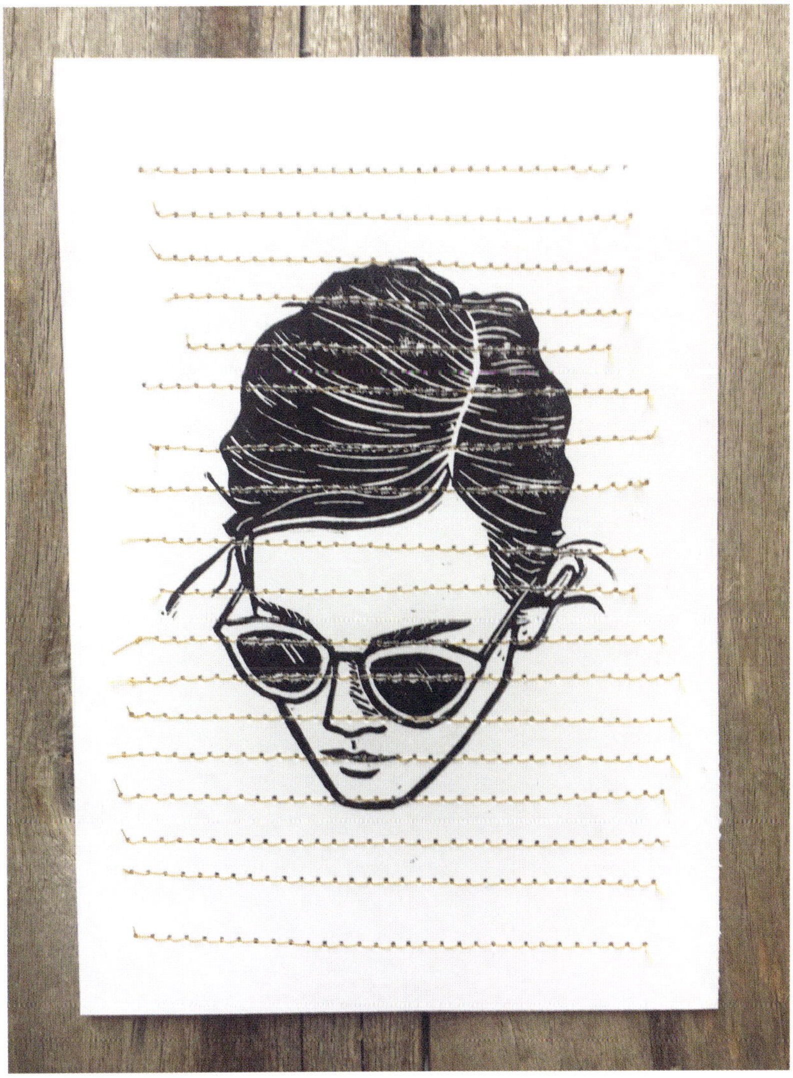

Hintergrund: genäht

Seit meiner Kindheit nähe ich gern. Deshalb suche ich immer nach Möglichkeiten, Zierstiche in meine Druckgrafiken zu integrieren. Diese schwere Pappe habe ich wie Stoff behandelt und mit der Nähmaschine mit Ziernähten versehen. Wenn Sie so etwas machen möchten, achten Sie darauf, dass das Papier beim Nähen nicht reißt. Da ich die Nähte nicht sichern konnte, habe ich die Fadenenden auf der Rückseite der Pappe einfach mit Klebeband fixiert.

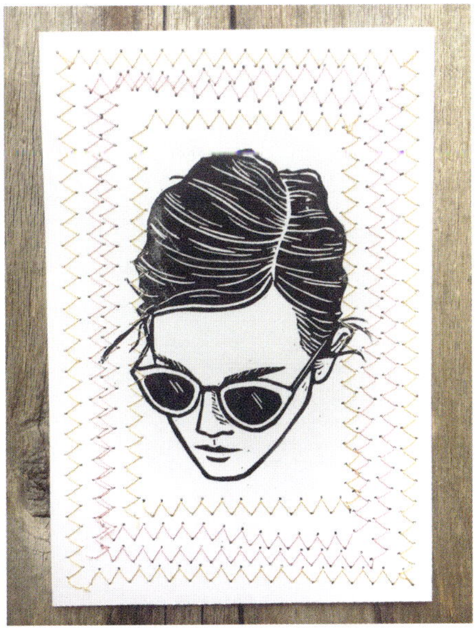

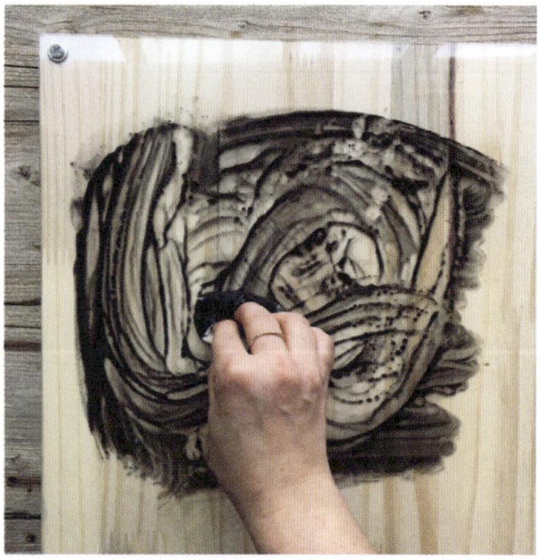
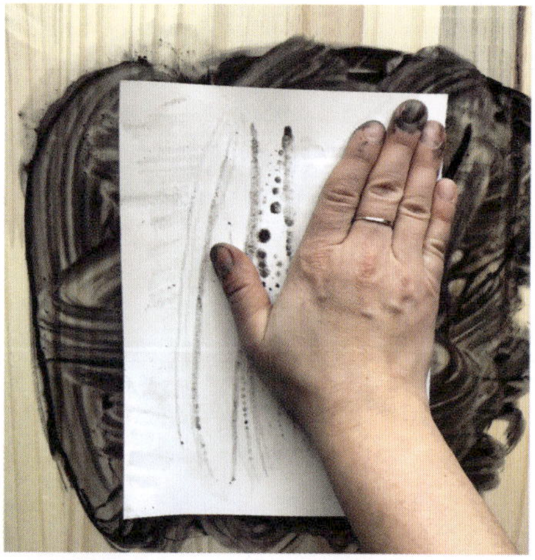
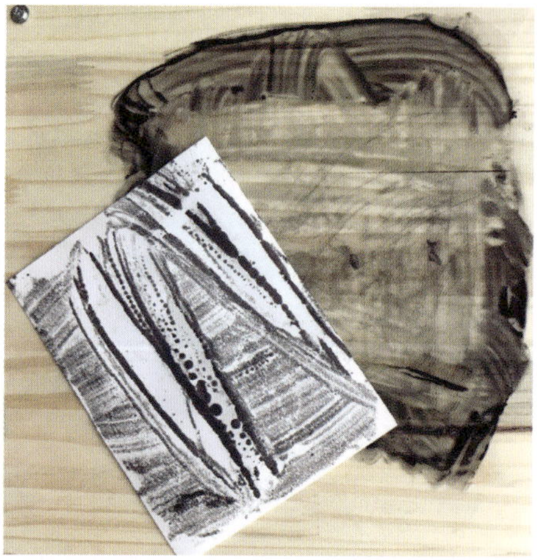

Hintergrund: verwischt

Beim Saubermachen nach einem Projekt ist mir aufgefallen, dass die Schlieren, die beim Abwischen der Farbe von der Palette entstehen, wie eine abstrakte Zeichnung aussehen. Bevor Sie die Farbe komplett entfernen, klatschen Sie sie mit einem Bogen sauberem Druckpapier ab.

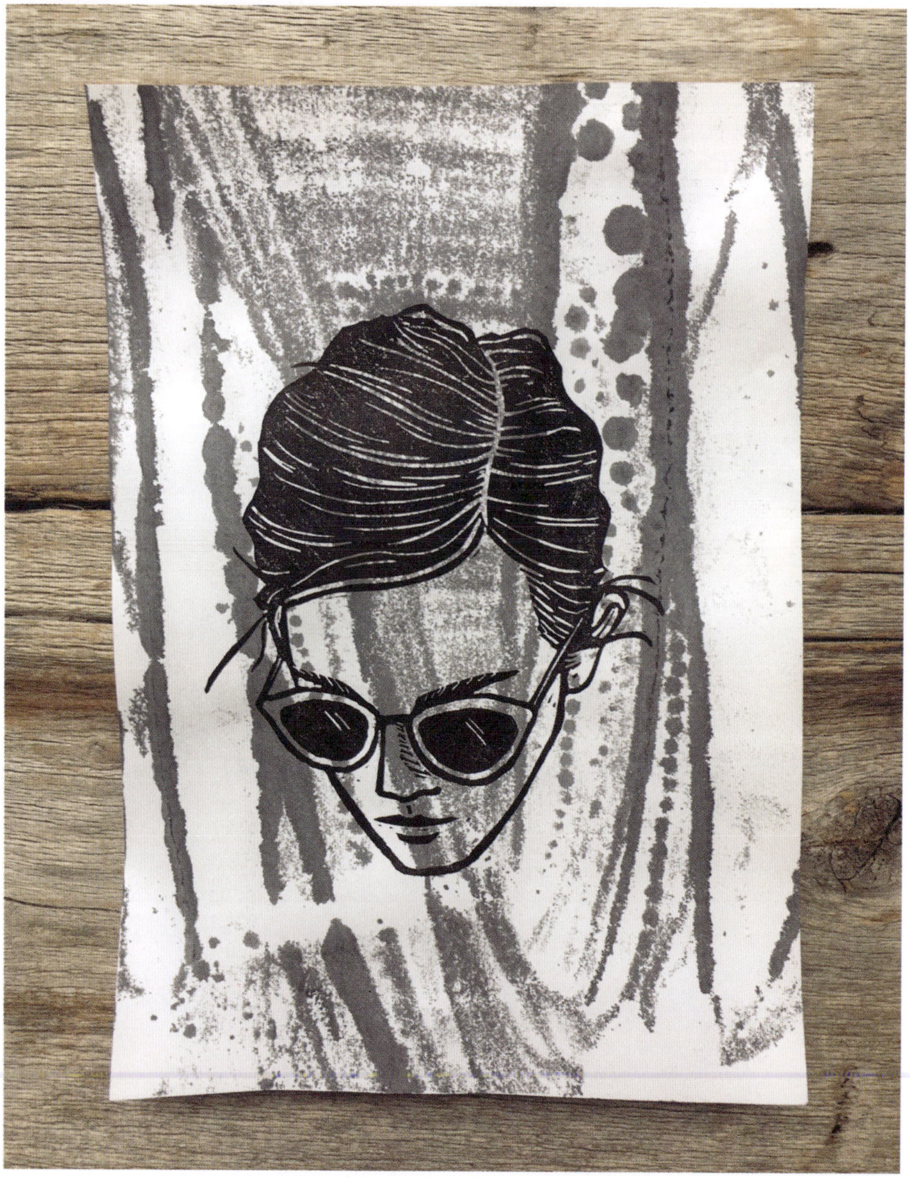

KÜNSTLERPORTRÄT

AFTYN SHAH

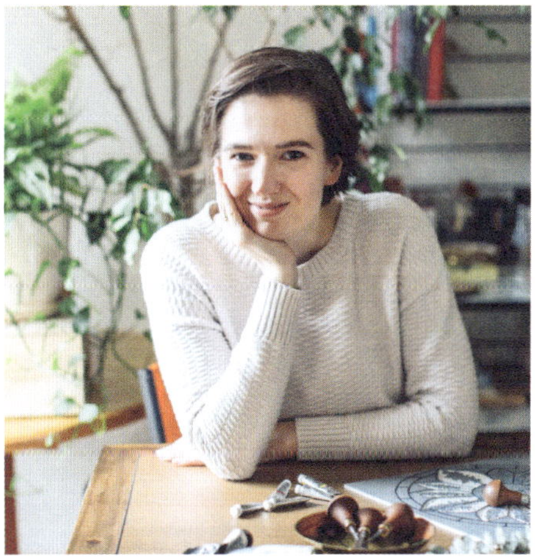

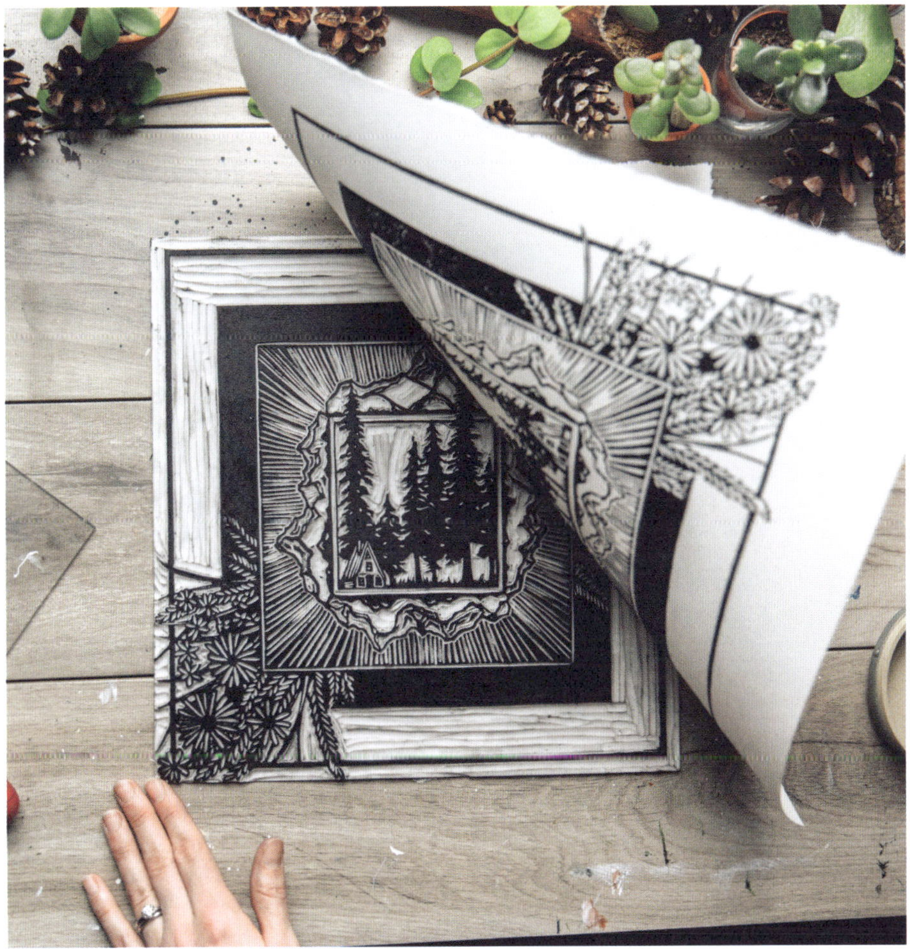

Aftyn Shah, die in ihrer Werkstatt bei Philadelphia in Pennsylvania wunderbar detailreiche Landschaftsbilder anfertigt, beschäftigt sich mit Fragen der Inspiration und Erneuerung durch die Natur. Sie vermarktet ihre Kollektion unter dem Label *Rise + Wander*, das Betrachter ihrer Werke zugleich nach draußen, ins Abenteuer, locken soll. Ihre lyrischen, spielerischen Linien verbinden sich zu kühnen Kompositionen, die ein Eigenleben zu führen scheinen.

EH: Wie ist Ihr Interesse an der Druckgrafik entstanden?

AS: Die Familie meines Mannes kommt aus Indien, und ich habe eine große Hochachtung für die indische Textilindustrie entwickelt – vor allem den Modeldruck. Ein paar Sachen habe ich geschenkt bekommen, und jedes Mal war ich hin und weg von ihrer Kunstfertigkeit. Als ich vor ein paar Jahren nach einer kreativen Beschäftigung suchte, setzte ich mir in den Kopf, einen Schal zu machen, und ging zum nächsten Bastelladen, um alles zu besorgen, was ich brauchte. Am Ende habe ich nur auf Papier gedruckt – und nie wieder damit aufgehört. Aus dem Schal ist bis heute nichts geworden.

EH: Was reizt Sie am Hochdruck besonders?

AS: Dass man nicht perfekt sein muss. Vorher habe ich gemalt oder gezeichnet. Das sind Kunstformen, bei denen man hinzufügt, hinzufügt, hinzufügt, bis das Werk der Idee, die man im Kopf hat, so nahe wie möglich kommt. So weit ist es aber nie gekommen, und das ist enttäuschend und frustrierend, ja sogar entmutigend. Beim Hochdruck nimmt man Material weg. Ich arbeite fast ausschließlich in Schwarz-Weiß (ab und an vielleicht mit einigen wenigen Farben) und kann immer nur so viel wegnehmen, bis das Werk sein Gleichgewicht zu verlieren beginnt. An einem bestimmten Punkt muss ich aufhören und einen Schritt zurücktreten. Das Gefühl, dass ich im Versuch, Perfektion zu erreichen, immer noch mehr hinzufügen muss, fehlt. Das ist befreiend. Auch liebe ich die eher rustikale Ästhetik mit gelegentlichen Ausrutschern oder auch mal ein bisschen Flickschusterei. Das macht jedes Werk zu einem einzigartigen, eigenständigen Kunstwerk.

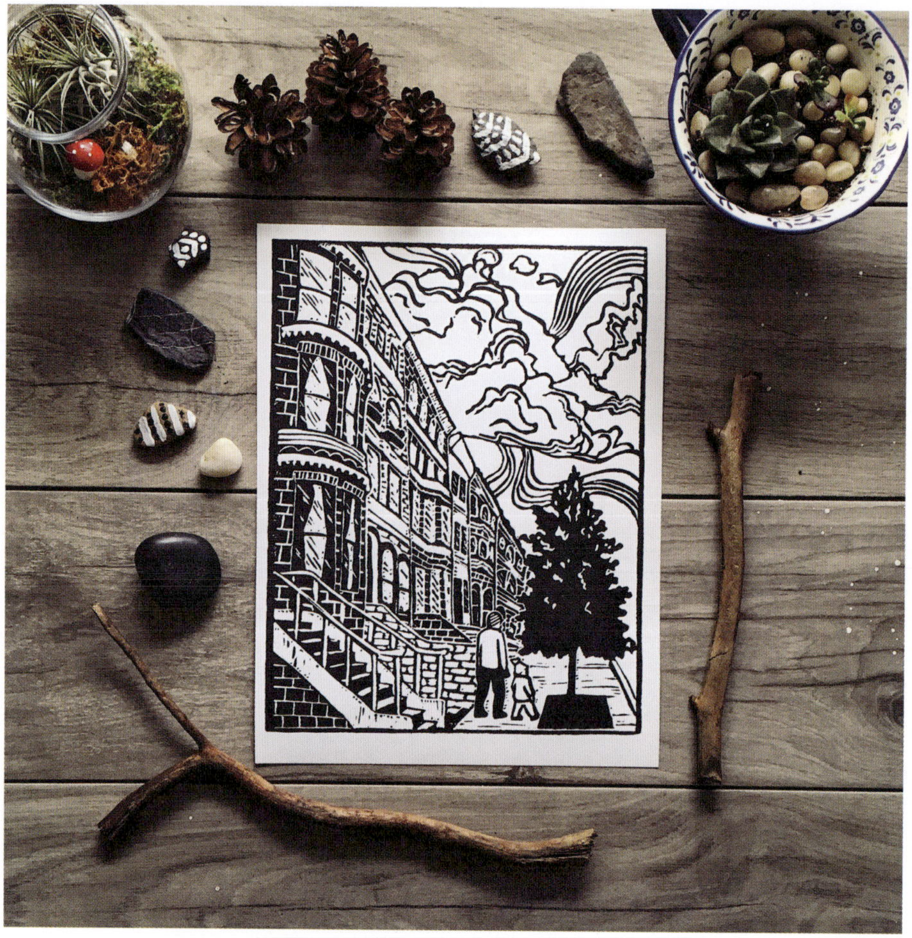

EH: Wie lange arbeiten Sie schon als Druckgrafikerin?

AS: Mein erster Druck entstand 2015 – eine Valentinskarte für Freunde – und schon im selben Jahr habe ich die Produktion allmählich gesteigert, ehe ich Anfang 2016 richtig Zeit in die Druckgrafik zu stecken begann. Im Januar 2016 habe ich *Rise + Wander* gegründet und darauf geachtet, fast jeden Tag an etwas zu arbeiten, auch wenn es nur für zehn Minuten war.

EH: Wie würden Sie Ihre Arbeit und Ihre Arbeitsweise beschreiben?

AS: Mit einem Wort? Langsam. Wenn man zwei kleine Söhne hat, wird der Lebensrhythmus – einschließlich der Kunst – von ihren Stundenplänen diktiert. Ich muss mich nach ihren Bedürfnissen richten und mir zwischendurch Zeit freischaufeln. Aus diesem Grund denke ich oft Stunden oder Tage, manchmal Wochen über einen Entwurf nach, ehe ich ihn tatsächlich zu Papier bringe. Weil ich nicht so viel Zeit habe, wie ich gerne hätte, arbeite ich so effizient wie möglich, etwa, indem ich direkt auf das Linoleum zeichne. Es kann Wochen dauern, bis ich eine Platte fertig bearbeitet habe, selbst wenn sie nicht groß ist, je nachdem, was sich sonst gerade abspielt. Früher war ich oft ungeduldig und frustriert, weil es so lange dauert, doch ich habe angefangen, mich mit diesem Tempo anzufreunden. So kann ich die Platte jedes Mal mit neuen Augen sehen und die Richtung, die ich eingeschlagen habe, beurteilen.

EH: Wovon lassen Sie sich hauptsächlich inspirieren?

AS: Definitiv von der Natur in all ihren Erscheinungsformen. Vom Majestätischen, vom winzig Kleinen, vom Wilden, vom Schönen. Ich liebe es, mit meiner Familie spazieren zu gehen oder alleine zu wandern und vor meinem geistigen Auge Bilder zu entwerfen. Ich denke gerne darüber nach, wie ich unterschiedliche Details und Texturen mit schwarzen und weißen Linien oder Flächen wiedergeben könnte.

EH: Wie bleiben Sie im Alltag kreativ?

AS: Ich glaube, das fällt mir leicht, weil ich so wenig Zeit habe. Ich verbringe einen großen Teil des Tages damit, über Ideen nachzudenken, Eindrücke aufzunehmen (zum Beispiel von den kreativen Projekten meines Sohnes, unseren schönen Zimmerpflanzen, Ausblicken beim Wandern) und miteinander zu verknüpfen. Wenn ich endlich zur Tat schreiten kann, bin ich richtig aufgeregt.

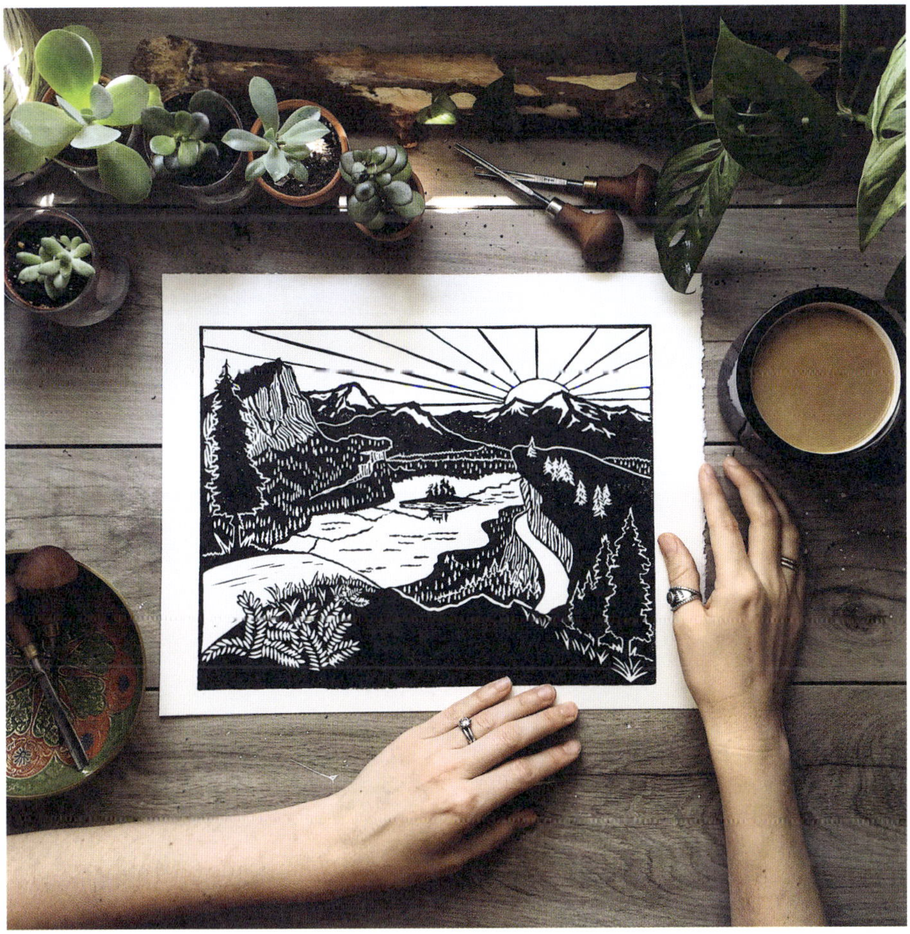

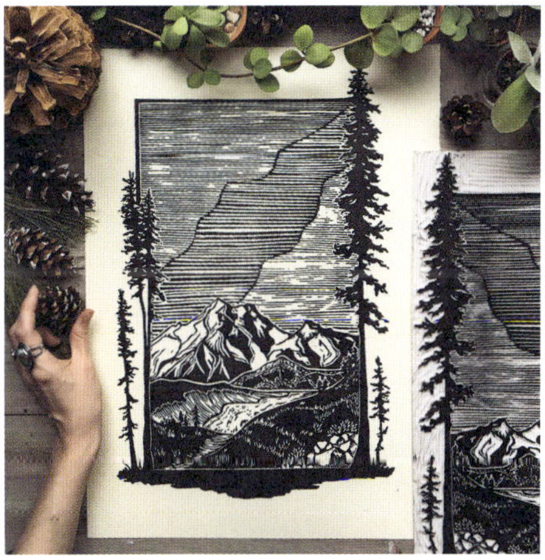

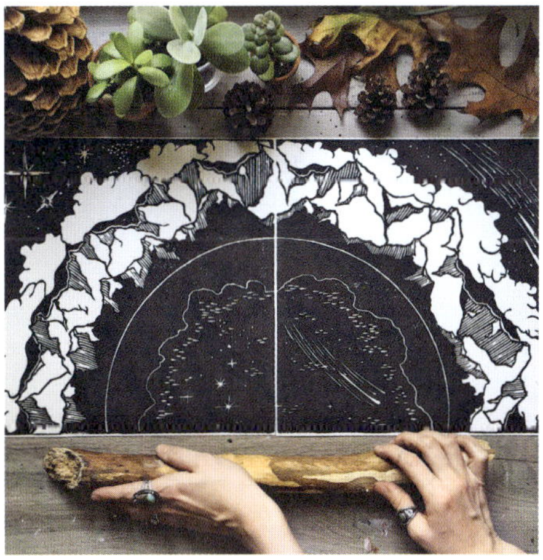

EH: Beschreiben Sie den Raum, in dem Sie künstlerisch tätig sind. Haben Sie zu Hause ein Atelier, haben Sie einen Raum angemietet oder arbeiten Sie in einem Druckkollektiv?

AS: Ich arbeite zu Hause in meinem Atelier, das früher ein formelles Esszimmer war. Es ist ein schöner, großer und recht heller Raum, der mir ermöglicht, in unmittelbarer Nähe meiner Familie zu arbeiten und zwischen meinen Rollen als Mutter, Ehefrau und Künstlerin zu wechseln. Mein Lieblingsstück ist ein riesiger Teppich, den meine Schwiegereltern uns geschenkt haben und der fast den ganzen Fußboden einnimmt. Das Muster ist einfach, aber durch ihn wirkt der Raum gemütlich und hübsch.

EH: Welcher Rat war der beste, den Sie als KünstlerIn je bekommen haben?

AS: „Nicht jeder wird mögen, was Sie machen.“ Wenn wir kreativ sind, bringen wir auf die eine oder andere Weise einen Teil unserer selbst in unser Werk ein, und wenn wir es öffentlich zeigen, wollen wir natürlich, dass es geschätzt wird. Leider teilt nicht jeder unseren Geschmack oder unsere Vorstellungen, und das müssen wir einfach akzeptieren. Es ist wichtig, es nicht persönlich zu nehmen. Egal, wie viel Arbeit Sie in ein Werk investieren – Sie müssen es mögen, dann haben Sie Selbstvertrauen genug, gelassen hinzunehmen, wenn jemand es kritisiert oder gar ablehnt.

EH: Wenn Sie einen Tag mit drei von Ihnen bewunderten (lebenden oder toten) Künstlerinnen oder Künstlern verbringen könnten, für wen würden Sie sich entscheiden?

AS: Für Emily Carr, Frida Kahlo und Jane LaFarge Hamill. Jede von ihnen hat ihre ureigene Sichtweise, und ich würde mich einfach gerne in ihrem genialen Talent sonnen.

Besuchen Sie Aftyn Shah auf ihrer Website unter www.riseandwander.com

PROJEKT:

FANTASIELANDSCHAFT

Werkzeuge und Materialien

- Lose Linolplatte, 20,5 × 25,5 cm
- Druckpapier, 23 × 30,5 cm
- Bleistift
- Permanentmarker mit feiner Spitze
- Transparentpapier
- Schnittbesteck
- Washi-Tape oder Malerkrepp
- Palette
- Schwarze Druckfarbe
- Palettmesser
- Farbwalze
- Baren

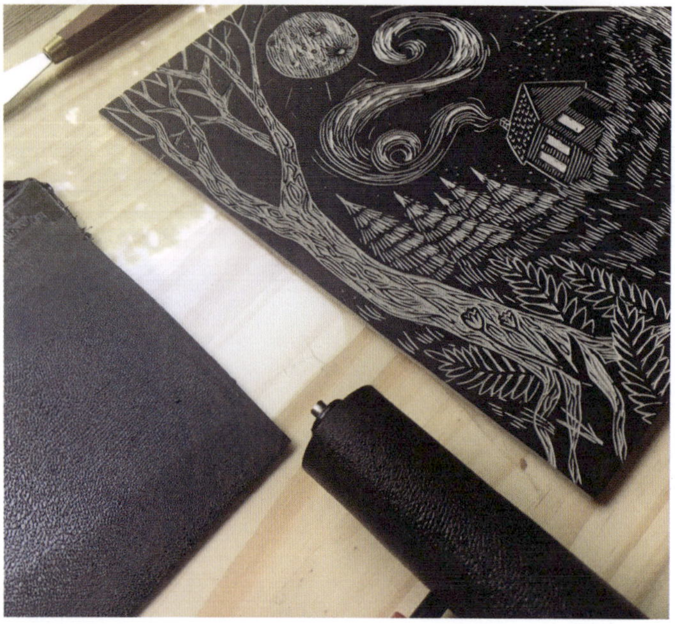

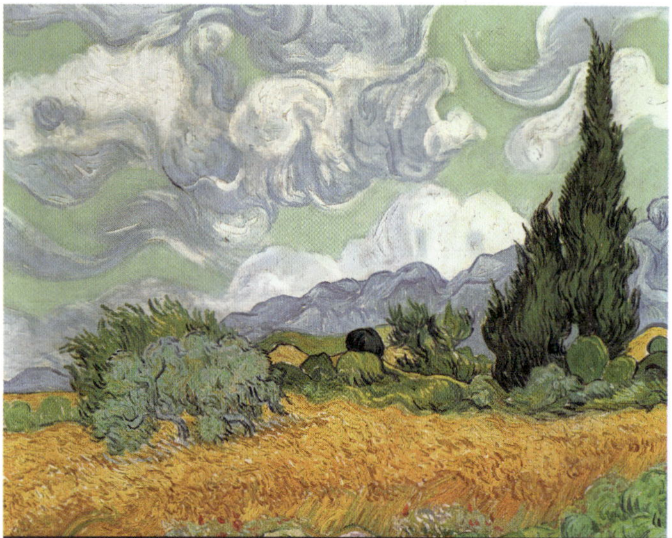

Weizenfeld mit Zypressen, Vincent van Gogh, 1889

Normalerweise rate ich dazu, nach Anschauung zu arbeiten und sich auf seine Beobachtungsgabe zu verlassen, doch bei diesem Projekt ist alles anders. Oft wirken Bilder, die aus der Erinnerung an einen Ort entstehen, lebendiger und origineller als traditionelle *Plein-air*-Studien oder Werke nach fotografischen Vorlagen. Lassen Sie die Realität einfach los, damit sich der Ausdruck entfalten kann.

Besuchen Sie einen Ort. Saugen Sie die Atmosphäre in sich auf. Zeichnen Sie mit Ihren Sinnen. Folgen Sie mit den Augen dem Treibgut, das einen Bach hinunterströmt. Lassen Sie sich den Geruch der Blätter unter Ihren Füßen in die Nase steigen, und nehmen Sie das Muster wahr, das sie auf dem Waldboden erzeugen. Lauschen Sie dem Wind, wenn er wellenartig durch die Bäume bricht. Sehen Sie zu, wie Wolken sich türmen und über den Himmel jagen, wenn die sinkende Sonne den Horizont rot färbt. Die Natur ist lebendig, und Sie können diese Lebendigkeit in Ihren Bildern einfangen.

Halten Sie dann im Atelier Ihre Eindrücke in Skizzen fest. Versuchen Sie, locker und frei aus dem Handgelenk zu zeichnen; lassen Sie es einfach fließen. Auch die Beschäftigung mit der Malweise bedeutender Postimpressionisten wie Emily Carr und Vincent van Gogh kann sinnvoll sein. Hier ist van Goghs Werk *Weizenfeld mit Zypressen* von 1889 abgebildet. Es wirkt, als sei die Landschaft im Fluss. Im Vordergrund ist mit kurzen, stakkatohaften Pinselstrichen ein dichtes Getreidefeld angedeutet, während die Zypressen im Mittelgrund durch längere Pinselstriche ein bisschen zerzaust wirken, was dem Entwurf mehr Raum zum Atmen gibt. Jeder einzelne Pinselstrich dieses Bildes kündet vom Wehen des Windes und lenkt den Blick des Betrachters. Obwohl van Gogh mit Ölfarbe auf Leinwand malte, lässt sich sein Umgang mit Linien auf die Druckgrafik übertragen.

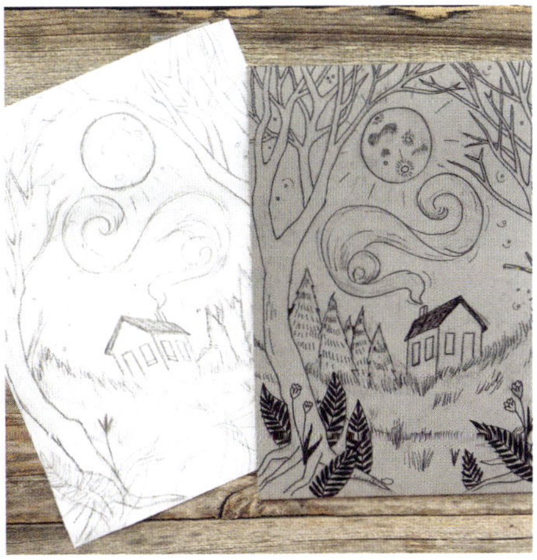

Darauf sollten Sie achten

Eine klare Gliederung in Vorder-, Mittel- und Hintergrund sorgt für eine ausgeglichene Bildwirkung.

Mit geschwungenen, gerichteten Linien können Sie in einer ansonsten statischen Szene Bewegung erzeugen.

Variieren Sie die Linienbreiten und -längen, um Ihrem Motiv Textur, Energie und optische Tiefe zu verleihen.

1 Ausgehend von der Erinnerung an ein Lagerfeuer mit Freunden habe ich eine nächtliche Landschaft skizziert, die die Atmosphäre jenes Abends einfangen sollte. Zwei kahle Bäume mit Farnen im Wurzelbereich bilden den Vordergrund und zugleich einen Rahmen für eine Wiese, ein paar Fichten und eine Hütte, die sich über den Mittelgrund erstrecken. Der Rauch, der aus dem Schornstein aufsteigt, reicht bis in den schwarzen, sternenklaren Nachthimmel.

2 Komplizierte Zeichnungen mit vielen Details übertrage ich gerne direkt auf den Druckstock, indem ich sie mit der Vorderseite nach unten auf dem Druckstock festklebe und mit dem Griff eines Markers abreibe (siehe S. 32). Anschließend ziehe ich die Linien mit Permanentmarker nach und nehme, falls erforderlich, Korrekturen vor.

3 Damit die Grafik später möglichst ungezwungen wirkt, habe ich auf einen genauen Schnittplan verzichtet. Beim intuitiven Bearbeiten einer Druckplatte kann einem schon mal mulmig werden, doch oft erzielt man überraschend ausdrucksstarke Ergebnisse. Unten rechts sehen Sie ein paar Details meiner Druckplatte.

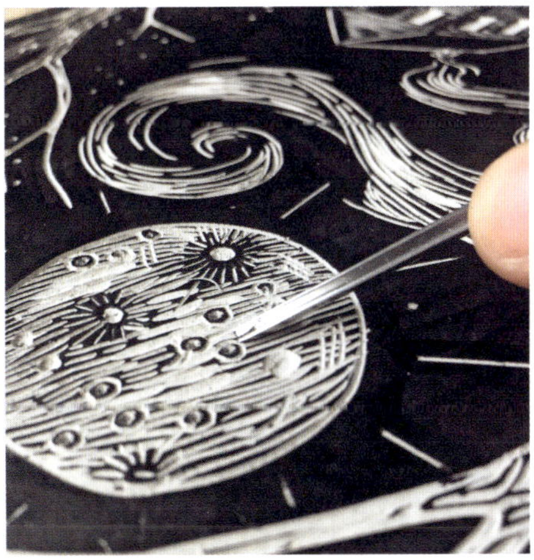

Der Mond: Um das Volumen des Mondes zu betonen, habe ich ihn mit einem 0,5-mm-Hohleisen mit geraden und leicht gebogenen Linien schraffiert (siehe S. 74). Die Krater und Pocken sind mit einem 2-mm-Hohleisen entstanden.

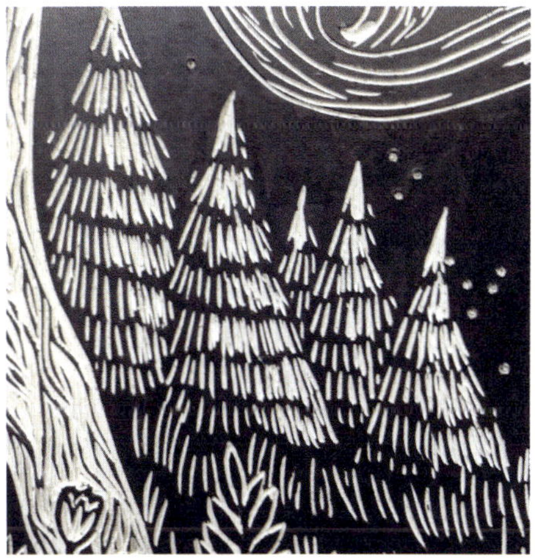

Die Fichten: Ein paar kurze, parallele Schnitte mit einem 1-mm-Geißfuß, und schon erkennt man eine Fichte. Rechts sind mit dichteren Schraffuren jeweils Schlaglichter angedeutet, die reflektierendes Mondlicht suggerieren und den Bäumen Plastizität verleihen.

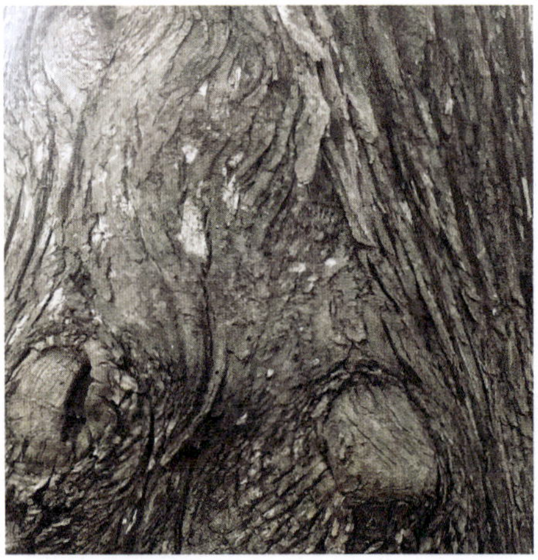

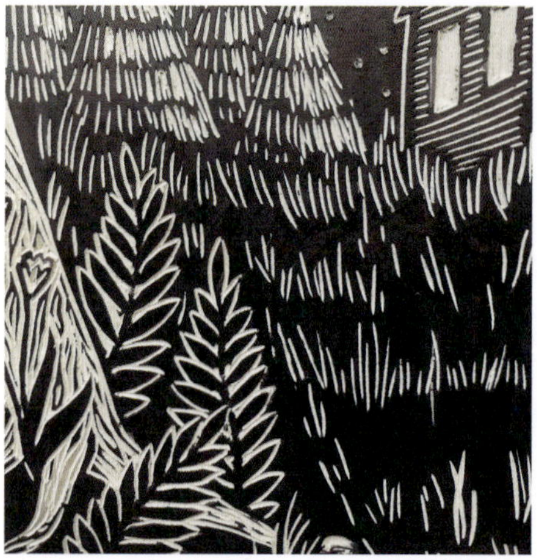

Boden: Da der Vordergrund dem Betrachter am nächsten ist, habe ich dort mehr Details eingearbeitet: kleine Blumen und Farne und ein paar Grasbüschel, die aus schmalen, aufrechten Linien bestehen.

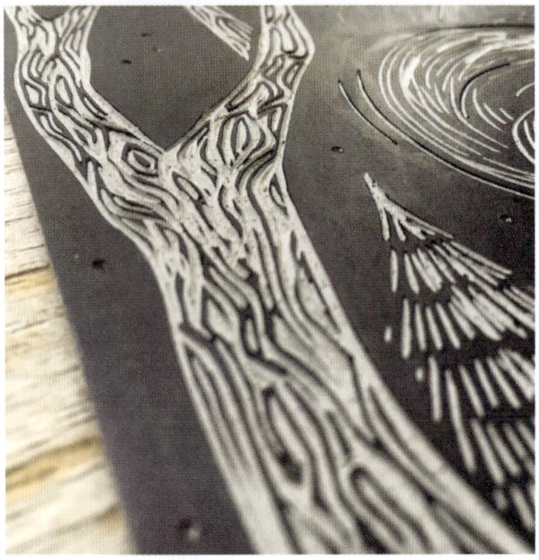

Baumstamm: Inspiriert von van Goghs Zypressen, habe ich für die Gestaltung der beiden Bäume im Vordergrund ein Foto von Zypressenrinde verwendet. Zunächst habe ich alle Konturen geschnitten, damit die Bäume sich gut vom Hintergrund abheben. Die Rinde besteht aus einander kreuzenden, berührenden und ausweichenden Linien.

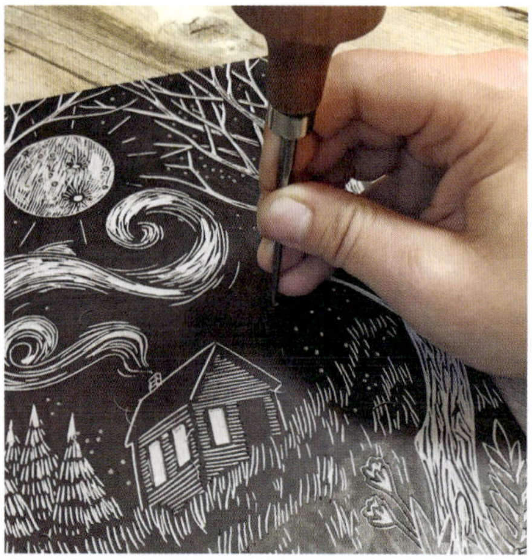

Sterne: Die Sterne bestehen aus winzigen Löchern, die ich mit einem 0,5-mm-Hohleisen in den Druckstock geschnitten habe. Das geht so: Das Werkzeug lotrecht aufsetzen und gerade nach unten drücken, bis die Klinge sich festbeißt; das Messer anschließend an Ort und Stelle drehen. Anstatt die Sterne gleichmäßig über den Himmel zu verteilen, habe ich sie so gruppiert, dass sie wie ein Fluss dahinmäandern.

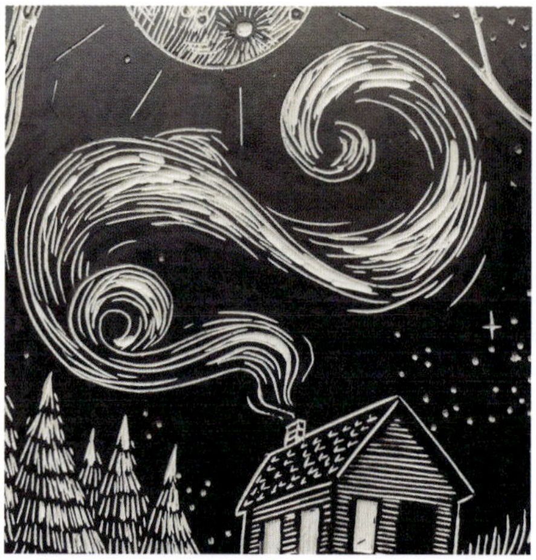

Rauch: Ohne definierte Kontur und mit breiten Abständen zwischen den Linien kann der Rauch frei und luftig durch das Bild wabern. Lange, spielerische Linienwirbel führen den Blick durch den Bildraum. Ich habe einen 1-mm-Geißfuß, ein 0,5-mm-Hohleisen und ein 2-mm-Hohleisen verwendet, um für Abwechslung zu sorgen. Die breiteren Linien scheinen mehr Licht einzufangen.

Hütte: Die Parallelschraffuren symbolisieren die Holzverkleidung und verstärken die perspektivische Wirkung. Winzige Kerben deuten Dachschindeln an, die das Mondlicht einfangen.

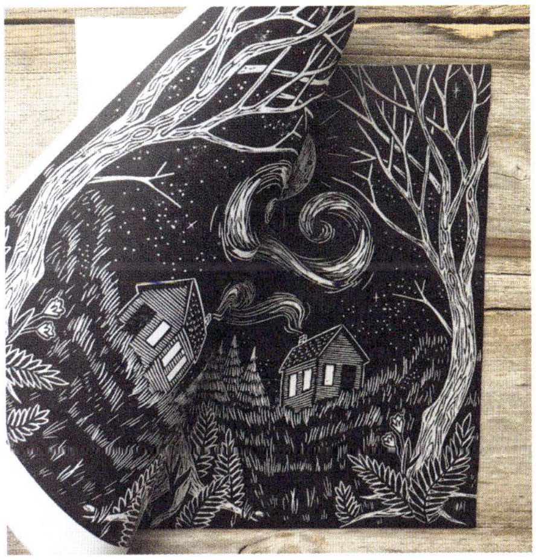

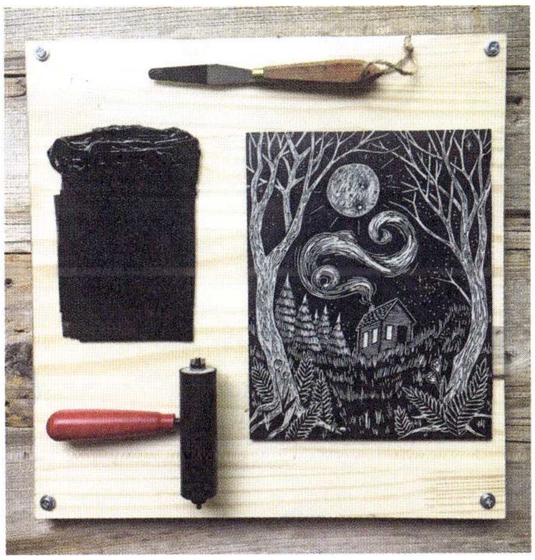

4 Drucken Sie Ihr Werk wie üblich (siehe Drucktechniken, S. 40).

Der fertige Druck

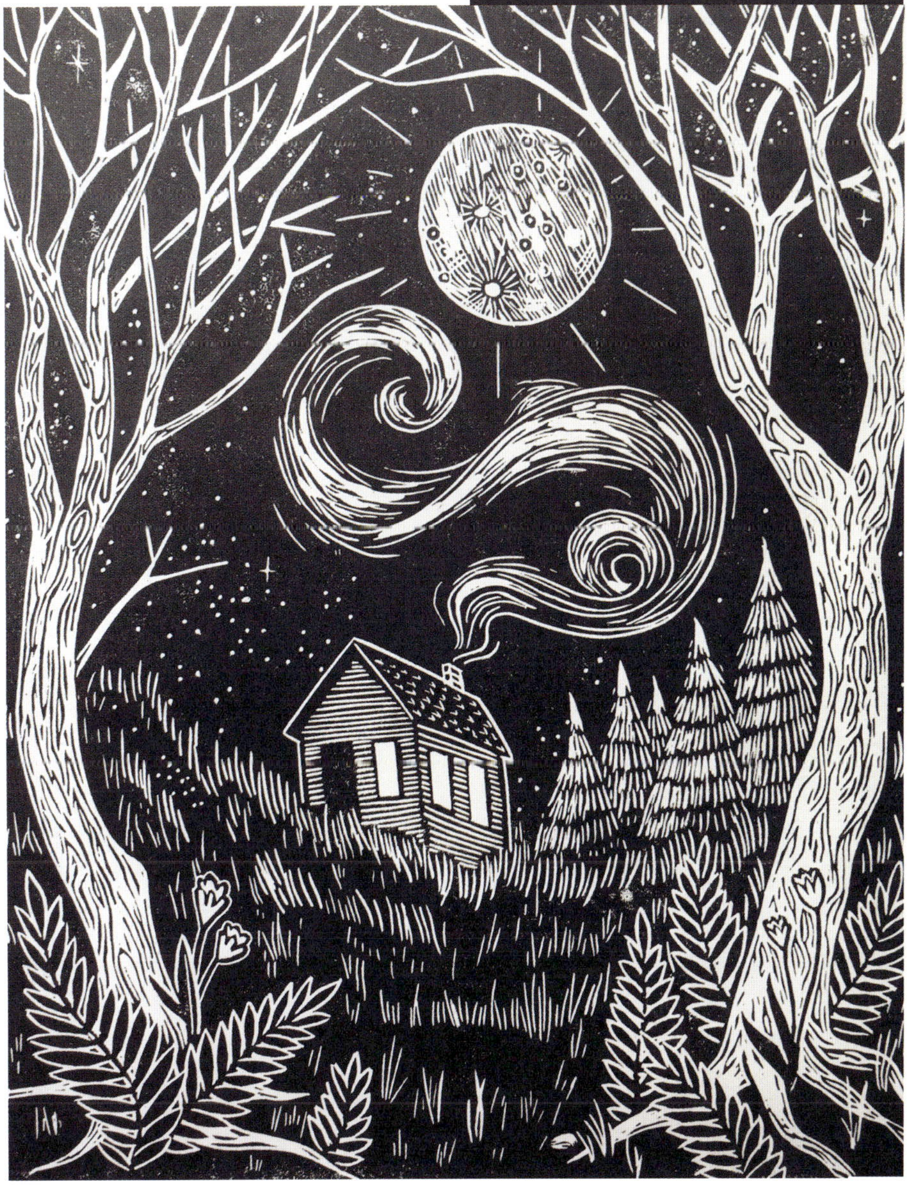

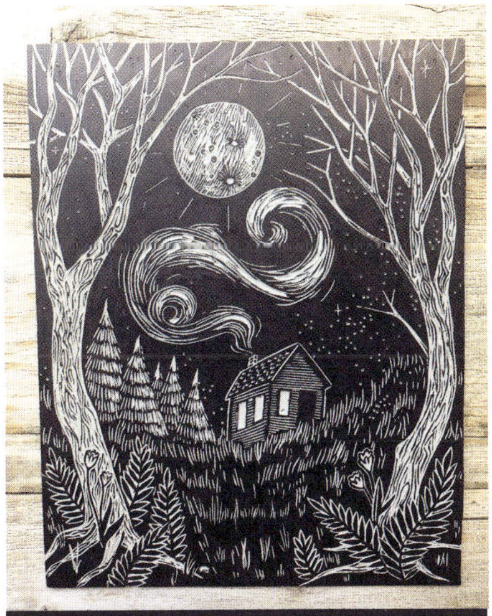

The Cabin (Die Hütte), fertiger Druckstock

KÜNSTLERPORTRÄT:
LILI ARNOLD

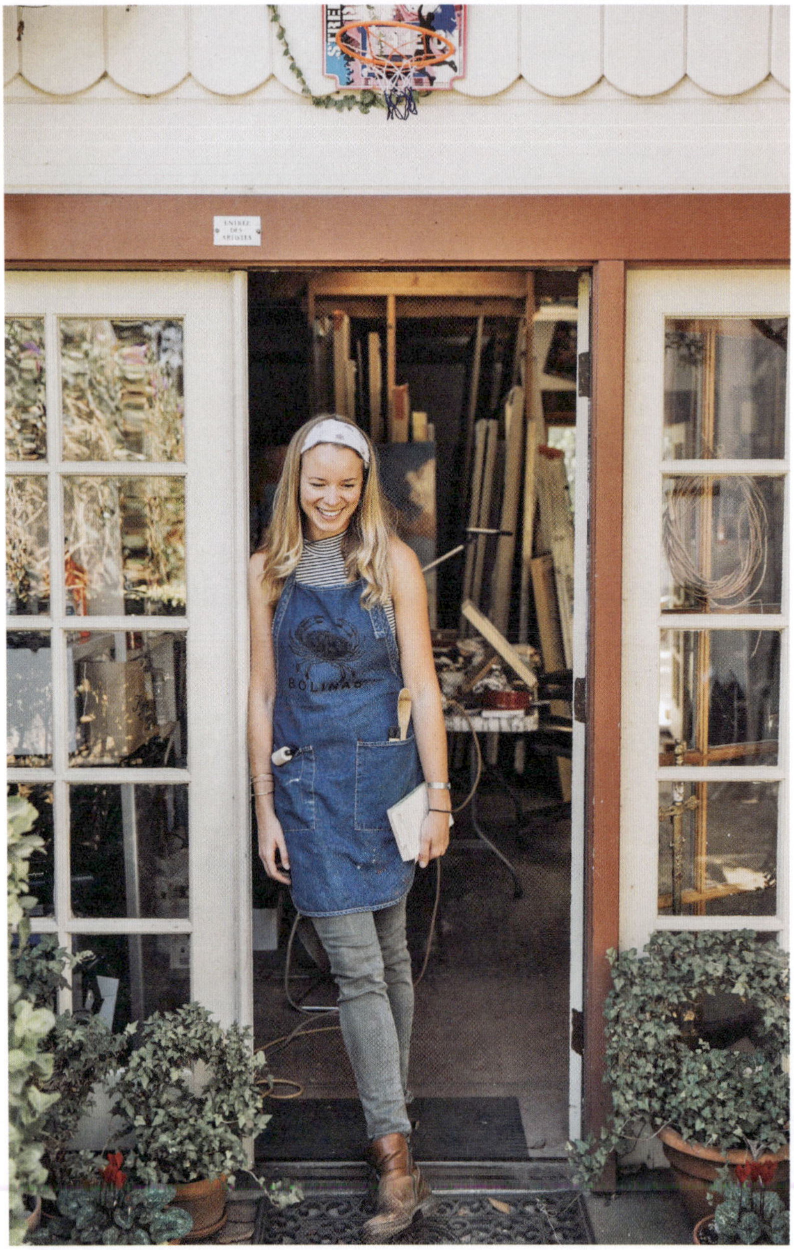

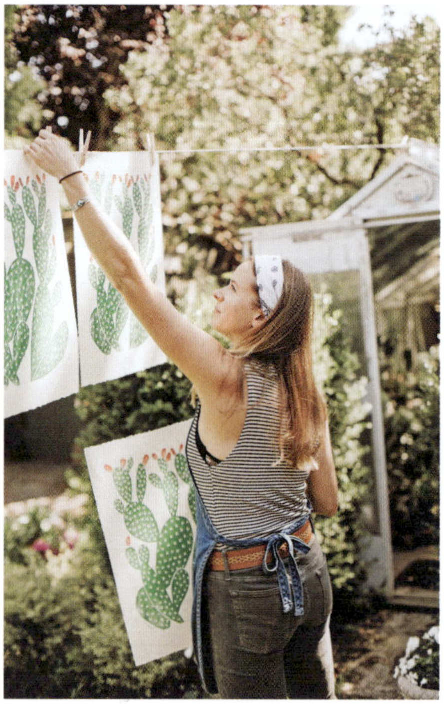

Lili Arnolds Werke erkennt man auf den ersten Blick: Ihre farbenfrohen Drucke zeugen nicht nur von großer Kunstfertigkeit, sondern auch von ihrer Liebe zur Natur, vor allem zur Natur ihrer kalifornischen Heimat. Weich und üppig wirken ihre Grafiken, nicht zuletzt durch ineinander übergehende Farben. Dank ihrer variantenreichen Schnitttechnik sind sie darüber hinaus wunderbar ausbalanciert.

EH: Was hat Sie an der Druckgrafik besonders gereizt?

LA: Als Erstes, dass sie so praxistauglich ist. Ich habe kein richtiges Atelier und nicht viel Platz, um mich künstlerisch zu betätigen. Die Druckgrafik war die perfekte Lösung, denn ich kann ohne Presse drucken und brauche nur wenige Materialien: Druckfarbe, Papier, Walzen und eine Platte. Ganz zu Anfang habe ich einen Holzlöffel zum Anreiben benutzt, mir dann aber einen Plastikbaren geleistet, und jetzt hoffe ich, dass ich mir eines Tages eine Presse anschaffen kann.

Was zu Beginn eher praktischen Aspekten geschuldet war, hat sich in etwas verwandelt, was ich wirklich liebe. Ich glaube, das kommt auch daher, dass das Schneiden der Platte und natürlich das Drucken – ein friedvoller, sich wiederholender Prozess – so meditativ sind. Außerdem schätze ich es, dass es jeder zu Hause ausprobieren kann. Die Druckgrafik ist eine großartige Kunstform, weil sie allen Menschen zugänglich ist, egal, wie alt, ob gut betucht oder nicht und unabhängig von stilistischen Vorlieben und räumlichen Voraussetzungen.

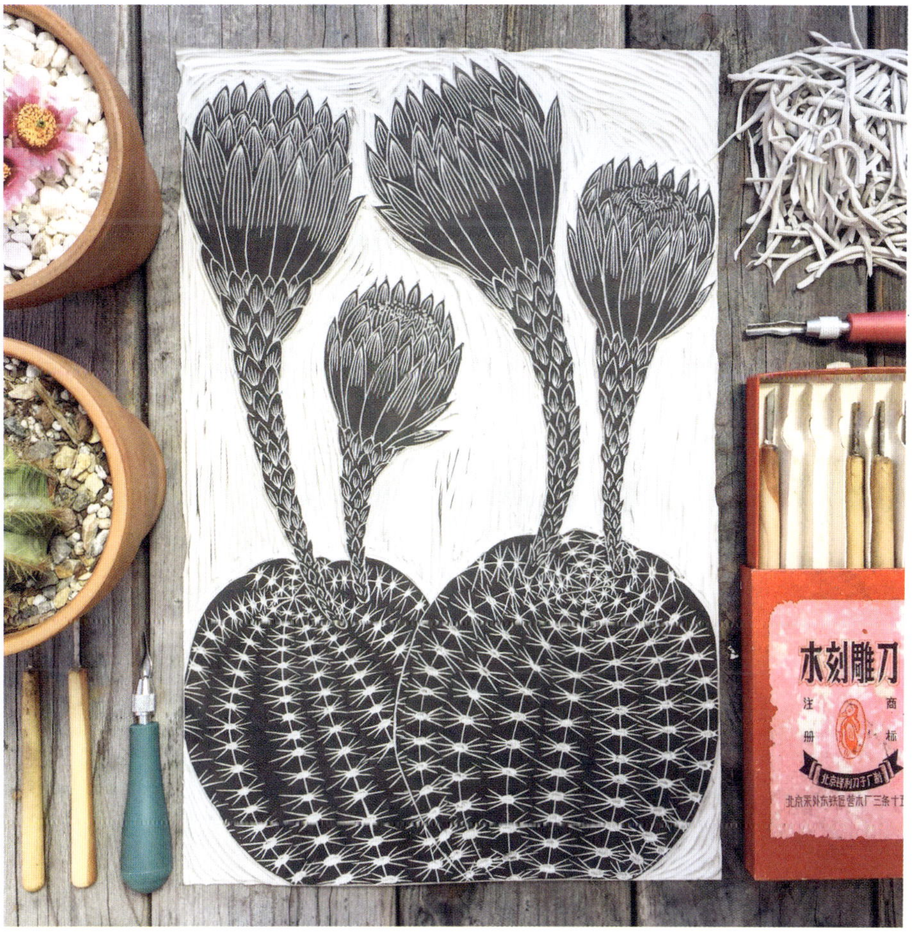

EH: Wie würden Sie Ihre Arbeitsweise beschreiben?

LA: Meine Arbeitsweise ist einfach, aber sehr befriedigend. Ich komme ohne viel Technik aus. Da ich keine Presse besitze, keine Farben übereinander drucke und kein richtiges Atelier habe, musste ich mir alternative Möglichkeiten ausdenken, um effizient und produktiv zu sein. So habe ich Verfahren entwickelt, die bei meinen Themen und meinem Lebensstil wirklich funktionieren.

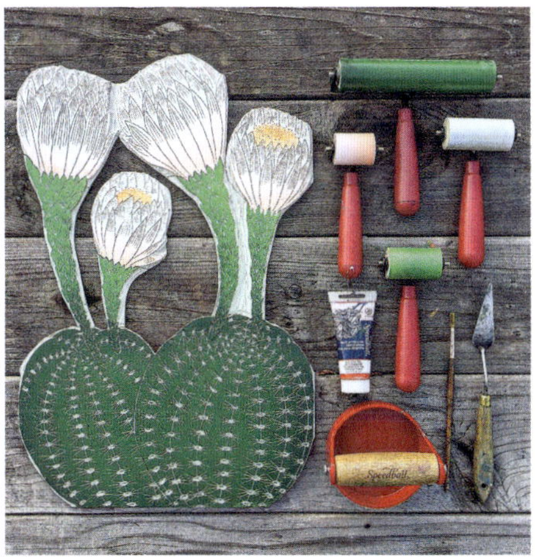

EH: Was inspiriert Sie als Künstlerin am meisten?

LA: Die Natur – ob es die Kakteen in meinem Garten oder extrem kompliziert aussehende Meerestiere im Aquarium oder die Farben des Waldes nach einem Regenschauer sind. Die Natur um mich herum macht mich demütig und ehrfürchtig. Außerdem sehe ich mir gerne Bücher mit wissenschaftlichen Illustrationen, Volkskunst und Plakatkunst an. Das haptische Erleben beim Blättern in einem Buch verbindet mich viel mehr mit dem, was ich betrachte, als ein Bildschirm. Abgesehen davon nutze ich Pinterest trotzdem zum Organisieren von Ideen und Themen und als Inspirationsquelle für bestimmte Projekte.

EH: Mit welchen anderen Kunstformen beschäftigen Sie sich sonst noch?

LA: Ich beschäftige mich ein wenig mit Textildesign (sowohl mit Stoffdruck als auch mit Stoffmalerei), Aquarell, Typografie und Musik. Ich liebe praktisch alles, was sich ohne Aufwand praktizieren lässt – nur sind die Tage einfach zu kurz.

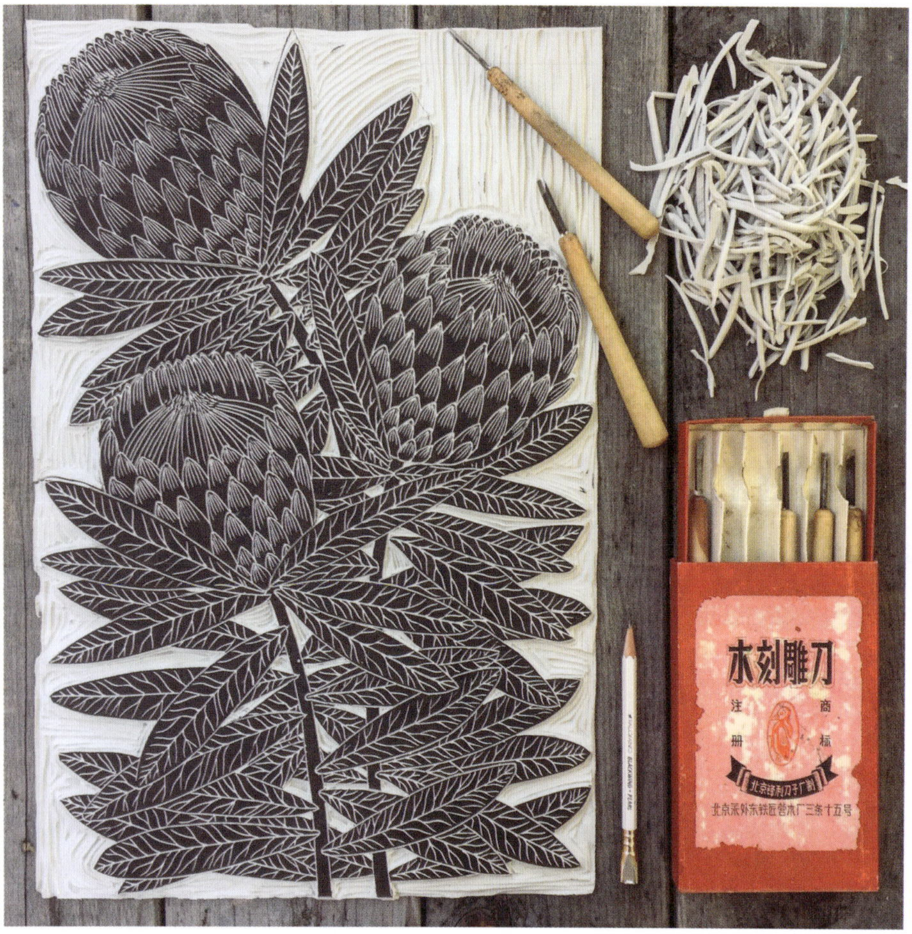

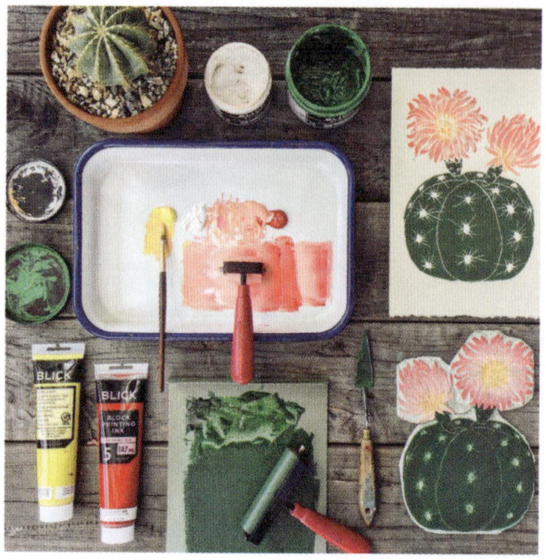

EH: Wie bleiben Sie im Alltag kreativ?

LA: Kreativ und produktiv zu bleiben erfordert Organisation, Planung und jede Menge Tagträumerei. Ein paar Dinge helfen mir dabei, den Überblick zu behalten: Zum einen erlaubt mir mein Skizzenbuch, meine Ideen an einem Ort festzuhalten, sodass ich immer mit einem Projekt loslegen kann. Zum anderen haben meine Produktivität und mein Selbstvertrauen ganz entscheidend von To-do-Listen profitiert.

Manchmal wächst mir das Geschäft einfach über den Kopf, doch dank meiner To-do-Listen bleibe ich in der Spur. Außerdem machen sie den Kopf frei, sodass die Kreativität, die unter Stress schon mal erlahmt, weiter fließen kann. Es ist so befriedigend, Punkte auf einer To-do-Liste abzuhaken. Ach, die kleinen Freuden! Wenn mir überhaupt nichts mehr einfällt, gehe ich normalerweise raus, sofern ich die Zeit dazu habe. Ob es eine Wanderung ist, ein Ausflug zur örtlichen Baumschule oder nur ein Strandspaziergang – wegzukommen von meinem Laptop oder dem großen Stapel Papier, den ich zerreißen muss, der weißen Seite, die gefüllt werden will, oder den lauten Verbindungsstudenten von nebenan hilft mir, wieder einen klaren Kopf zu bekommen. Normalerweise löst sich die kreative Blockade einfach auf, und neue Ideen werden geboren.

EH: Beschreiben Sie den Raum, in dem Sie arbeiten.

LA: Mein Schlafzimmer und manchmal auch mein Wohnzimmer dienen als Atelier. Überraschenderweise bin ich in diesen kleinen Räumen ziemlich produktiv. Ohne Presse bleibt alles recht überschaubar, sodass die Sachen nicht zu viel Raum in Anspruch nehmen. Es macht Spaß, zu Hause zu arbeiten, denn ich kann immer mit einem Projekt beginnen und zwischendurch Designaufträge erledigen, kochen und Zeit mit meinem Mann verbringen. Obwohl das Arbeiten zu Hause auch ein Durcheinander verursachen kann (vor allem, wenn ich an einer großen Auflage arbeite – dann blockieren Abzüge das Bett, den Fußboden, die Wäscheleine), versuche ich nach jeder Drucksession sauberzumachen und alles wegzuräumen, damit der Hausfrieden nicht gestört wird. Meine Ausrüstung ist sehr bescheiden: Linolschnitt-Werkzeuge, Softcut™-Gummiplatten, Druckfarben auf Wasserbasis, Walzen, Baren und Stonehenge-Papiere.

EH: Haben Sie unterwegs Tricks oder Tipps aufgeschnappt, die Sie weitergeben möchten?

LA: Die „Puzzlemethode", die ich zum Drucken meiner Pflanzenmotive verwende, gehört zu den nützlichsten Tricks, die ich kenne. Die Segmente werden ausgeschnitten, in unterschiedlichen Farben eingefärbt und vor dem Drucken wieder zu einem Bild zusammengesetzt. Ich habe diese Methode ausgetüftelt, weil ich mit mehreren Farben arbeiten wollte, aber nicht wusste, wie ich sie übereinanderdrucken sollte. Sie kann einen einschränken, doch bei meinen Sujets funktioniert es meistens gut.

Eine wichtige Rolle bei meiner Arbeit spielt auch Speedball®-Trocknungsverzögerer, vor allem, wenn ich an größeren Formaten arbeite. Ich verwende Farben auf Wasserbasis, die ziemlich schnell trocknen, sodass es schwierig ist, in einem Aufwasch eine große Auflage zu drucken. Wenn ich Trocknungsverzögerer zugebe, lässt sich die Farbe länger verarbeiten, und ich kann stundenlang drucken, ohne mir Gedanken über die Trocknungszeit machen zu müssen.

EH: Welche Ihrer Arbeiten ist Ihnen die liebste?

LA: Am stolzesten bin ich auf ein Poster, das ich für meine Lieblingsmusikerin Gillian Welch gedruckt habe. Es war etwas ganz Besonderes, mit ihr zu arbeiten. Ich kann mich mit den Bildern, die ihre Musik in mir auslösen, wirklich identifizieren; deshalb habe ich natürlich jede Minute des Skizzierens, Planens, Schneidens und Druckens genossen.

EH: Welcher ist der beste Rat, den Sie je als Künstlerin erhielten?

LA: Mit am hilfreichsten war der Rat „Versuche nicht, jemand anders zu sein." Obwohl mich andere Künstler und Künstlerinnen im Laufe der Jahre inspiriert haben, wurde ich immer ermutigt, meinen eigenen Weg zu finden. Sich selbst treu zu bleiben und die eigenen Ideen wertzuschätzen, verschafft die größte kreative Befriedigung. Außerdem unterscheidet es einen von der Masse.

EH: Welche Musik, Hörbücher oder Podcasts hören Sie (wenn überhaupt) beim Arbeiten?

LA: Ich höre beim Arbeiten immer Musik. Gillian Welch, Hiss Golden Messenger, The Wood Brothers, Mandolin Orange und The Milk Carton Kids kann ich praktisch immer hören. An manchen Tagen ist mir mehr nach Guter-Laune-Musik, und ich stürze mich auf Stevie Wonder, Leon Bridges, Bahamas, Vulfpeck oder Emily King. Außerdem ist mein Mann Musiker. Er zeichnet seine Stücke häufig zu Hause auf, sodass ich die ganze Zeit musikalische Unterhaltung habe.

Besuchen Sie Lili im Internet unter www.liliarnold.com.

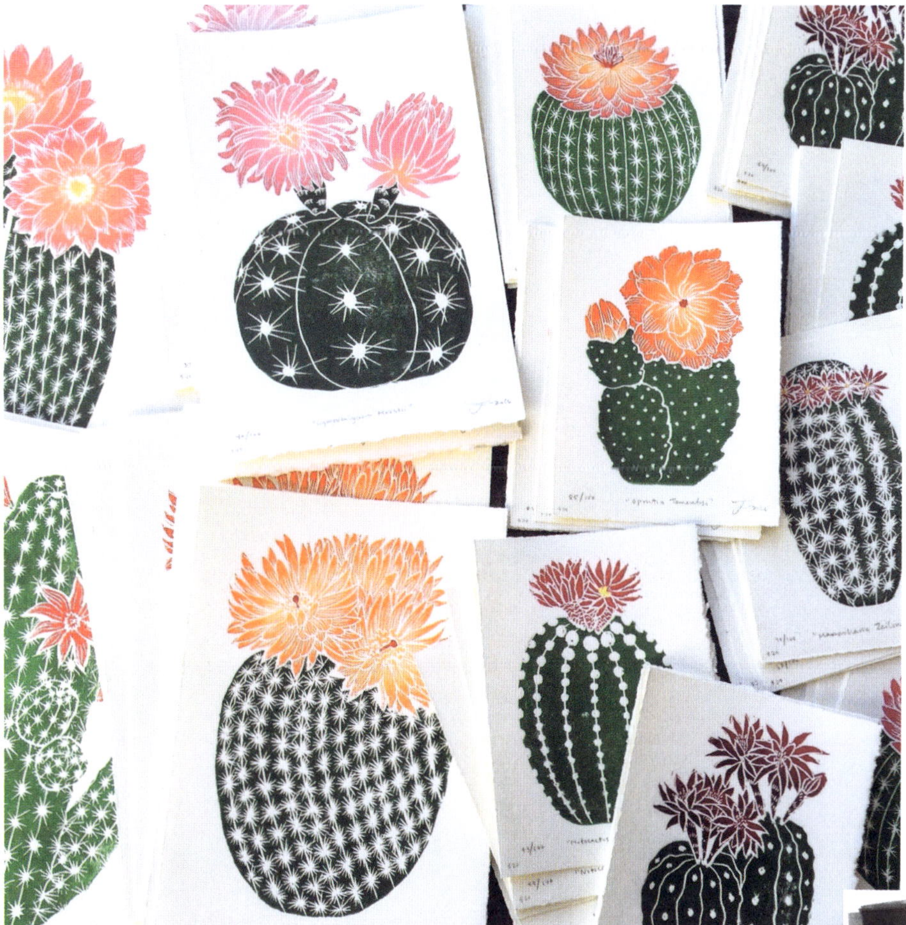

PROJEKT:

DRUCKEN MIT DER REGENBOGENROLLE

Werkzeuge und Materialien

- Gummiplatte, 7,5 × 15 cm
- Druckpapier, 18 x 23 cm
- Bleistift
- Lineal
- Permanentmarker mit feiner Spitze
- Transparentpapier
- Schnittbesteck
- Washi-Tape oder Malerkrepp
- Palette
- 2 Druckfarben in verwandten Farbtönen
- Palettmesser
- Farbwalze
- Baren

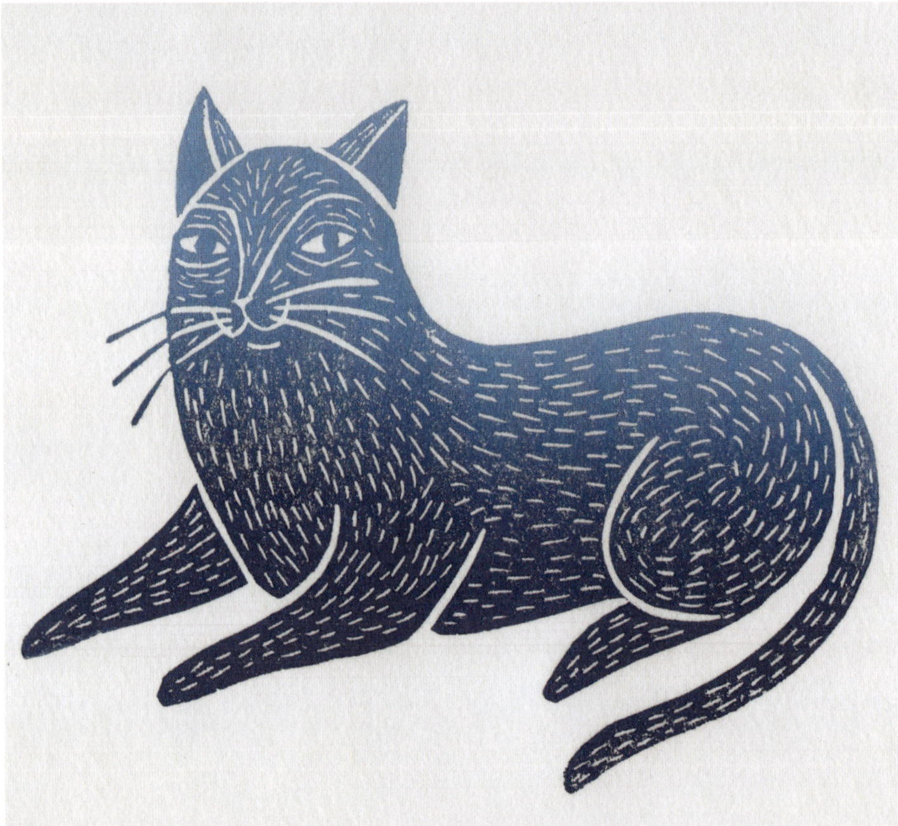

Die Arbeit mit der Regenbogenrolle gehört zu den Dingen, die beim Drucken besonders großen Spaß machen. Die Rolle eignet sich prima, um auf einfache, befriedigende und reizvolle Weise mit Farben zu spielen. Wetten, dass Sie dabei gute Laune bekommen? Bei diesem Projekt üben Sie, mit zwei Farben zu drucken und dabei einen weichen Farbverlauf zu erzeugen.

Denken Sie daran: Softcut™-Platten machen ihrem Namen alle Ehre; Sie müssen praktisch keinen Druck auf das Messer ausüben. Arbeiten Sie langsam, und setzen Sie Ihre Schnitte sorgfältig und bewusst. Damit ein fleckenloses Druckbild entsteht, können Sie überflüssiges Gummi einfach wegschneiden.

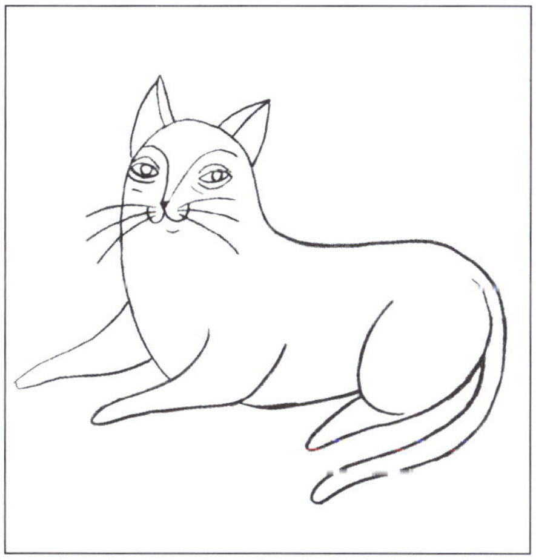

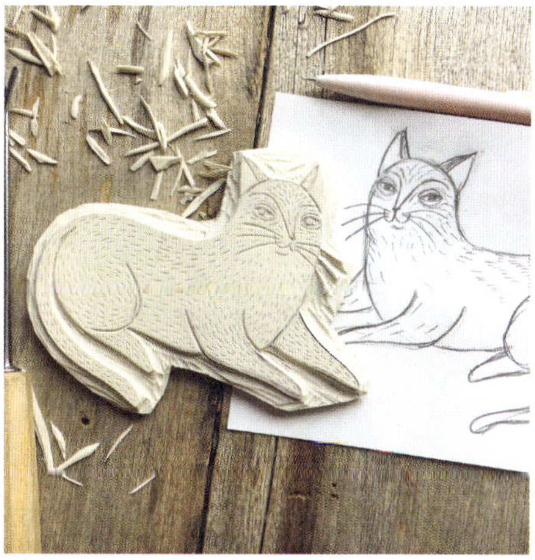

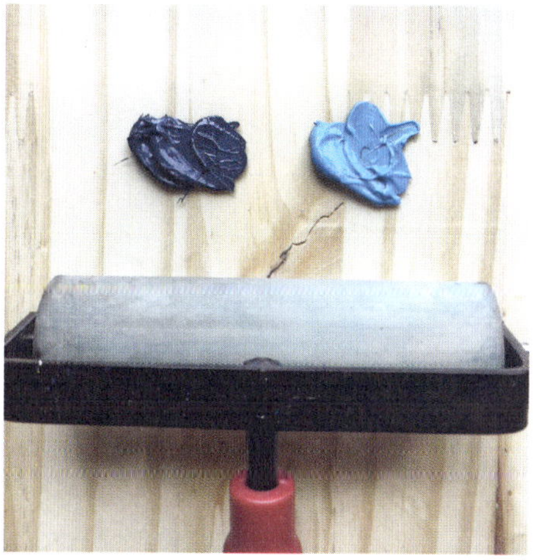

1 Wählen Sie ein Motiv für dieses Projekt.

2 Übertragen Sie Ihre Zeichnung auf die Gummiplatte, ziehen Sie die Linien mit einem Permanentmarker mit feiner Spitze nach, und schneiden Sie das Motiv. Statt einer Gummiplatte können Sie auch loses oder aufgeklebtes Linoleum verwenden.

3 Ihre Farbwalze sollte mindestens so breit sein wie der Druckstock, besser breiter. Geben Sie Farbkleckse beider Farben dicht nebeneinander auf die Palette. (Die beiden Blautöne in diesem Beispiel habe ich aus unterschiedlichen Anteilen Phthaloblau, Schwarz und Opakweiß gemischt.)

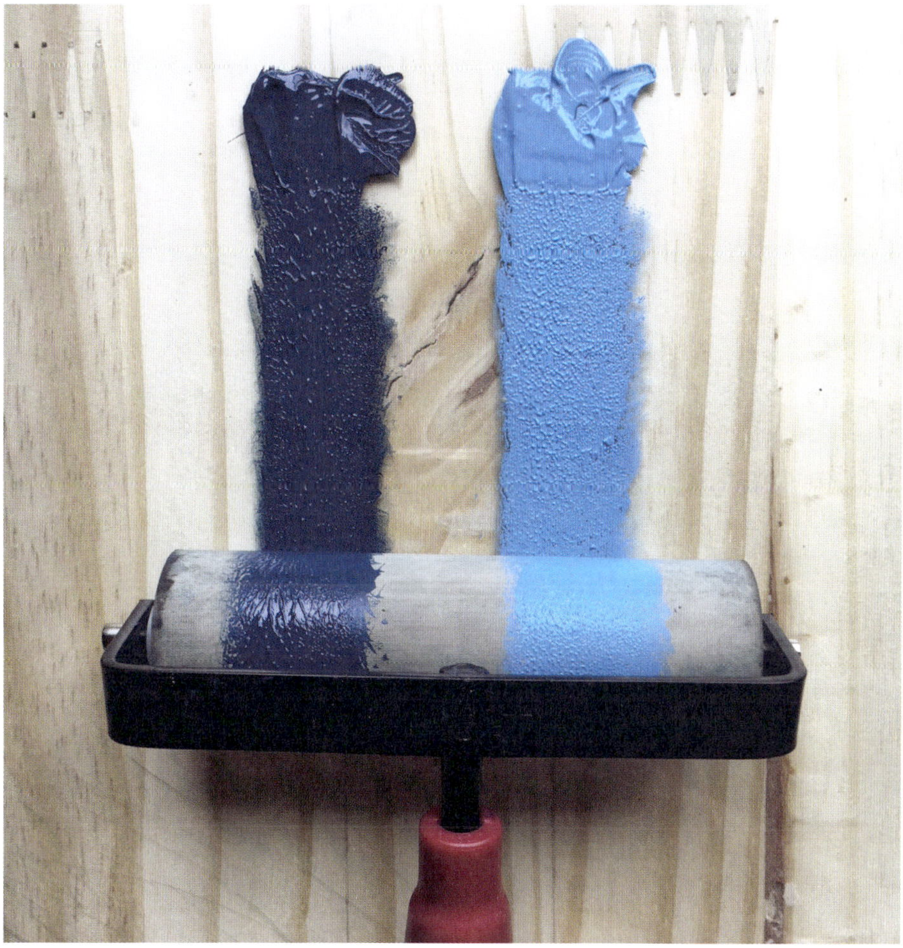

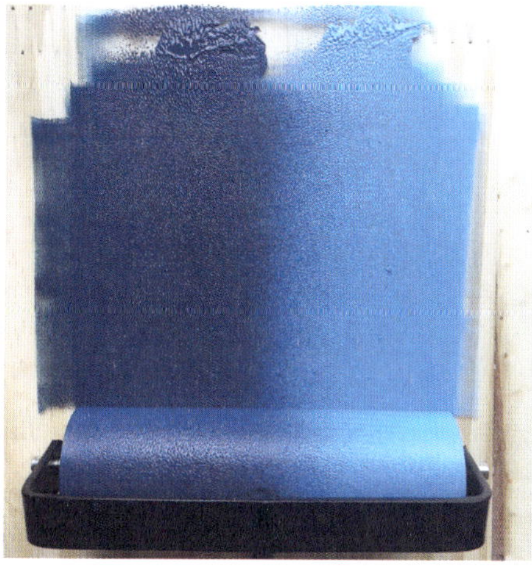

4 Ziehen Sie die Walze gerade zu sich heran, um die Farbe zu verteilen. Anschließend rollen Sie die Walze leicht diagonal auf und ab, bis Sie einen weichen Farbübergang erzielt haben.

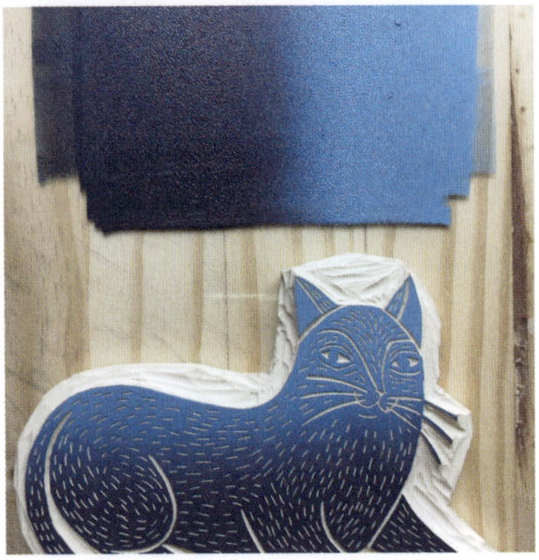

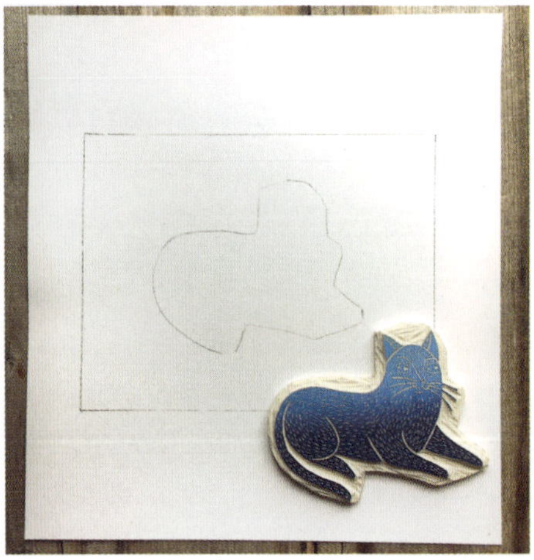

7 Legen Sie vorsichtig einen Bogen Druckpapier auf den Druckstock, und reiben Sie ihn mit dem Baren unter leichtem, gleichmäßigem Druck an. Bei weichen Gummiplatten nicht zu viel Druck ausüben, damit feine Details erhalten bleiben.

5 Wenn der Farbverlauf Ihnen zusagt, färben Sie den Druckstock vorsichtig ein. Falls erforderlich, rollen Sie die Walze mehrfach darüber, aber immer nur in ein und dieselbe Richtung.

6 Wenn Sie sichergehen wollen, dass Ihr Motiv immer an der gleichen Stelle auf dem Papier platziert wird, benötigen Sie einen einfachen Druckrahmen. Legen Sie einen Bogen Druckpapier auf einen größeren Papierbogen, und zeichnen Sie die Konturen mit einem spitzen Bleistift ein. Das Druckpapier entfernen, den Druckstock an die gewünschte Stelle legen und dessen Konturen nachziehen.

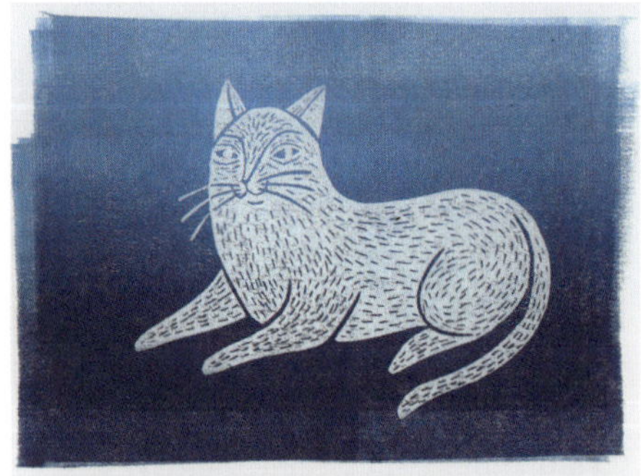

Variante: Sie können den Farbverlauf auch als Hintergrund einsetzen: Walzen Sie die Farbe einfach direkt auf das Papier. Wenn es trocken ist, drucken Sie Ihr Motiv darauf.

8 Das Papier vorsichtig abziehen. Herzlichen Glückwunsch zu Ihrem ersten Regenbogenrollen-Druck.

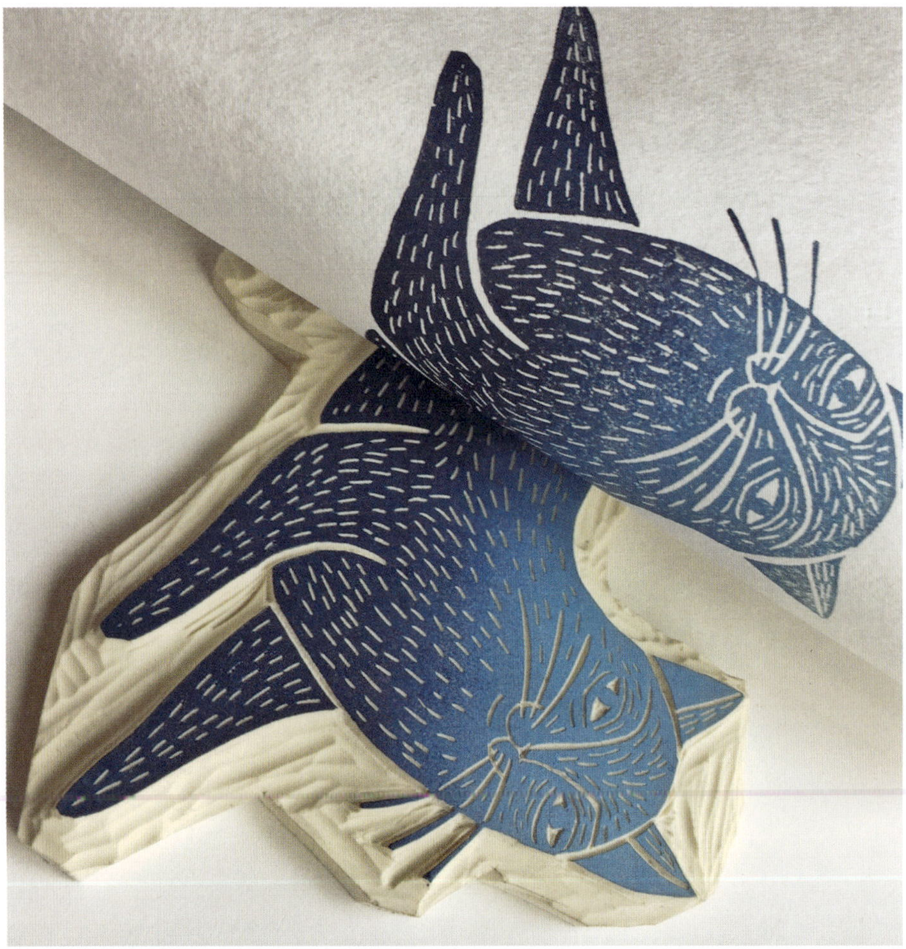

KÜNSTLERPORTRÄT:
JEN HEWETT

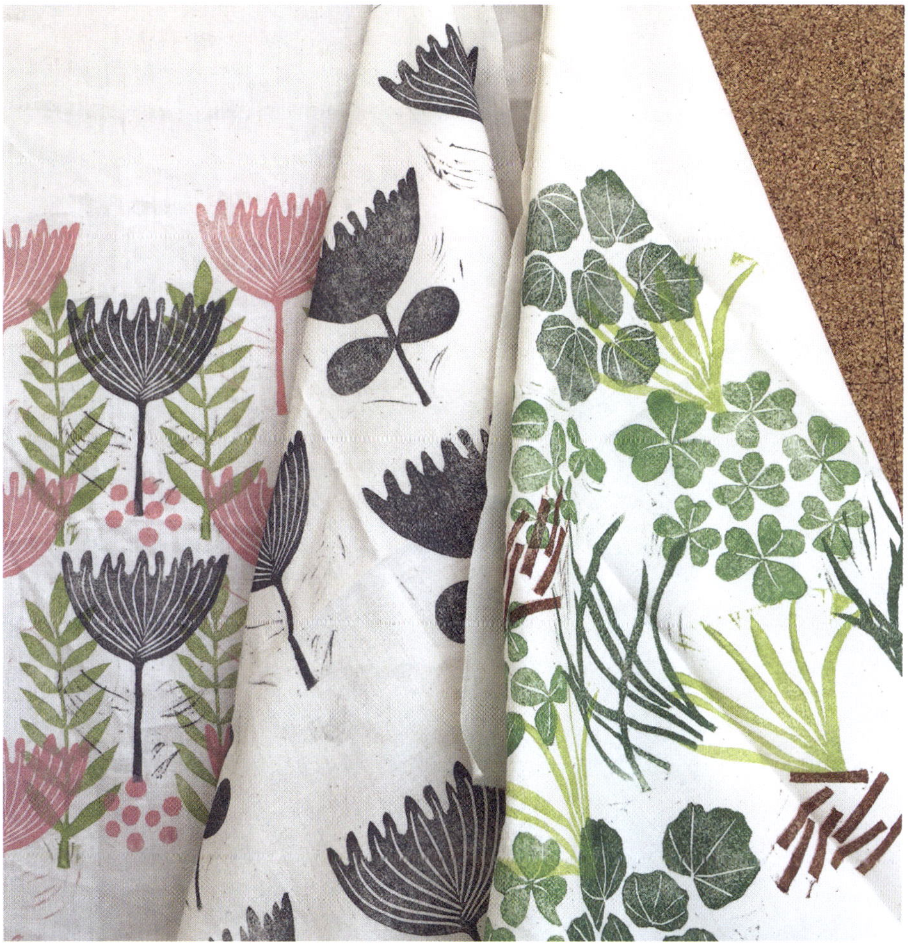

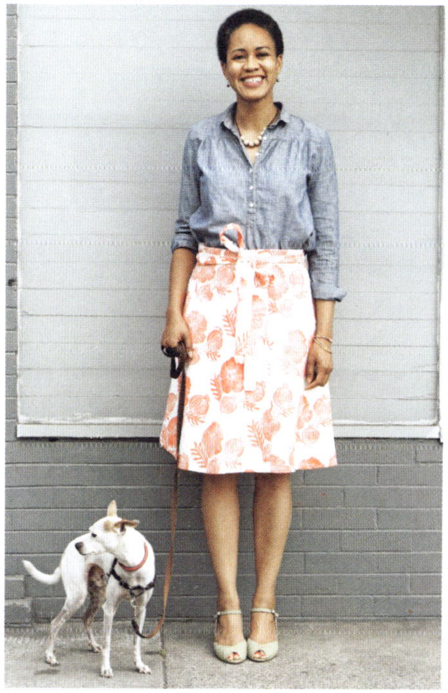

Die Kalifornierin Jen Hewett, die in San Francisco ein Atelier besitzt, hat sich beruflich ganz dem Drucken verschrieben – sie ist Druckgrafikerin, Flächendesignerin, Textilkünstlerin, Lehrerin und Autorin. Ihre farbenfrohen, kühnen Drucke erinnern an die Landschaft, in der sie lebt. In ihrem Buch *Print Pattern Sew: Block Printing Basics + Simple Sewing Projects for an Inspired Wardrobe* gibt sie ihr Wissen an ihre Leserinnen und Leser weiter und nimmt sie mit auf eine Reise durch die farbenfrohe Welt des Textildrucks.

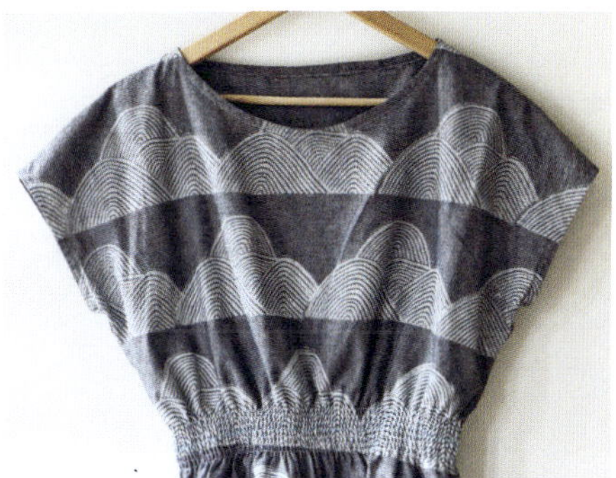

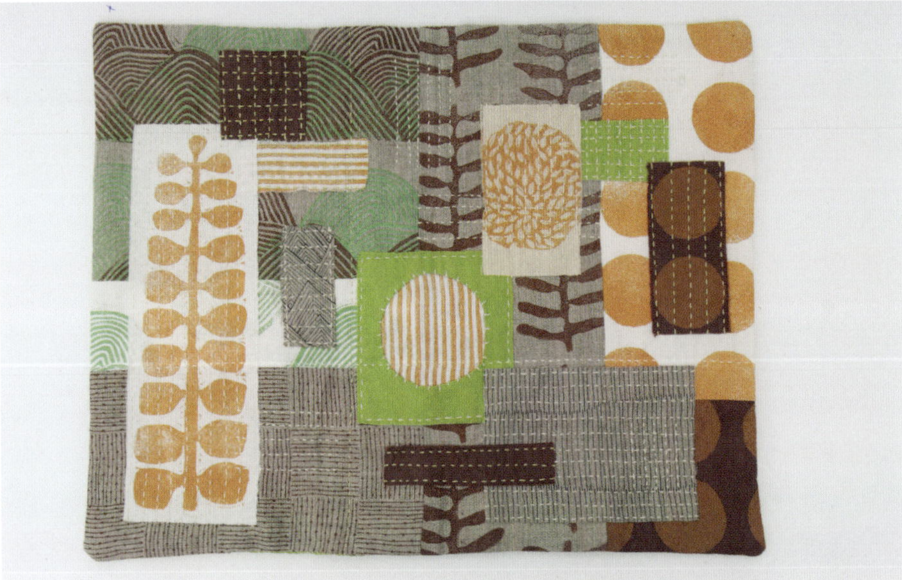

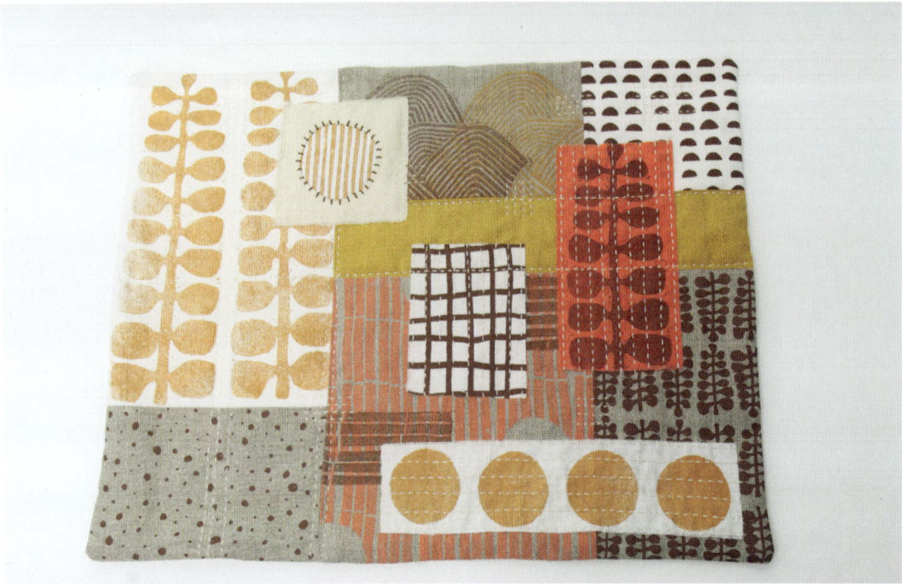

EH: Wie würden Sie Ihre Arbeit und Ihre Arbeitsweise beschreiben?

JH: Ich fertige mehrschichtige, sehr haptische Drucke auf Stoff. Die meisten meiner Werke sind von der natürlichen und vom Menschen geprägten Landschaft Kaliforniens inspiriert, und ich tendiere zu satten Farben.

EH: Wie ist Ihr Interesse an der Druckgrafik entstanden?

JH: Ich hatte einen unkreativen Job in einem Unternehmen und suchte nach einem Ventil für meine Kreativität. Aus Jux und Tollerei meldete ich mich bei einem kommunalen Zentrum für einen Siebdruckkurs an und war bald fasziniert. Vor meiner Anstellung habe ich Papeterie vertrieben, meine Entwürfe aber immer in die Druckerei gegeben. Mit dem Siebdruck konnte ich nun sowohl die Gestaltung als auch die Herstellung kontrollieren.

EH: Was reizt Sie am Hochdruck besonders?

JH: Mein Leben als Druckgrafikerin begann mit dem Siebdruck, für den man Zugang zu spezieller Ausrüstung benötigt und viel Zeit damit verbringt, darauf zu warten, bis das Sieb trocken ist. Der Hochdruck ist viel unproblematischer. Ich brauche lediglich Schneidwerkzeuge und einen Druckstock. Außerdem sind meine Hände immer beschäftigt – mit Zeichnen, Schneiden, Drucken. Es ist unglaublich befriedigend, ununterbrochen mit dem im Entstehen begriffenen Werk beschäftigt zu sein.

EH: Was hat Sie am Textildruck gereizt?

JH: Ich habe zuerst auf Papier gedruckt, aber festgestellt, dass der Verkauf nur schleppend lief, weil viele Kunden die Mühe scheuten, die Bilder zu rahmen und einen Platz für sie zu finden. Ich beschloss, das Drucken auf Leinen auszuprobieren und aus dem bedruckten Stoff Taschen zu nähen. Die ersten Taschen verkauften sich unglaublich gut, sodass ich weitere Projekte für Textilien entwickelte und das Drucken auf Papier schließlich ganz einstellte. Zur selben Zeit fing ich an, meine Kleidung selbst zu nähen, fand es aber schwierig, bedruckten Kleiderstoff zu finden, den ich mochte. Es lag also praktisch auf der Hand, beide Leidenschaften zu verbinden: Nähen und Drucken.

EH: Wie bleiben Sie im Alltag kreativ?

JH: 2014 startete ich mein 52-Wochen-Projekt und fertigte jede Woche einen Druck an. Seither stelle ich mir selbst immer wieder kreative Aufgaben. Im Jahr darauf begann ich Meterware zu bedrucken und nähte aus dem Stoff jeden Monat ein neues Kleidungsstück. Seit zwei Jahren gibt es den „Abtrockner des Monats“: Ich entwerfe, bedrucke und verkaufe jeden Monat ein neues Küchenhandtuch und verbringe wahrscheinlich mehr Zeit damit, als ich müsste. Außerdem habe ich Aufträge von Kunden, die ich kontinuierlich beliefern muss. Und schließlich habe ich angefangen, mir wieder Zeit für private Projekte freizuschaufeln.

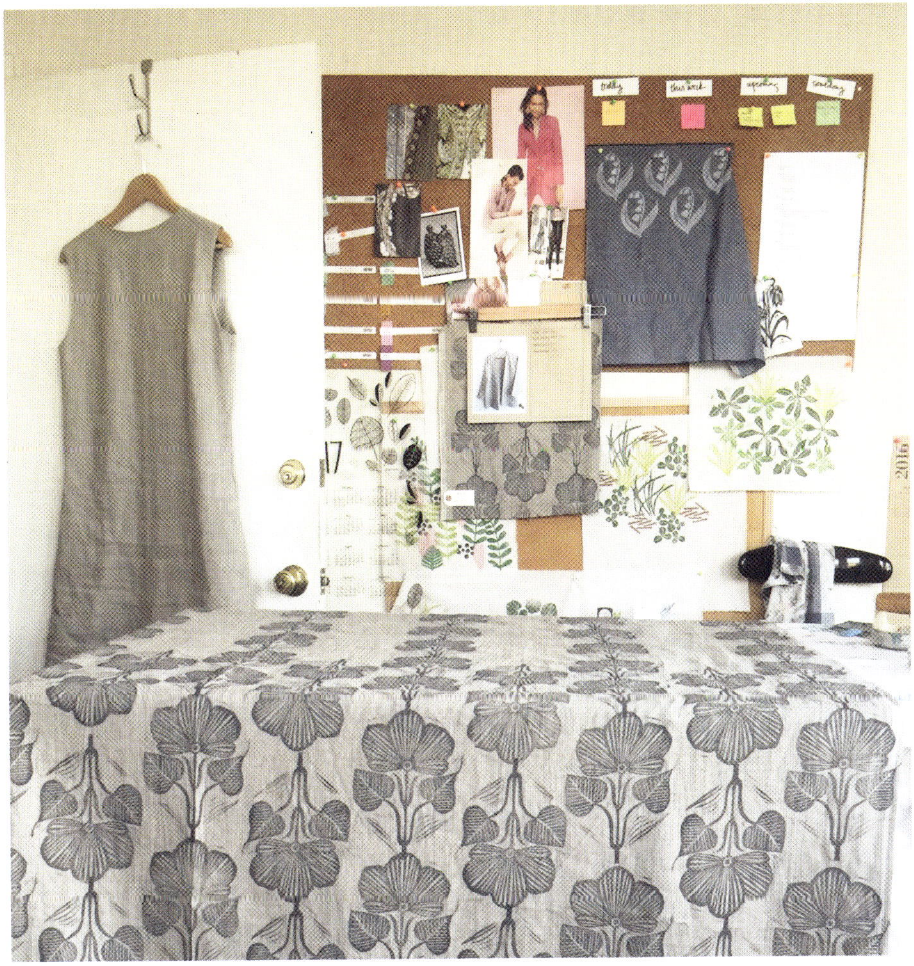

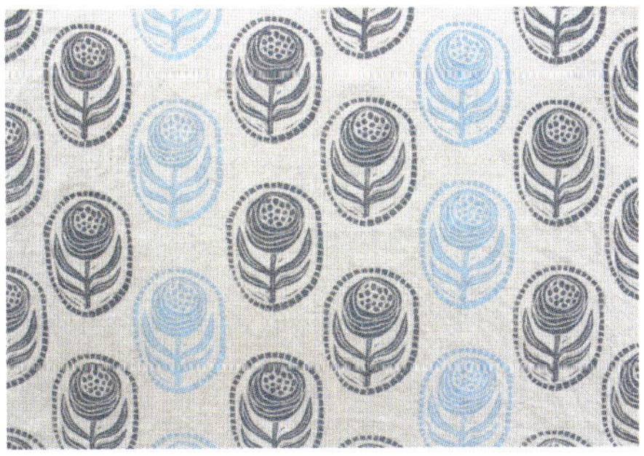

EH: Beschreiben Sie Ihren Arbeitsraum.

JH: Ich habe zu Hause zwei Ateliers. Eins ist in separate Bereiche fürs Zeichnen, Computerarbeit, Nähen und Hochdruck aufgeteilt. Das andere ist meine winzige Waschküche, die ich für den Siebdruck nutze. Mehrmals im Monat gehe ich in ein Gemeinschaftsatelier, um meine Siebe zu Belichten und großformatige Drucke herzustellen, weil ich im Haus nicht genug Platz habe für einen Belichter oder Trockengestelle.

EH: Welches Ihrer Werke ist Ihnen das liebste?

JH: Vor Kurzem habe ich mit der Firma *Cotton and Steel* meine erste Stoffkollektion entworfen. Der Stoff wird in der Fabrik bedruckt, aber ich habe meine von Hand gedruckten Motive eingescannt und am Computer bearbeitet. Ich verkaufe keine handbedruckte Meterware, weil das Drucken so viel Arbeit ist, und wollte schon lange eine Kollektion entwerfen, die im Handel erhältlich ist. Von daher ist mit diesem Projekt ein Traum wahr geworden.

EH: Welchen Rat würden Sie Einsteigerinnen und Einsteigern geben?

JH: Drucken Sie jede Menge, und drucken Sie regelmäßig! Drucken ist körperliche Arbeit, und Ihre Muskeln bilden eine Art Gedächtnis aus. Ich nenne das „mit den Händen denken". Ihre Hände sagen Ihnen, in welche Richtung Sie schneiden sollen, wie viel Druck Sie beim Drucken ausüben müssen und so weiter. Doch diesen Punkt erreicht man nur, wenn man wirklich mit Leib und Seele bei der Sache ist.

EH: Welche Musik, Hörbücher oder Podcasts hören Sie beim Arbeiten?

JH: Ich höre jede Menge Hörbücher, bevorzugt Krimis. Seit Neuestem hat es mir die Musik von Philip Glass angetan. Ihre Komplexität drängt sich einem geradezu auf. Deshalb ist sie eine gute Begleitung, wenn ich über lange Zeiträume an komplexeren Werken (meistens Siebdrucken) arbeite. Mit R&B aus den Neunzigern und Neo-Soul wird die Arbeit in der Druck- und Zeichenwerkstatt zur Party.

Besuchen Sie Jen Hewett im Internet unter jenhewett.com.

PROJEKT:

WANDBEHANG

Nähutensilien

- Baumwoll-Canvas, 45,5 × 120 cm, aus 100 Prozent Baumwolle
- Holzstab, 35,5 cm
- Kordel, zum Beispiel aus Jute oder Hanf
- Stickgarn
- Stickrahmen
- Nadel
- Stoffschere
- Fransenstopp
- Textilkleber
- Nähmaschine
- Bügeleisen
- Bügelbrett
- Wasserlöslicher Stoffmarkierstift

Werkzeuge und Materialien zum Drucken

- Stoffdruckfarbe
- Baren
- Palette
- Palettmesser
- Farbwalze

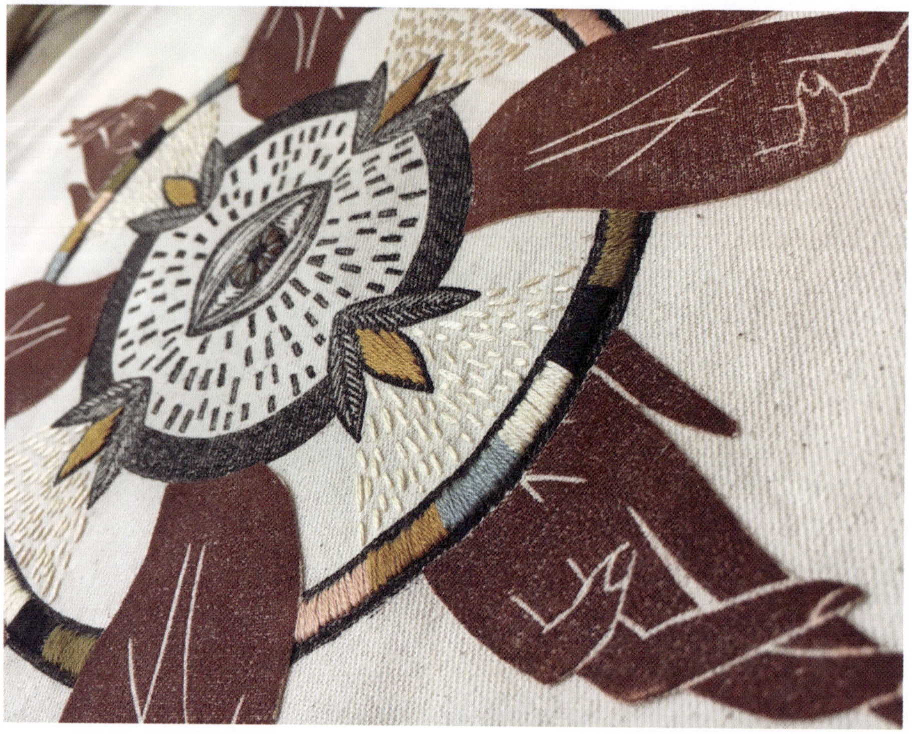

Dieses Mixed-Media-Projekt ist sozusagen die große Schwester des kolorierten Drucks von Seite 82, diesmal arbeiten wir nicht auf Papier, sondern auf Stoff. Mit der folgenden Schritt-für-Schritt-Anleitung wird es Ihnen nicht schwerfallen, Ihren eigenen Wandbehang zu fertigen.

Ein Hinweis: Das Thema „Nähen mit der Nähmaschine“ erscheint mir zu komplex für dieses Buch über den Linoldruck. Nähbücher für Anfänger und Anfängerinnen finden Sie in den Quellen auf S. 138. Wer sich das Nähen nicht zutraut, kann auf einen vorgefertigten Wimpel aus dem Bastelgeschäft zurückgreifen.

Anmerkungen zum Drucken auf Stoff

Damit die Druckfarbe gleichmäßig übertragen wird, am besten vor dem Drucken ein Handtuch unter den Bedruckstoff legen.

Je gröber und rauer der Stoff, umso ungleichmäßiger das Druckbild.

Die besten Resultate erzielen Sie mit speziellen Stoffdruckfarben – achten Sie darauf, dass sie waschecht sind.

Fertigen Sie immer erst ein paar Probedrucke auf Papier an, ehe Sie auf Stoff drucken – so stellen Sie sicher, dass der Druckstock satt eingefärbt ist.

Stoffdruckfarben müssen fixiert werden, in der Regel durch Bügeln. Halten Sie sich genau an die Gebrauchsanweisung des Herstellers.

Lassen Sie die Farbe vollständig trocknen, ehe Sie den Stoff weiterverarbeiten, damit sie nicht verschmiert. Die Trocknungszeit lässt sich mit einem Föhn etwas verkürzen.

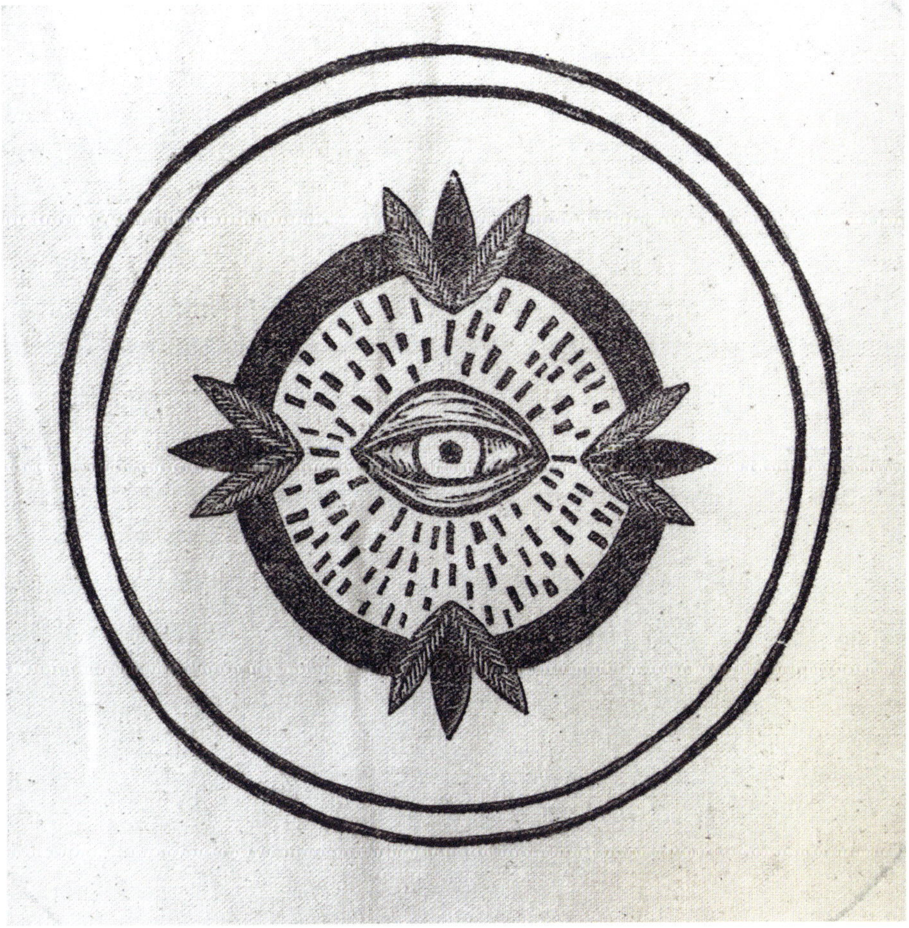

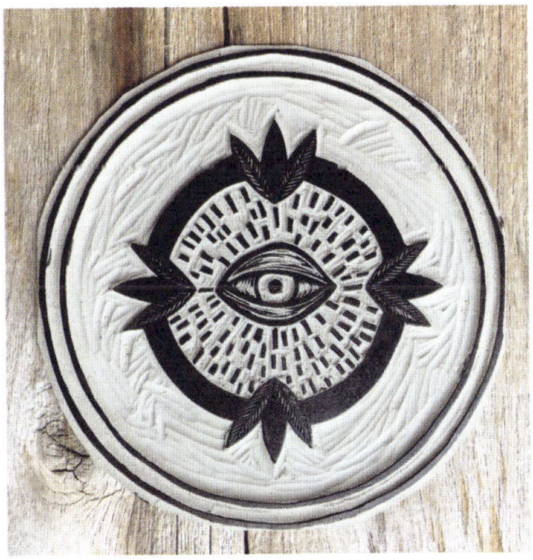

1 Bügeln Sie Ihren Stoff, und schneiden Sie ihn der Breite nach in der Mitte durch (Sie erhalten zwei Stücke à 60 × 45,5 cm). Die eine Hälfte dient als Basis für den Wandbehang, die andere zum Herumexperimentieren und als Bedruckstoff für zusätzliche Elemente. Ich habe ein einfaches Druckmotiv gewählt, um Raum für Improvisation zu lassen, und es in die Stoffmitte gedruckt.

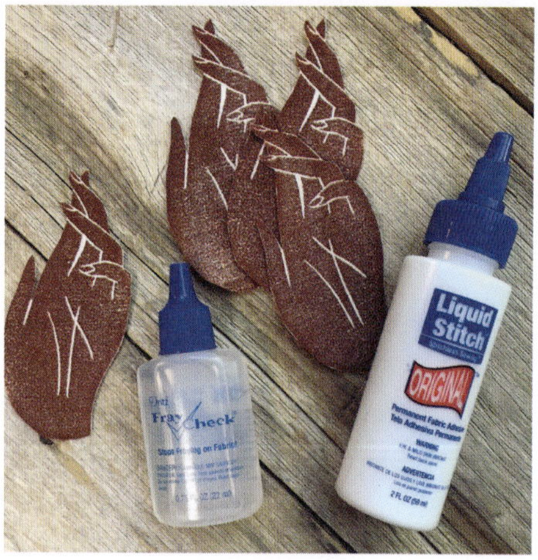

2 Wann immer möglich, setze ich Druckstöcke von früheren Projekten ein zweites Mal ein. In diesem Fall habe ich die Hände des Gummiblock-Puzzles (S. 96) mehrfach auf das zusätzliche Stoffstück gedruckt und ausgeschnitten. Damit die Schnittränder nicht ausfransen, habe ich die Konturen vor dem Zuschneiden mit Fransenstopp versiegelt. Nach dem Trocknen lassen sich die Motive ausschneiden wie aus einem Stück Papier. (Achtung: Wenn wasserlösliche Druckfarbe mit Fransenstopp in Berührung kommt, kann sie ausbluten. Machen Sie immer zuerst einen Test.)

3 Zierelemente auf einem Stück Stoff anzubringen nennt man applizieren. Normalerweise werden Applikationen aufgenäht, doch hier habe ich einen Textilkleber verwendet.

4 So sieht der fertige Druck nach dem Aufkleben der Hände aus. Anschließend habe ich mit einem wasserlöslichen Markierstift die Wimpelkonturen eingezeichnet und den Wimpel mit Saumzugabe zugeschnitten.

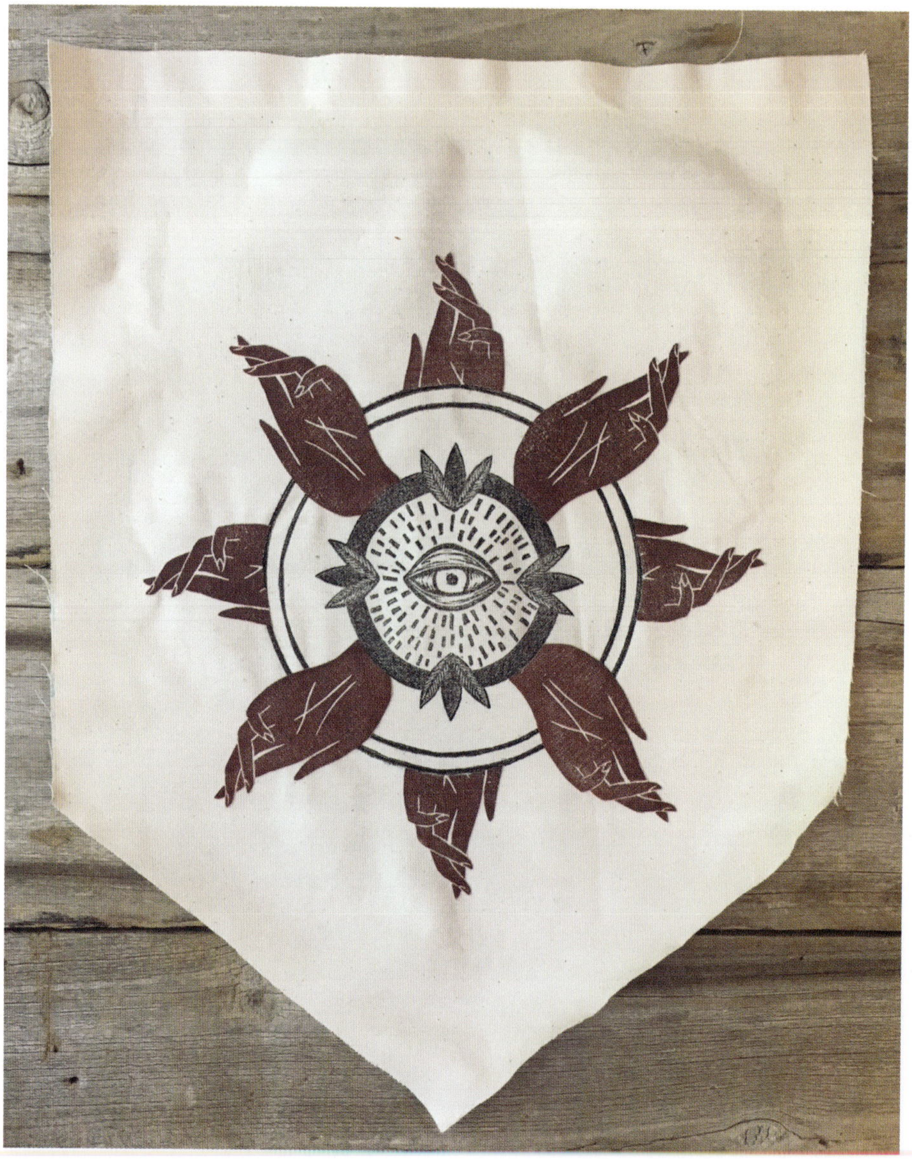

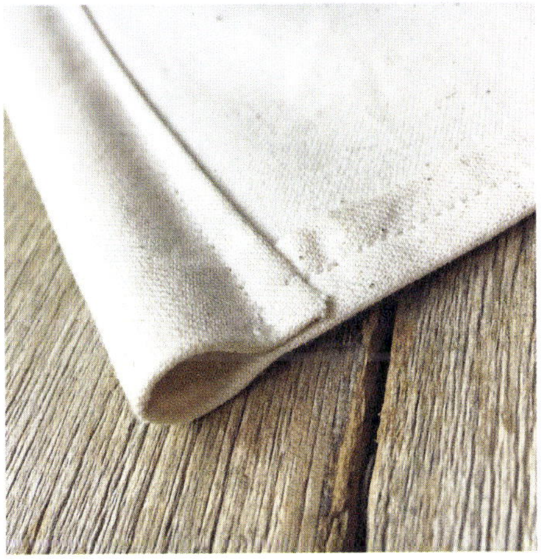

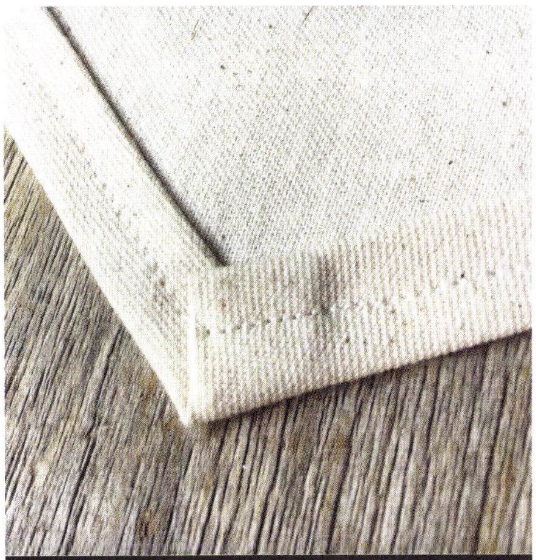

5 Zum Säumen ringsum die Kanten doppelt einschlagen und steppen.

6 Die obere Saumkante ein paar Zentimeter nach links umschlagen und feststeppen, sodass ein Tunnel für den Holzstab entsteht.

TIPP: Stoff lässt sich nicht falten wie Papier; Falten müssen eingebügelt werden, damit sie halten. Um saubere Kanten zu erhalten, bügeln Sie die Säume vor dem Steppen um.

KLEINE EINFÜHRUNG INS STICKEN

Mit Stickereien lassen sich Stoffe auf einfache Weise verzieren. Für mich ist Sticken so etwas wie Malen mit dem Faden. Obwohl es Leute gibt, die Sticken langweilig finden, empfinde ich es als unglaublich entspannend und meditativ. Man kann die Stickutensilien überallhin mitnehmen und einfach weitersticken, wenn man eine freie Minute hat. Hier ein paar Grundstiche für den Anfang. Rechtshänder/-innen sticken von rechts nach links, Linkshänder/-innen von links nach rechts.

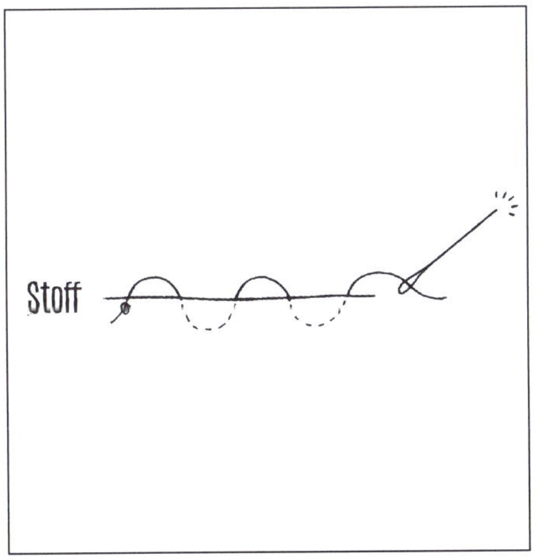

Vorstich: kleine, gleichmäßige Stiche in gerader Linie, die wie eine gestrichelte Linie aussehen

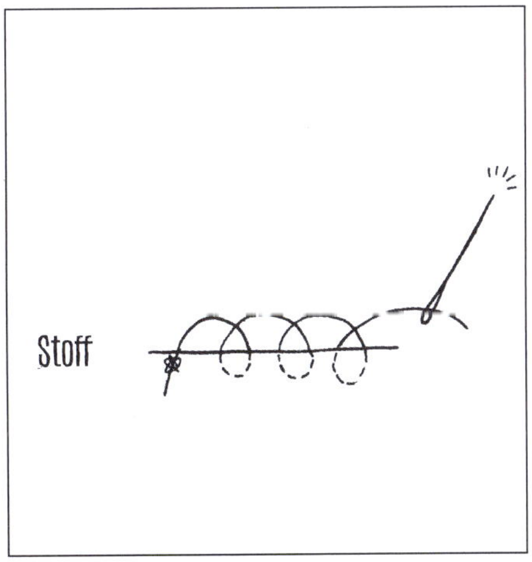

Steppstich/Rückstich: Die Nadel wird hinter dem letzten Ausstich wieder eingestochen, sodass eine durchgehende Linie entsteht.

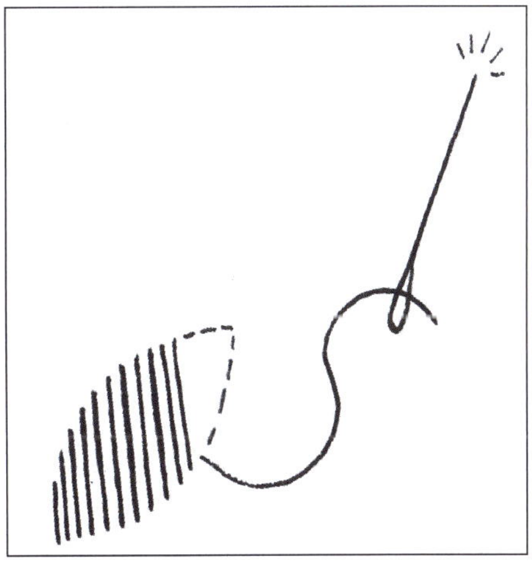

Plattstich: dicht aneinandergelegte gerade, parallele Stiche zum Füllen einer Form

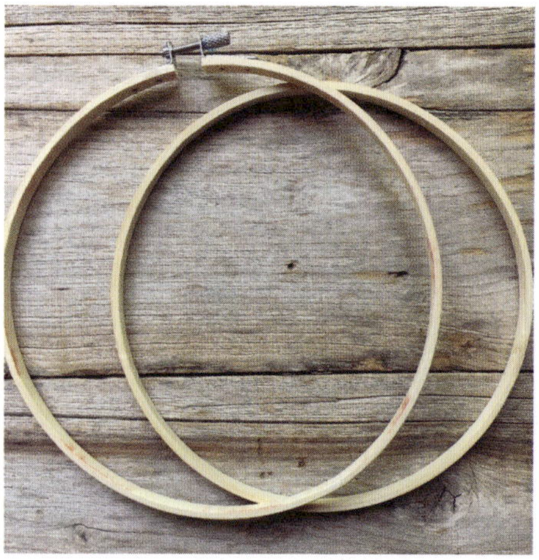

7 Spannen Sie den Wandbehang zum Besticken in einen Stickrahmen. Er besteht aus zwei ineinanderpassenden Holzringen. Der äußere Ring hat eine Spannschraube. Um den Stoff einzuklemmen, legen Sie den kleineren Ring unter den Stoff, den größeren Ring darüber. Den Stoff vorsichtig stramm ziehen wie bei einer Trommel und die Spannschraube zudrehen.

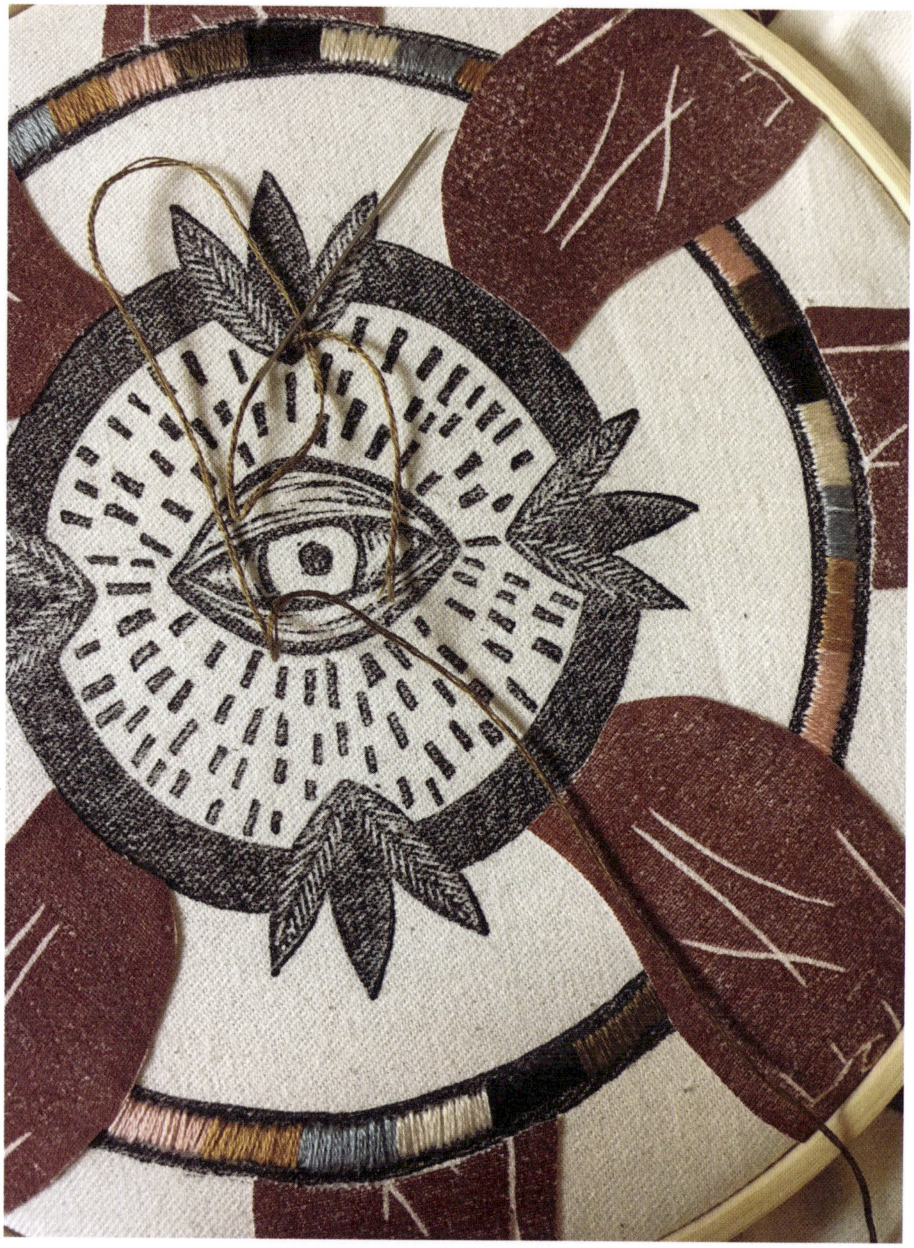

8 Ich habe den äußeren Ring meines Motivs im Plattstich in allerlei Farben gefüllt.

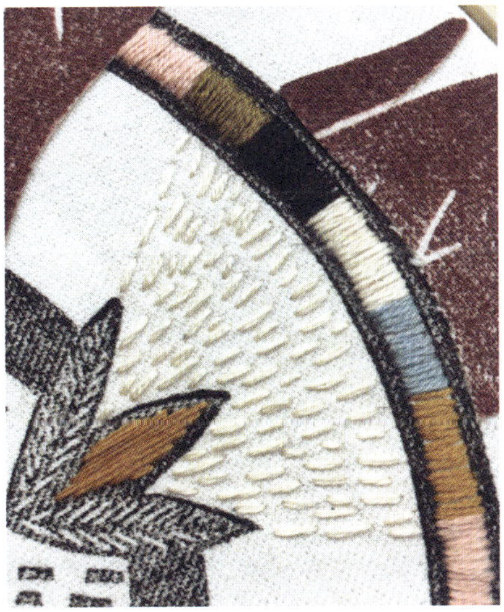

9 Größere, goldbraune Plattstiche füllen das Zentrum der Blütenknospen; fächerförmig angeordnete Vorstiche den Hintergrund.

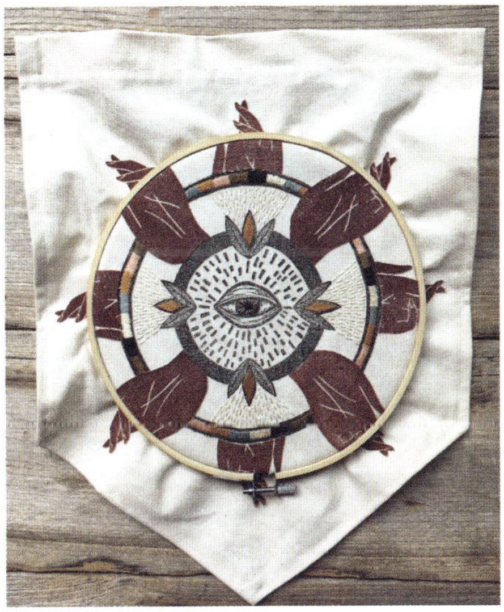

10 Bei größeren Motiven müssen Sie den Stickrahmen ab und zu versetzen.

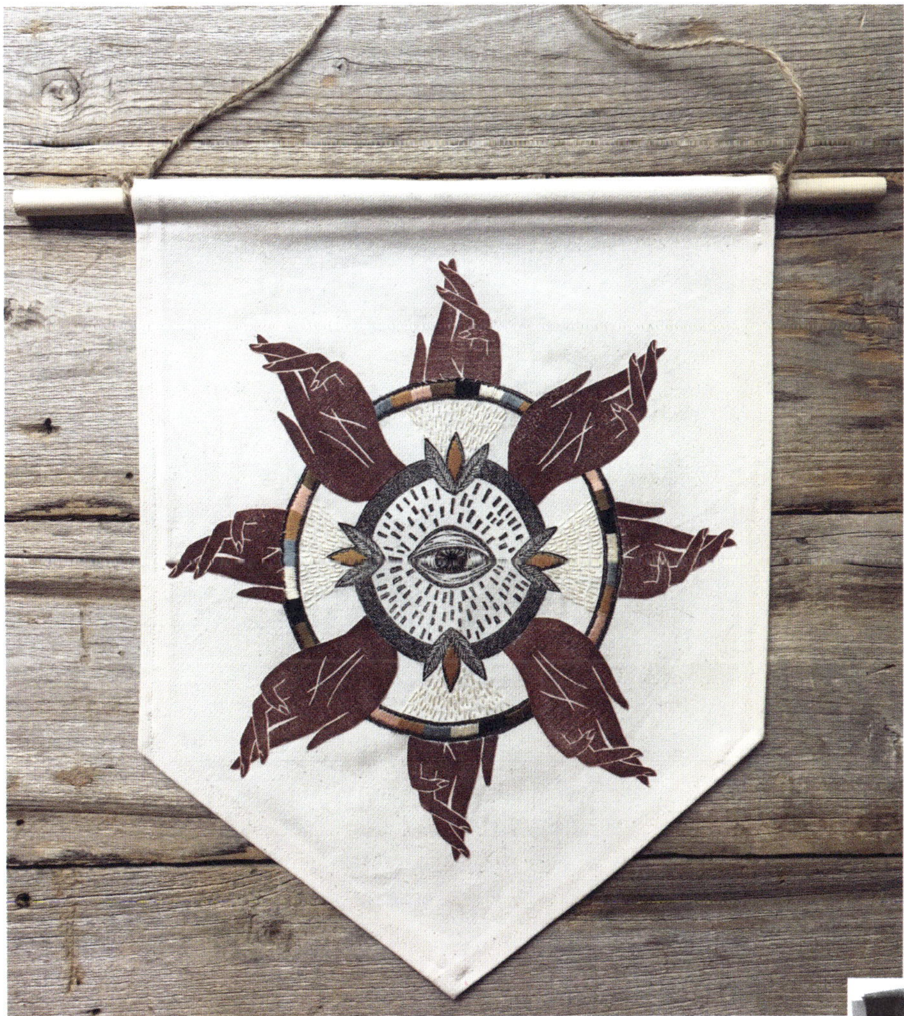

11 Wenn Sie fertig sind, nehmen Sie den Stoff aus dem Rahmen und bügeln ihn. Schieben Sie den Holzstab durch den Tunnel, und binden Sie zum Aufhängen ein Stück Kordel um beide Enden.

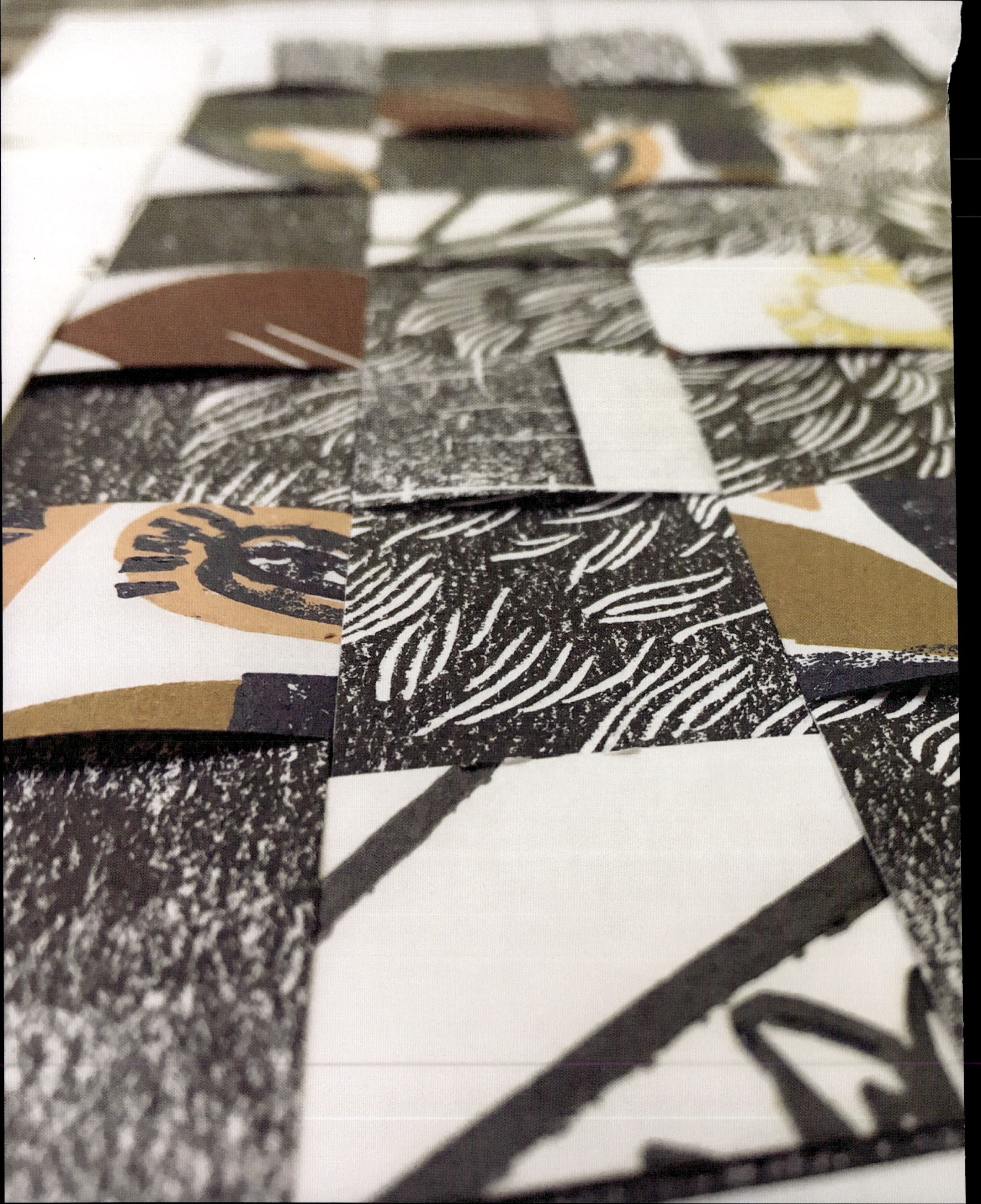

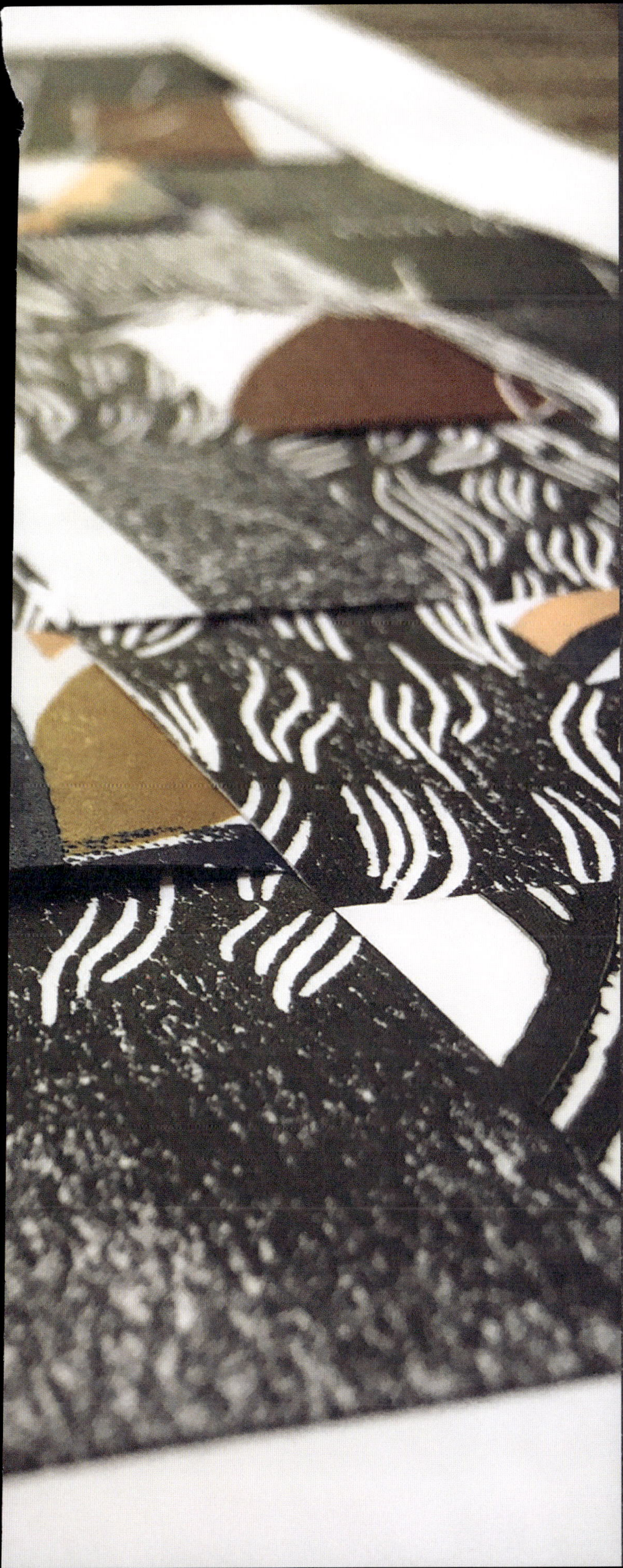

KAPITEL 5

RECYCLING

Perfektion hat mich noch nie sonderlich interessiert. Am meisten berühren mich Kunstwerke, in denen die persönliche Handschrift des Künstlers oder der Künstlerin zum Ausdruck kommt. Ich liebe es, beim Betrachten von Bildern nach eigenwilligen Linien, Brüchen, verqueren Proportionen oder seltsamen Farbkombinationen zu suchen, denn für mich entsteht die Magie eines Kunstwerks aus seinen „Fehlern". In Japan wird zerbrochene Keramik traditionell mit einem Gold, Silber oder Platin enthaltenden Lack repariert. Bei dieser Kintsugi genannten Methode wird der Makel also nicht versteckt, sondern hervorgehoben und buchstäblich zu etwas Glanzvollem und Besonderem. Bei den letzten Projekten in diesem Buch können Sie sich darin üben, Fehler zuzulassen, und das Unvollkommene, das in der Natur der Druckgrafik liegt, willkommen zu heißen.

PROJEKT:
FRANKENSTEINS MONSTER

Werkzeuge und Materialien

- Kleiner Vorrat an misslungenen Drucken
- 1 Bogen schwere Pappe, 20,5 × 25,5 cm
- Ablösbarer Kleber
- Leimpinsel
- Schere und Bastelmesser
- Optional: Nadel und Faden oder Nähmaschine
- Optional: Transparentpapier
- Optional: Pinsel und Farben
- Optional: Passepartout

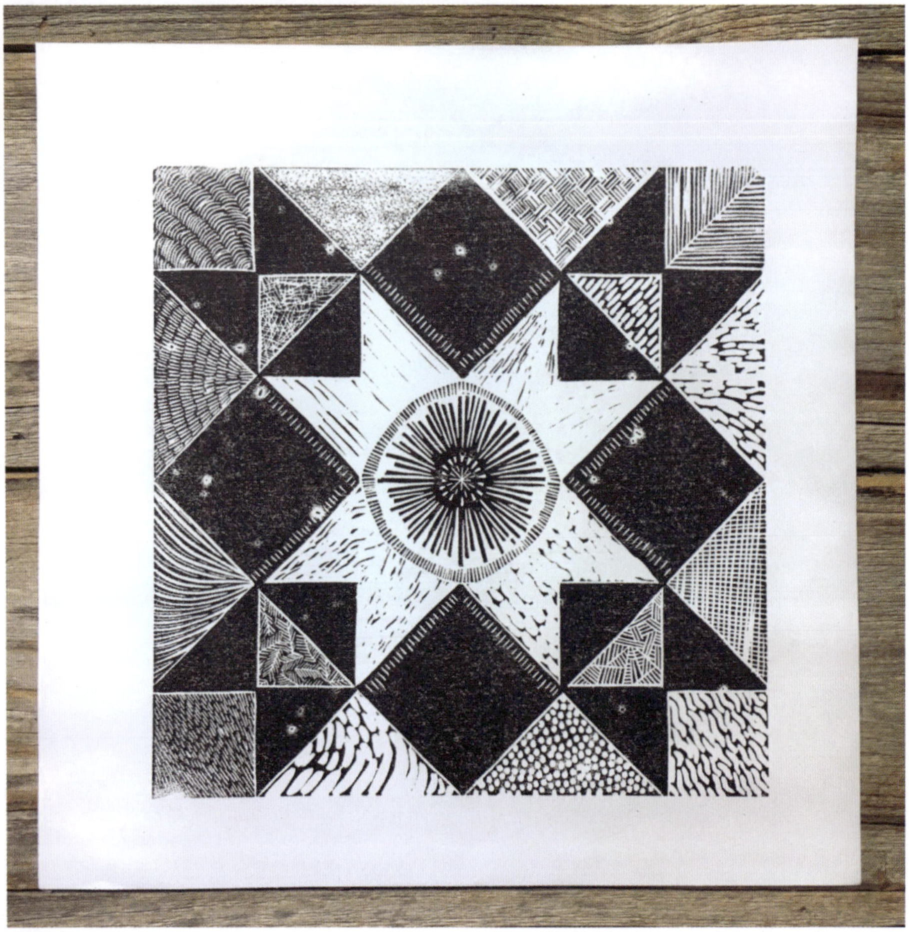

Dieses Projekt hat einiges mit Mary Shelleys Roman *Frankenstein* gemein: Zwar erschaffen Sie kein Monster, aber aus interessanten und brauchbaren Teilen misslungener Drucke dennoch etwas Neues und Überraschendes. Dies ist die perfekte Gelegenheit für Experimente und Spielereien. Da Sie ausrangierte Drucke verwenden, können Sie nach Lust und Laune mit ihnen herumexperimentieren, ganz egal, was Sie ursprünglich damit vorhatten. Nutzen Sie diese Freiheit, um Ihre kreativen Fühler auszustrecken. Wenn Sie normalerweise eher gewissenhaft, ordentlich und organisiert sind, toben Sie sich bei diesem Collageprojekt hemmungslos aus. Spielen Sie den verrückten Wissenschaftler im Labor. Zerschneiden Sie Drucke, schieben Sie die Einzelteile herum, drehen Sie die Musik auf, und lassen Sie sich von Ihrem Instinkt leiten. Wenn Sie bei einer Zusammenstellung landen, bei der Sie aufmerken und zu sich selbst sagen: „Oh, das ist aber interessant!“, folgen Sie diesem Impuls, egal, wohin er sie trägt. Und seien Sie nicht überrascht, wenn Sie plötzlich von einer Flut neuer Ideen mitgerissen werden.

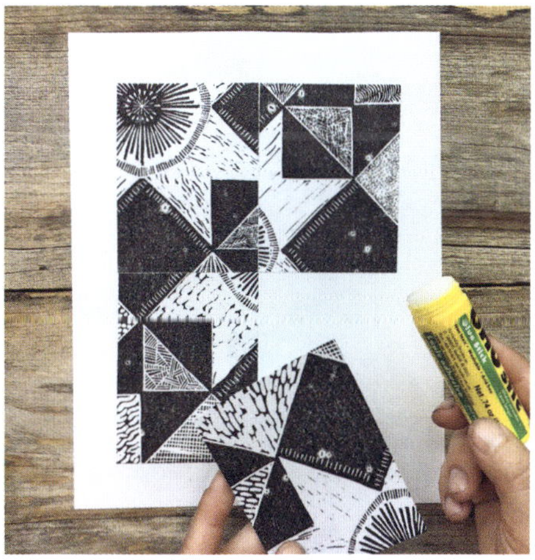

1 Da es um eine Collage geht, bei der Papiere schichtweise übereinandergeklebt werden, ist der Hintergrund als Erstes zu bedenken. Ich habe dafür einen misslungenen Abzug des Quiltmuster-Blocks verwendet (siehe S. 50).

2 Ich habe den Abzug in vier 7,5 × 10 cm große Rechtecke geschnitten, die Rechtecke gedreht und dann zu einem 15 × 20 cm großen Puzzle zusammengesetzt, das als Hintergrund dient. Kleben Sie die Einzelteile auf einen stabilen Träger, zum Beispiel Pappe.

3 Frankenstein – das wissen wir aus vielen Kinofilmen – hat sein Monster zusammengenäht. Ich habe mir daran ein Beispiel genommen und die Einzelteile des aufgeklebten Drucks mit der Nähmaschine abgesteppt. Wenn Sie keine Nähmaschine haben, können Sie das Papier auch von Hand besticken.

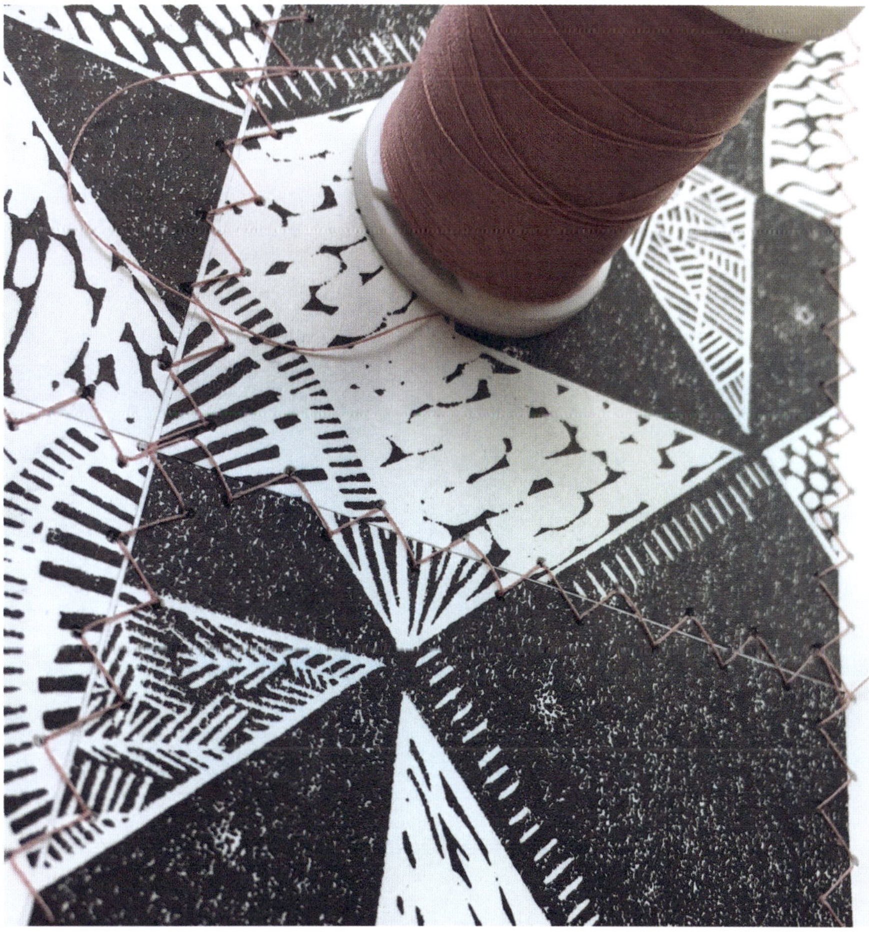

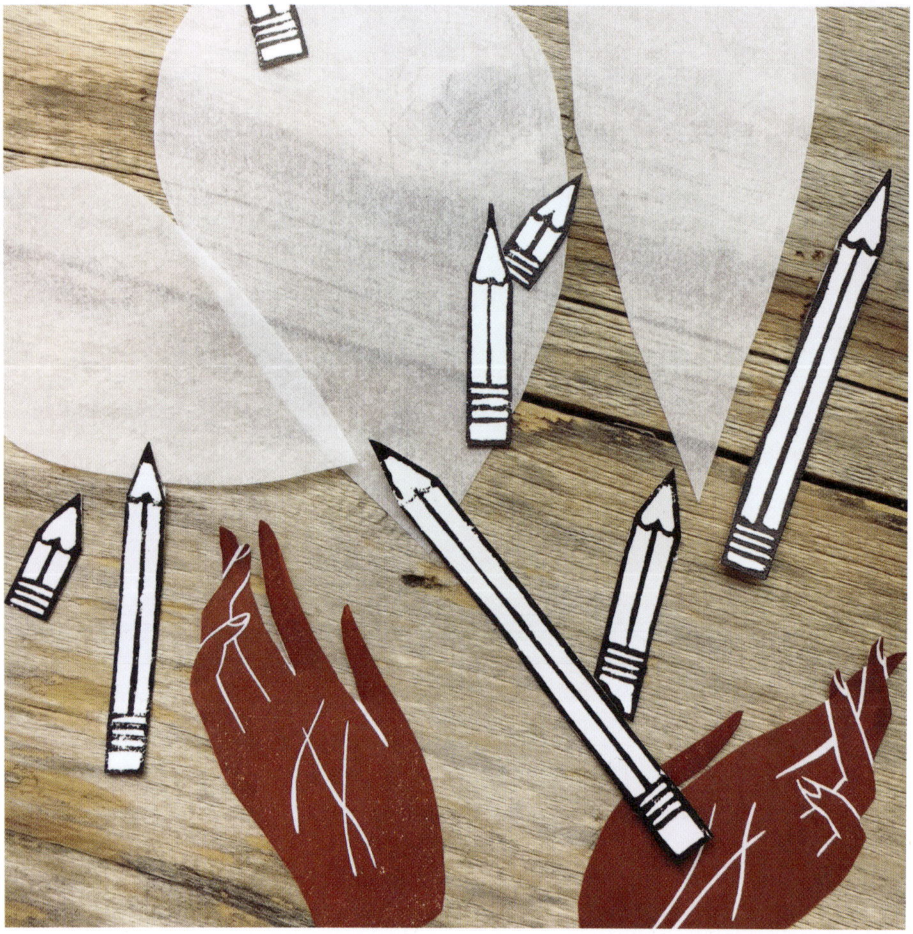

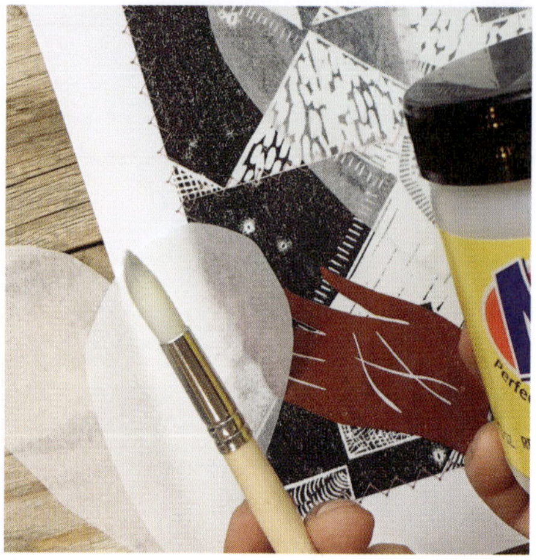

5 Beim Collagieren empfiehlt sich die Verwendung eines wieder ablösbaren Klebers, so können Sie Ihr Werk immer wieder überarbeiten.

4 Schneiden Sie aus anderen misslungenen Abzügen weitere Teile für Ihre Collage zu. Wählen Sie aus, was Sie am meisten anspricht. Ich verwende für meine Collagen gerne verschiedene Papiersorten. Ein Hintergrund lässt sich zum Beispiel mit Transparentpapier spielerisch „verschleiern".

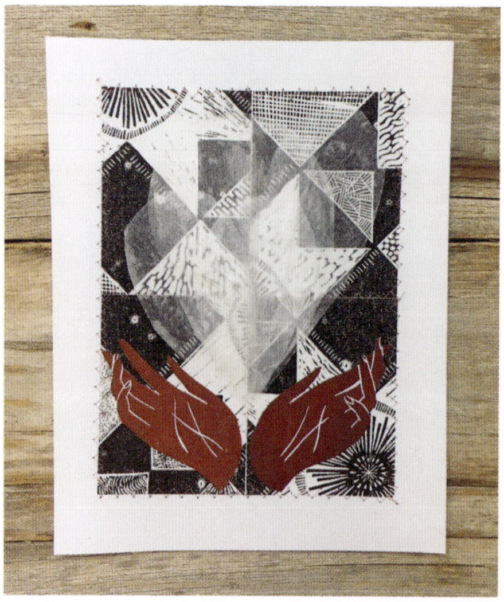

6 Als Basis für das Hauptmotiv habe ich die Hände des Gummiblock-Puzzles (siehe S. 96) verwendet und darüber Transparentpapier aufgeklebt. Überlegen Sie, wie Sie den Blick des Betrachters durch das Bild lenken können.

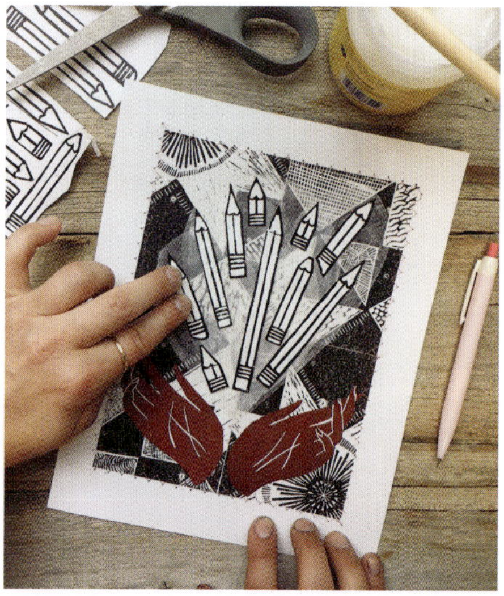

7 Weitere Einzelteile eines älteren verunglückten Abzugs – kürzere und längere Stifte – habe ich auf dem Transparentpapier arrangiert. Es lässt das lebhafte Hintergrundmuster weniger dominant erscheinen, sodass die Stifte optisch nicht untergehen.

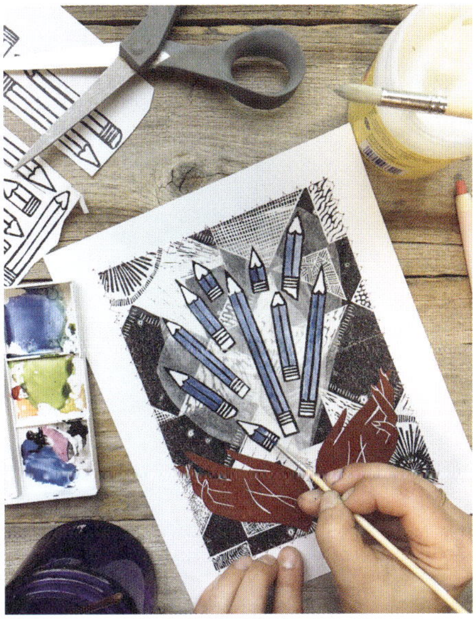

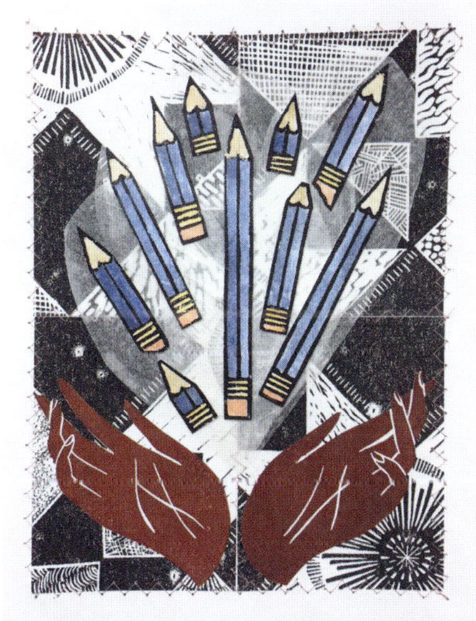

8 Frankensteins Monster wird zumindest im Film durch Blitze zum Leben erweckt. Das Mittel unserer Wahl ist Farbe! Verwenden Sie Aquarell- oder Gouachefarben, und betonen Sie die Stellen, die Sie hervorheben möchten.

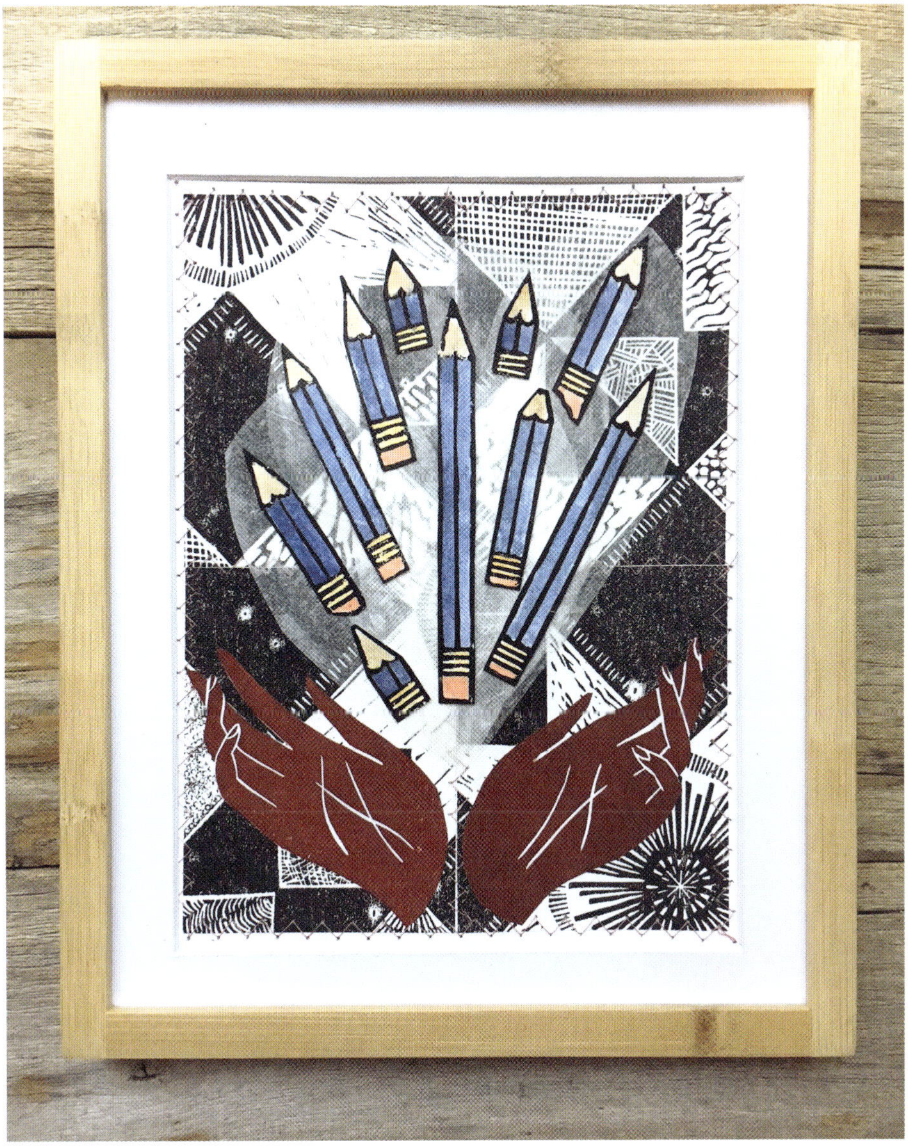

9 Das Kuddelmuddel, das Collagen auszeichnet, macht einen Teil ihrer Schönheit aus, doch unsaubere Ränder sind einfach unschön. Rahmen Sie Ihr fertiges Werk mit einem passenden Passepartout, unter dem die Bildränder verschwinden.

PROJEKT:

GEWEBTER DRUCK

Werkzeuge und Materialien

- 3–4 misslungene Drucke
- Schere
- Lineal
- Bleistift
- Klebeband
- Optional, aber hilfreich: Papierschneider
- Optional: Passepartout

Dieses kleine Bastelabenteuer kostet wenig Zeit und ist eine gute Möglichkeit, misslungene Drucke, die sich auf dem Ateliertisch angesammelt haben, wirkungsvoll in Szene zu setzen. Wenn Sie mehrere Drucke miteinander verweben, entsteht ein abstraktes Gesamtkunstwerk, dessen Aussehen sich nicht vorhersagen lässt. Am besten wählen Sie Abzüge mit einer großen Bandbreite an Tonwerten und Texturen. Auch Farbdrucke können Sie verwenden, um eine möglichst abwechslungsreiche Gesamtwirkung zu erzielen. Auf geht's: Wühlen Sie sich durch Ihre aussortierten Drucke.

1 Wählen Sie einen Druck, der als Basis Ihrer Webarbeit dienen soll – in ihn werden alle anderen Drucke eingewebt. Ein Motiv mit rechtwinkligen, geraden Kanten erleichtert das Zuschneiden.

2 Schneiden Sie den Abzug – an der oberen Bildkante beginnend und an der rechten Bildkante endend – mit der Schere oder einem Papierschneider in 2,5 cm breite Streifen. Schneiden Sie nicht über die rechte Bildkante hinaus!

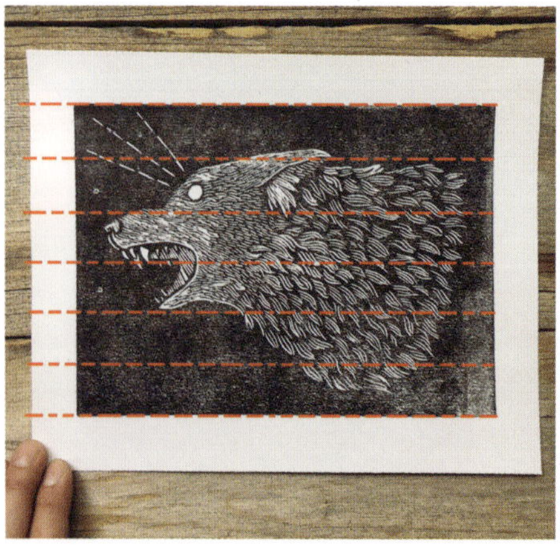

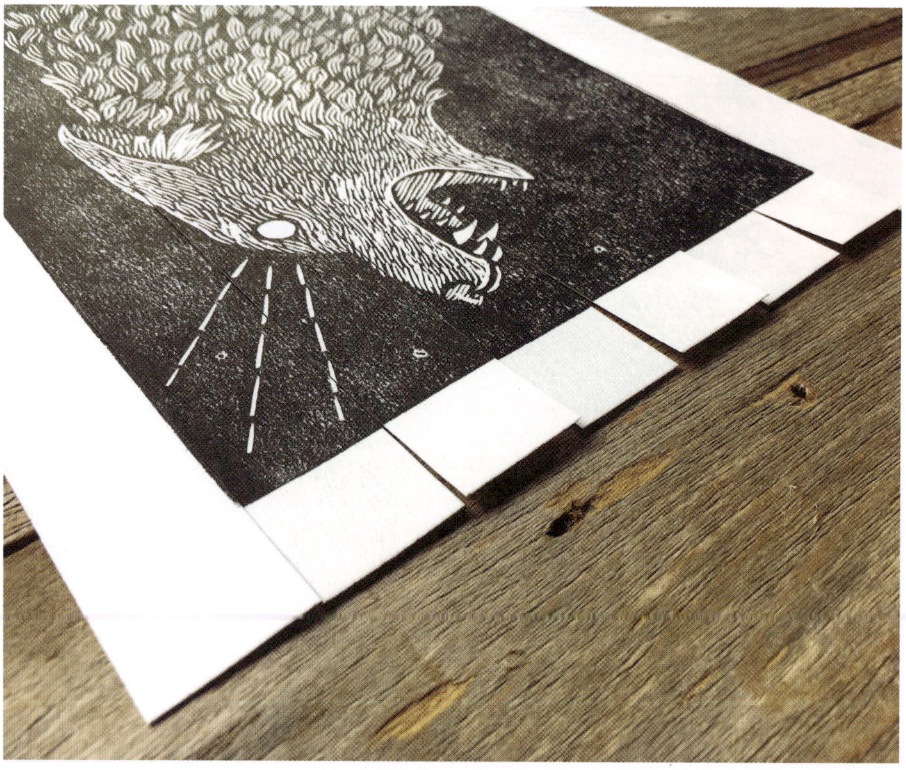

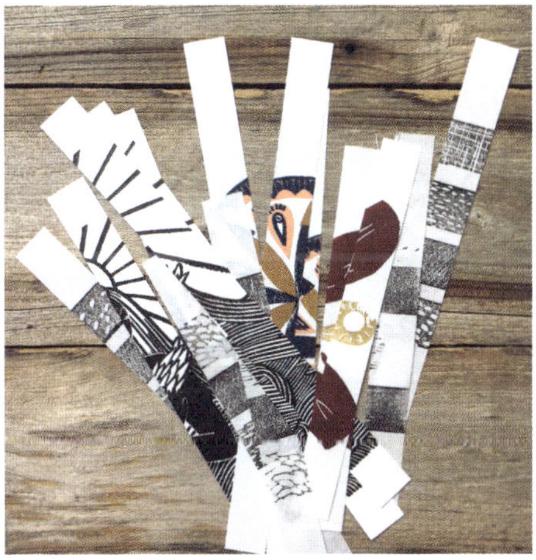

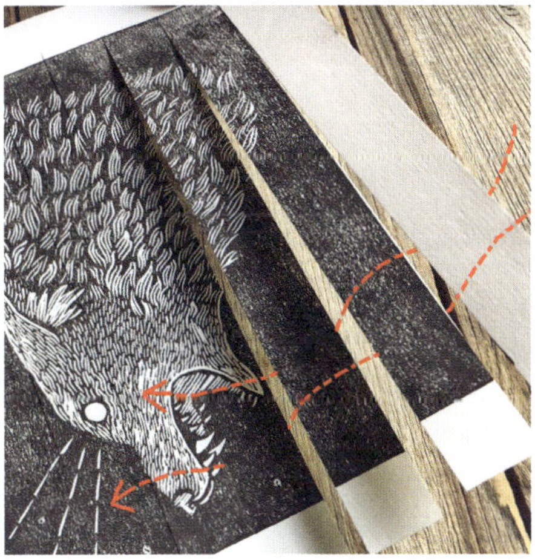

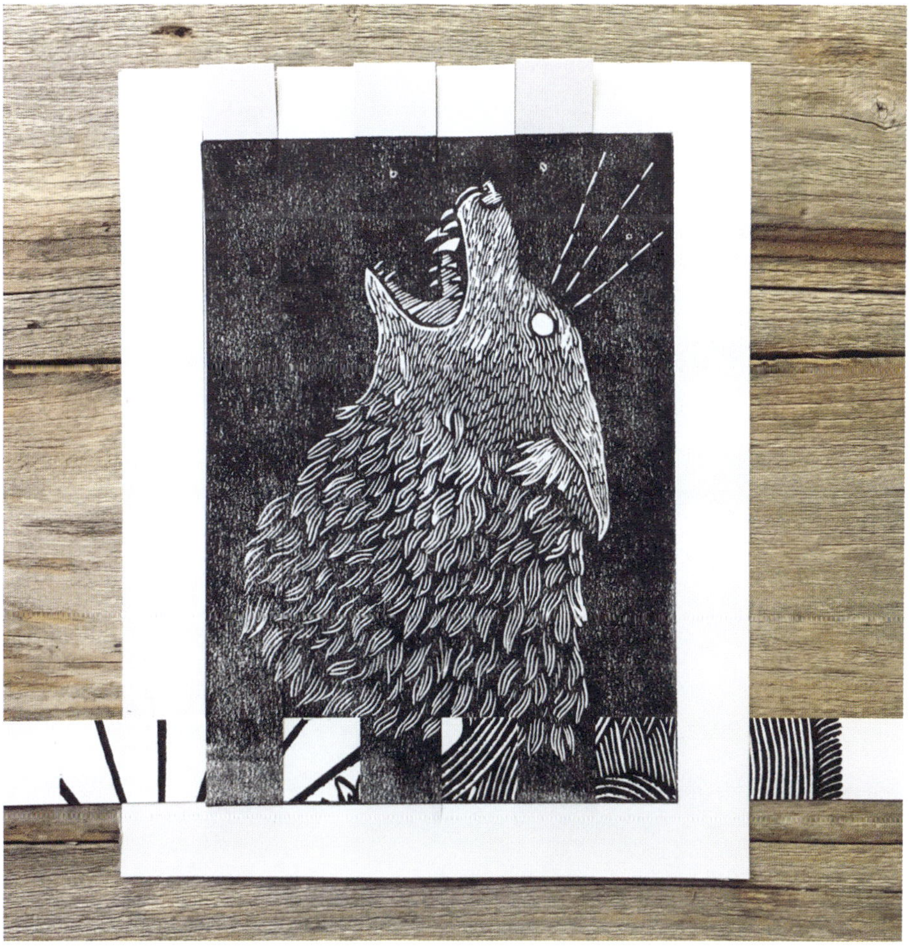

3 Schneiden Sie die übrigen aussortierten Drucke in 2,5 cm breite Streifen. Sie werden mit dem ersten Druck verwebt, wie oben dargestellt.

4 Beginnen Sie an der rechten Bildseite – sozusagen Ihrer Webkante –, und führen Sie den ersten Streifen wie beim klassischen Weben abwechselnd über und unter einen Streifen.

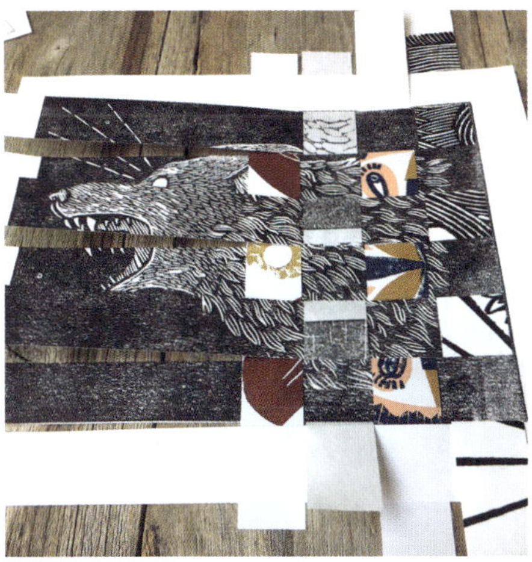

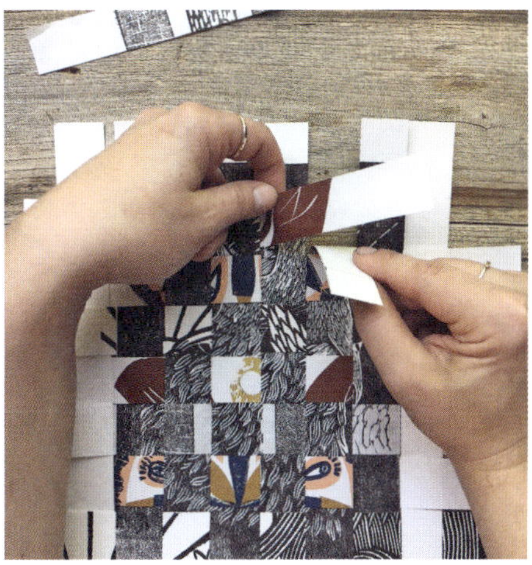

5 Weben Sie die restlichen Streifen im genau entgegengesetzten Rhythmus ein. Sie sollten dicht aneinander liegen.

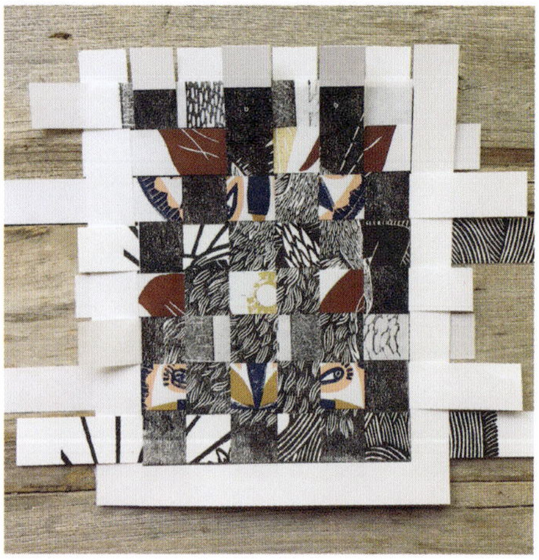

6 Wenn Sie das Bildende erreicht haben, keinen weiteren Streifen mehr einweben.

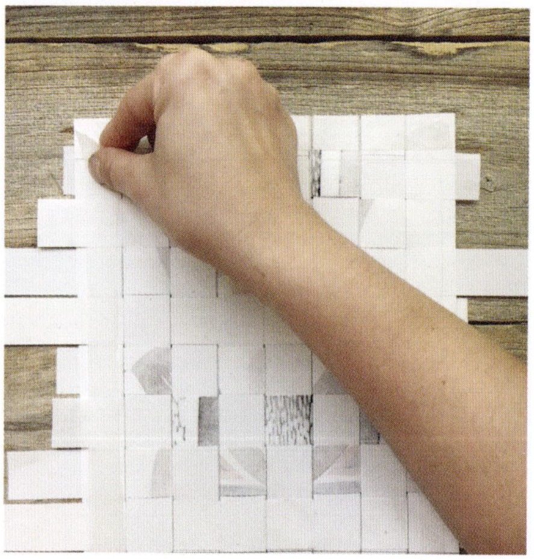

7 Drehen Sie Ihre Arbeit um, und fixieren Sie die Streifenenden mit Klebeband.

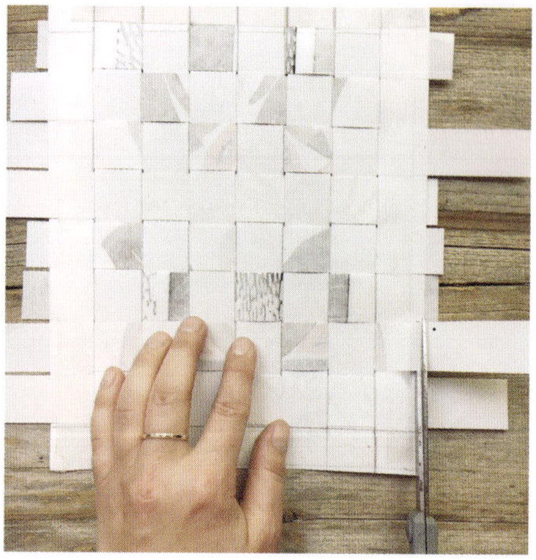

8 Schneiden Sie die Überstände ab.

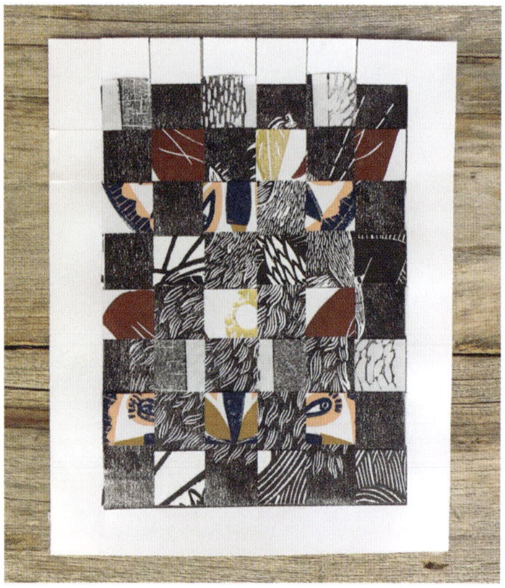

9 Drehen Sie das Bild wieder um, und schneiden Sie eventuelle Überstände bündig zur Kante des Trägerpapiers ab.

10 Unsaubere Kanten lassen sich mit einem knapp zugeschnittenen Passepartout prima kaschieren. Dieses Werk ist ein Unikat mit einer Vielfalt an Texturen, die zum einen aus dem Druckbild und zum anderen aus der ungewöhnlichen Verarbeitung resultieren.

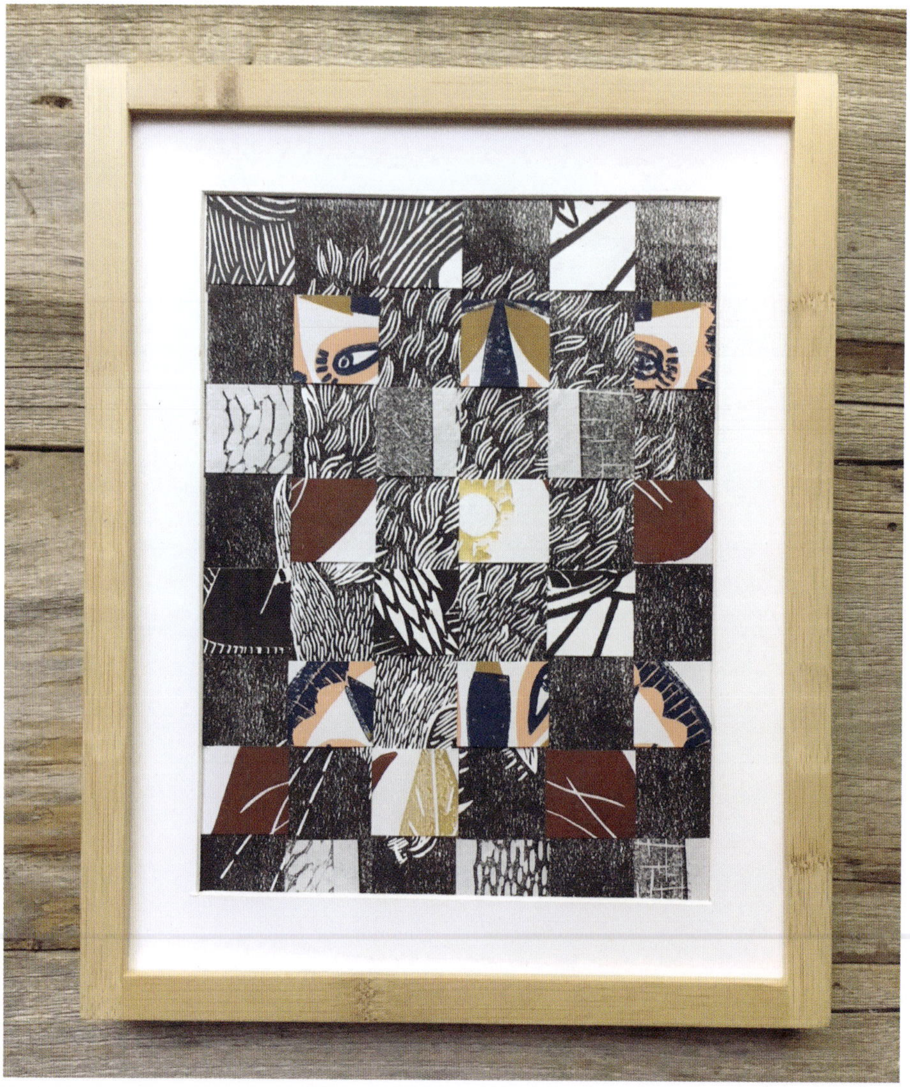

GLOSSAR

Anreiben: Andrücken des Druckpapiers auf dem Druckstock, indem man mit dem Baren darüberreibt.

Applizieren: Ein kleineres Stück Stoff auf ein größeres Stück Stoff kleben und/oder nähen.

Artists Proof/Epreuve d'artiste/Künstlerdruck (A.P.): Die ersten Abzüge, die beim Künstler verbleiben und nicht zur Auflage zählen.

Auflage: Anzahl identischer Drucke vom selben Block, die vom Künstler oder der Künstlerin nummeriert und signiert werden. Limitierte Auflage: begrenzte Anzahl von Drucken; unlimitierte Auflage: unbegrenzte Anzahl von Drucken.

Baren: Weiches, rundes „Kissen" mit flachem oder leicht nach außen gewölbtem Boden, das verwendet wird, um Papier auf dem Druckstock anzureiben.

Druckstock/Druckplatte: Holz-, Gummi- oder Linoleumplatte (Linolplatte) mit dem in die Oberfläche geschnittenen Druckmotiv.

Farbwalze: Walze aus Hart- oder Weichgummi zum gleichmäßigen Verteilen von Farbe auf der Palette und auf dem Druckstock.

Frottage: Methode zur Übertragung eines Reliefs auf ein Blatt Papier: Das Papier wird aufgelegt, dann reibt man mit einem Bleistift oder Zeichenkohle darüber (von französisch *frotter* = reiben).

Hochdruck: Alle Druckverfahren, bei denen die nicht druckenden Teile aus dem Druckstock herausgeschnitten werden, also zum Beispiel Holz- und Linolschnitt. Nur die erhabenen Teile werden eingefärbt und als Druckbild auf die Unterlage übertragen.

Kintsugi: Traditionelle japanische Methode zum Reparieren zerbrochener Keramik mit einem gold-, silber- oder platinhaltigen Lack.

Passer: Rahmen, Winkel oder andere Hilfsmittel zur passgenauen Positionierung von Druckstock und Druckpapier. Ohne Passer können beide nur nach Augenmaß positioniert werden. Beim Mehrplattendruck kann das zu großen Ungenauigkeiten führen.

Plattstich: Lange, gerade, parallel und dicht geführte Füllstiche zum Aussticken größerer Formen.

Probedruck: Erste Abzüge zur Überprüfung des Druckbilds. Fehler im Druckstock können anschließend noch korrigiert werden.

Raum: negativer Raum: Der Raum zwischen Bildgegenständen/Formen bzw. um diese herum; **positiver Raum:** Der Raum, der von einem Bildgegenstand/einer Form eingenommen wird.

Reduktionsdruck: Mehrschichtiger Farbdruck mit ein und derselben Druckplatte, bei der für jede Farbe ein Teil der Platte weggeschnitten wird.

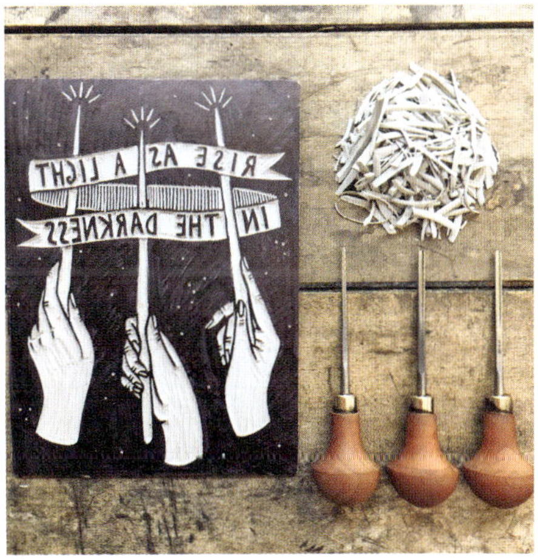

Sägelade: Holz- oder Metallplatte mit einer Leiste am oberen und am unteren Ende, die sich an der Tischkante einhängen lässt und dafür sorgt, dass der Druckstock beim Bearbeiten nicht verrutscht.

Steppstich/Rückstich: Stich, bei dem die Nadel knapp hinter dem letzten Ausstich wieder eingestochen wird, sodass eine durchgehende Linie entsteht.

Textur: Die physische Rauheit oder Glattheit eines Objekts und die stoffliche Wirkung eines Bildes bzw. Gemäldes.

Tonwert: Der Helligkeitswert einer Farbe.

Vorstich: Einfacher Stich, bei dem die Nadel in einer Linie ein- und wieder ausgestochen wird; die Naht sieht aus wie eine gestrichelte Linie.

Zügigkeit: Die Klebspannung von Druckfarben.

QUELLEN

LITERATUREMPFEHLUNGEN

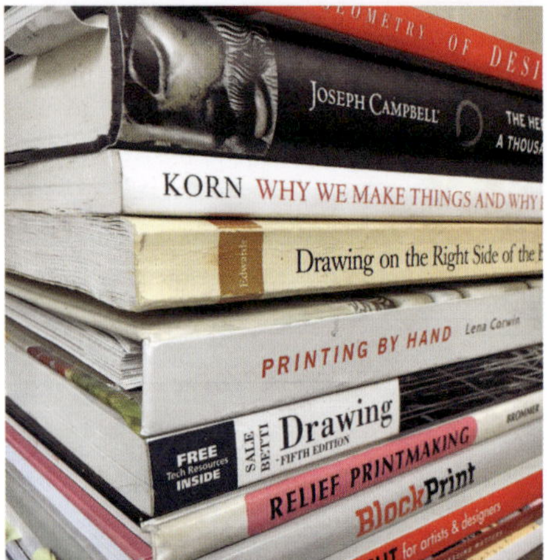

Zitat auf Seite 22: Joseph Campbell: Die Kraft der Mythen. Bilder der Seele im Leben des Menschen. Zürich/München: Artemis Verlag, 1989, S. 102

Bücher übers Drucken

Traci Bunkers: **Stempel, Walzen & Schablonen.** 52 Ideen für selbstgemachte Druckwerkzeuge. Bern: Haupt 2011.

Courtney Cerruti: **Bildtransfer.** Materialien, Techniken und Projekte. Bern: Haupt 2014.

Courtney Cerruti: **Farbtransfer.** Techniken und Projekte für Oberflächendesign. Bern: Haupt 2016.

Rebecca Drury / Yvonne Drury: **Muster drucken.** Ideen und Projekte vom Stempel- zum Siebdruck. Bern: Haupt 2010.

Eva Hauck / Dorina Tessmann: **stempeln, drucken, schablonieren.** Das Werkstattbuch für Kinder. Bern: Haupt 2017.

Sabine Ickler / Katrin Klink: **Gelliprint.** Unikate drucken auf Papier, Stoff und Holz. Bern: Haupt, 2021.

Sonja Kägi: **Werkstatt kreative Drucktechniken.** Aarau/München: at, 2017.

Andrea Lauren: **Einfach Hochdruck.** Projekte mit Linolschnitt, Gummiplatten und Stempeln. Bern: Haupt, 2017.

Marlis Maehrle: **Blaue Wunder - Techniken und Projekte mit Cyanotypie.** Bern: Haupt 2020.

Vanessa Mooncie: **Von Hand gedruckt.** Hoch- und Siebdruck, Cyanotypie und Monotypie, Bildtransfer und Schablonieren. Bern: Haupt, 2017.

Kristina Schaper: **Einfach Siebdruck.** Zu Hause Stoffe bedrucken und gestalten. Bern: Haupt 2025.

Laura Vidal: **Experimentelles Drucken.** Techniken und Ideen für den Milchkartondruck – 15 Projekte mit und ohne Druckpresse. Bern: Haupt, 2024.

Bücher übers Nähen

Kate Haxell: **Grundkurs Nähmaschine.** Nähen leicht gemacht – Schritt für Schritt vom Einsteiger zum Profi. München: Bassermann, 2016.

Frau Jona&son: **ReDesign.** Neues nähen aus alten Kleidern. Bern: Haupt 2016.

Lynda Maynard: **Professionell schneidern:** Die Verarbeitungstechniken Schritt für Schritt. Bern: Haupt 2012.

Alison Smith: **Nähen Schritt für Schritt.** Über 20 Techniken für Einsteiger. München: Dorling Kindersley, 2012.

Laura Sinikka Wilhelm: **Feste Stoffe.** 20 starke Nähprojekte. Bern: Haupt 2020.

BEZUGSQUELLEN

Bildhau KG
Raderberger Str. 175
50968 Köln
www.bildhau.de

Boesner Versandservice GmbH
Gleiwitzer Str. 2
58454 Witten
www.boesner.com

Dictum GmbH
Gottlieb-Daimler-Str. 3
DE-94447 Plattling
www.dictum.com

Johannes Gerstaecker Verlag GmbH
Wecostr. 4
53783 Eitorf
www.gerstaecker.de

Schumacher ANSWERK fine woodworking
Giebelstraße 9
CH-8841 Gross
https://www.answerk.ch

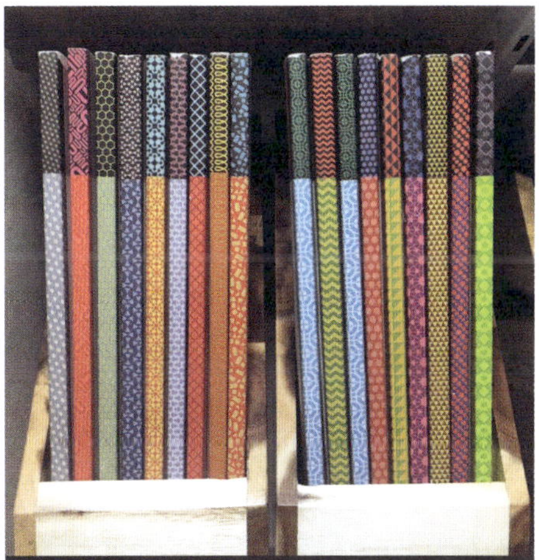

Buchrücken von *Uppercase*-Magazinen – man mus nicht einmal hineinblättern, um inspiriert zu werden.

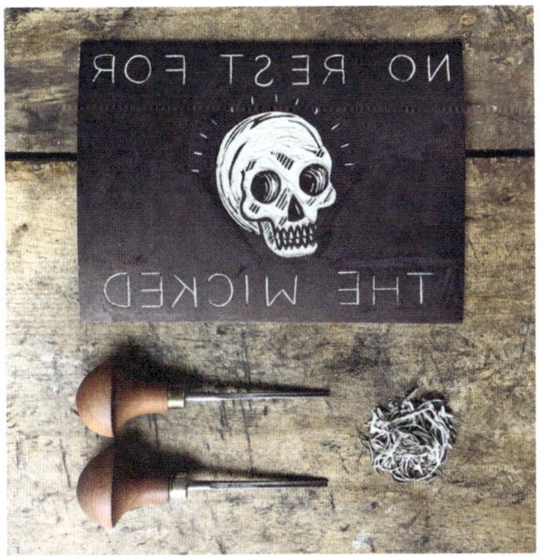

DANK

Viele Menschen waren an der Entstehung dieses Buchs beteiligt. Dank gebührt an erster Stelle meiner mir wohlgesinnten Lektorin Judith, die mich ermutigte und dafür sorgte, dass ich beim Schreiben nicht den Faden verlor, und Rockport Publishers, die eine Autorin aus mir machten – etwas, von dem ich schon immer geträumt hatte. Lili Arnold, Jen Hewett, Kelli MacConnell, Derrick Riley und Aftyn Shah – ihnen allen danke ich dafür, dass sie mir Einblick in ihre Werke, ihre Arbeitsräume und ihre Herzen gewährten. Ich danke meiner Familie und meinen Freunden für ihre unglaubliche Unterstützung; namentlich meinen Eltern, die an mich glaubten, ehe ich an mich selbst glaubte, die mir das Lesen beibrachten, meine Eigenarten förderten und meine Neugier nährten. Dieses Buch gäbe es nicht, wenn ihr mich nicht so sehr geliebt hättet. Auch meiner Freundinnenclique, die mir treu zur Seite stand, möchte ich danken, vor allem Kyle und „The Aunties" – wenn ich glänze, dann nur in eurem Licht. Und David ... danke für alles.

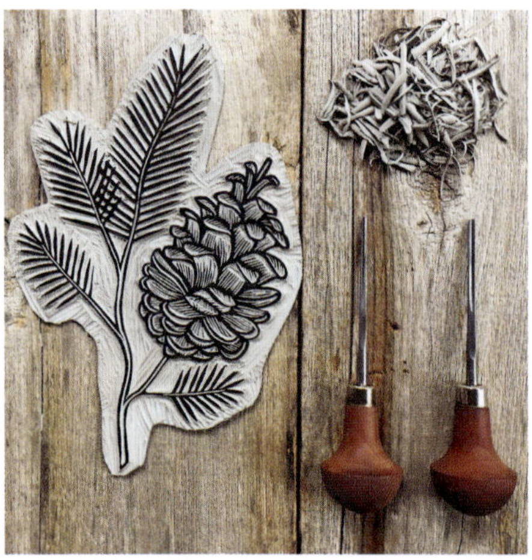

In meinem Leben hatte ich mit vielen Lehrern zu tun, die, wie die meisten ihrer Zunft, viel opferten, um die nächste Generation zu fördern. Während meiner Schulzeit in Kentucky entwickelte ich unter der Führung leidenschaftlicher, talentierter Lehrerinnen wie Terri Schatzman und Roberta Schultz die Neugier, die mich bis heute antreibt. Großer Dank gebührt außerdem den Kunstinstituten der Universitäten von Kentucky und Cincinnati, deren Programme mich aufblühen ließen.

Ganz besonderen Dank schulde ich (noch einmal) Derrick Riley, meinem Lehrer und Freund, der mich in diesen Schlamassel gebracht hat.

ÜBER DIE AUTORIN

Emily Louise Howard ist Druckgrafikerin und Illustratorin. Sie stammt aus Burlington in Vermont, und ist in Erlanger, Kentucky, aufgewachsen. Schon im zarten Alter von sieben Jahren entdeckte sie ihre künstlerische Ader, und seither ist es ihr erklärtes Ziel, sich mit Bildern auszudrücken und mit ihnen Geschichten zu erzählen. Nach ihrem Bachelorabschluss an der Universität von Kentucky machte sie ihren Master in Bildender Kunst und Kunsterziehung an der Universität von Cincinnati. Anschließend arbeitete sie ein paar Jahre als Kunstlehrerin in einer öffentlichen Schule im nördlichen Kentucky. Heute ist sie Vollzeitgrafikerin. Sie führt ihren Ein-Frau-Betrieb und ihr Atelier – The Diggingest Girl – von zu Hause aus mit Unterstützung ihrer Katze Selu. Emilys feminine, narrative Druckgrafiken sind in internationalen Sammlungen vertreten und von der Natur, dem menschlichen Körper und Geschichten aller Art inspiriert.

Lassen Sie sich von Emily unter www.thediggingestgirl.com in die Welt ihrer Grafiken entführen.

Einen tieferen Einblick in ihren Alltag als Druckgrafikerin gewährt sie auf Instagram unter as@thediggingestgirl.

REGISTER